LA

DIVINE COMÉDIE

—

LE PURGATOIRE

CHEZ LES MÊMES ÉDITEURS

OUVRAGES
DE
LOUIS RATISBONNE

format grand in-18.

L'Enfer de Dante, traduit en vers............	2 vol.
Le Paradis de Dante, traduit en vers.........	1 vol.
La Comédie enfantine.......................	1 vol.
Impressions littéraires.....................	1 vol.
Morts et Vivants...........................	1 vol.
Héro et Léandre, étude antique..............	1 vol.

Au printemps de la Vie, poésies. 1 vol. in-32.
Les Figures Jeunes, poésies. 1 vol. in-8.

Corbeil. Typ. et stér. de Crété.

LA
DIVINE COMÉDIE
DE DANTE

TRADUITE EN VERS, TERCET PAR TERCET

AVEC LE TEXTE EN REGARD

PAR

LOUIS RATISBONNE

Ouvrage couronné par l'Académie française

LE PURGATOIRE

NOUVELLE ÉDITION, REVUE ET AMÉLIORÉE

Vagliami 'l lungo studio e 'l grande amore
Che m' han fatto cercar lo tuo volume.

PARIS

MICHEL LÉVY FRÈRES, LIBRAIRES ÉDITEURS

RUE VIVIENNE, 2 BIS, ET BOULEVARD DES ITALIENS, 15

A LA LIBRAIRIE NOUVELLE

1865

Tous droits réservés

PRÉFACE

DE LA PREMIÈRE ÉDITION

L'Académie française a honoré de son suffrage ma traduction de l'Enfer [1]. L'indulgence de la critique et la faveur du public ne lui ont pas manqué. C'est du bonheur, mais ce bonheur ne me donne pas d'illusion. S'il a paru généralement que cette version en vers, par le bénéfice du rhythme et de la rime sans doute, se lisait plus couramment que les traductions en prose, et qu'elle avait ainsi l'avantage de répandre le goût et l'étude du Dante et de populariser dans notre pays ce génie plus admiré que connu, je ne me trompe pourtant pas sur ce que j'ai pu faire. Non-seulement je me suis attaché à un modèle lointain, inimitable, je me suis encore astreint à des conditions sévères, et les témoignages que j'ai reçus ont été donnés surtout au courage de mon effort. J'y ajoute aujourd'hui une preuve de persévérance. J'offre au public la deuxième Can-

---

[1] L'Académie française a également couronné, depuis que ces lignes ont été écrites, la traduction du Purgatoire et celle du Paradis. *(Note des Éditeurs.)*

tica du Dante, le Purgatoire, traduit en vers comme l'Enfer, autant que possible vers par vers et toujours tercet par tercet. Ainsi j'essaie, on le voit, avec notre langue française du dix-neuvième siècle, ce que Grangier, qui aurait lui-même besoin de traduction aujourd'hui, a fait au seizième avec les ressources d'une langue moins façonnée, mais plus libre, plus vive, plus variée dans ses tours, plus riche et plus rapprochée de l'idiome de Dante.

« *Ceux*, écrivait naïvement ce vieux traducteur dans son épître dédicatoire à Henri IV, *qui entreprendront après moi la même besogne, pourront témoigner que cela ne saurait se faire sans beaucoup de peine et de travail et sans se mordre les ongles plus d'une fois.* »

Grangier disait vrai, j'en lève la main. Mais j'ajoute que cette besogne ne saurait se faire aussi sans beaucoup de plaisir. Dante récompense lui-même les fatigues que Dante a données ! Que de fois, dans cette longue marche où je suis à pas comptés ce poëte souverain, fasciné par un intérêt étrange et malgré de passagères défaillances, il m'a paru que ma tâche était comme la montagne du Purgatoire :

« Che sempre al cominciar di sotto è grave
« E quanto uom più va su, e men fa male. »

« Au début tout en bas la pente est difficile,
« Mais plus on monte et moins le chemin paraît dur. »

D'aucuns demanderont peut-être en quoi consiste cet intérêt puissant dont je parle. Nombre de lecteurs, je le sais, après que leur imagination s'est amusée et rassasiée aux supplices de l'Enfer comme à la représentation d'un mélodrame en trente-quatre tableaux, trouvent plus fade la suite de la trilogie dantesque. Pour peu qu'on les presse, ils ne craindront pas de dire que le Purgatoire et le Paradis sont ennuyeux. Le genre d'intérêt qu'offre le Dante, je veux dire l'intérêt le plus irrésistible et le plus persistant, doit échapper, en effet, à une lecture superficielle. Pour l'éprouver, il ne faut pas demander à la *Divine Comédie* une distraction en quelque sorte sensuelle et fugitive. Il faut y chercher la pensée même qui animait le poëte, en descendant avec curiosité et avec amour dans ce monde du moyen âge, au treizième siècle, déroulé tout vivant sur la trame immortelle de son poëme. On sent alors que la peinture plus ou moins vive, plus ou moins admirable des souffrances et des joies de l'autre monde, n'est pas ce qui importe le plus dans cette épopée,

« Al qual han posto mano e cielo e terra »

« à laquelle le ciel et la terre ont mis la main, » a dit le poëte lui-même, signifiant ainsi qu'il y faisait entrer comme éléments la politique autant que la religion.

Plus on entre dans l'esprit de Dante, plus on sent que des deux éléments celui qui le domine et le passionne n'est pas le second. Les croyances religieuses sont le cadre du tableau, la satire politique en fait le fond, toujours ardente, amère, violente, soit qu'elle frappe à visage découvert, soit qu'elle porte des coups déguisés. Cette nécessité pour le poëte de voiler souvent sa pensée a jeté quelques esprits dans un étrange égarement. Ils ont vu le voile partout. Ils ont gratté la *Divine Comédie* comme un vieux palimpseste et ont cherché à y découvrir le chiffre effacé d'une doctrine mystérieuse; entre leurs mains, le poëme sublime est devenu un grimoire, et ils ont mis au jour un Dante hérétique, révolutionnaire et barbouillé de communisme.

Certes, ce poëme du moyen âge ne marche pas tout uniment comme une œuvre de littérature moderne. Conformément à la poétique du temps, le symbole surcharge ici la fiction poétique. Qui en doute ? Un double sens moral et politique se cache sous ce récit d'un pèlerinage de Dante à travers les mondes d'outre-tombe. L'âme s'égare dans la forêt de la vie au milieu des embûches que lui tendent les mauvaises passions, louves, panthères et lions. La poésie ou la raison humaine, représentée par Virgile, commence l'affranchissement de l'âme. Elle l'arrache aux passions terrestres, elle l'introduit dans le monde idéal, dans le domaine spirituel et caché de la mort ; elle l'épouvante à l'exemple des supplices éternels, elle la purifie aux étapes douloureuses du Purgatoire. La foi couronne l'œuvre de la poésie, la théologie ou la révélation des choses divines, l'œuvre de la science et de la raison humaine : Béatrice succède à Virgile. Elle achève la délivrance de l'âme en la conduisant au séjour de gloire jusque devant le profil du Très-Haut, C'est là que l'âme en peine trouve la paix cherchée de monde en monde, c'est dans cette vision qu'elle se repose et se rassasie.

Voilà le sens moral : il est beau pour l'époque, il est clair et facile à saisir, il est de plus d'une incontestable orthodoxie. On aperçoit aussi aisément le sens politique, l'épigramme terrible du Gibelin. L'Enfer, ce n'est pas seulement le monde des morts, c'est le monde des vivants, c'est l'univers en proie à l'anarchie et à tous les crimes sous la domination temporelle des papes. Le Purgatoire, c'est la transition douloureuse du désordre à l'ordre, du mal au bien. Le Paradis, où l'on voit briller l'aigle impérial et où règne le bonheur, c'est la monarchie divine, type des monarchies de la terre, c'est le bonheur promis au monde sous la domination politique de César.

> Mirate la dottrina che s' asconde
> Sotto il velame degli versi strani !

a dit le poëte. Et voilà la doctrine morale et politique qu'il enferme sous le voile brodé de ses beaux vers. Mais il n'est pas besoin pour soulever ce voile de révélations, de dictionnaire spécial, d'explications cabalistiques. Et que M. Rossetti et ses derniers disciples en prennent leur parti, il n'y a là ni hétérodoxie, ni hérésie, ni mystagogie, ni franc-maçonnerie.

Non, Dante n'est pas ce qu'ils l'ont voulu faire : ce n'est pas un sectaire, c'est un politique qui glorifie la monarchie impériale contre la suprématie temporelle des papes, qui veut séparer l'épée du bâton pastoral, gallican quatre cents ans avant Bossuet, catholique dont l'orthodoxie raisonneuse porte dans ses flancs la réforme ; mais hérétique, mais socialiste, un Patarin ou un Cathare : non pas. Rome ne s'y est pas trompée, et le religieux et regrettable Ozanam s'est conformé à la tradition de l'Église autant qu'à la vérité en montrant dans le Dante un théologien catholique. Seulement il n'a pas assez montré le politique.

Dante semblait avoir prévu et redouté pour sa

renommée les chercheurs de mystères, ces assembleurs de nuages. Il a écrit dans le traité *De Monarchiâ* le vrai commentaire de son poëme, et pour que le moindre doute ne pût subsister, il en a donné la clef dans l'épitaphe même qu'il s'était préparée et qui débute par ces vers :

> Jura Monarchiæ, superos, Phlegetonta, lacusque
> Lustrando, cecini, voluerunt fata quousque.

« En parcourant le Ciel, l'Enfer et les eaux tranquilles du Purgatoire, j'ai chanté les droits de la Monarchie. »

Un pamphlet épique contre le pape et pour l'empereur, où le poëte, dans un cadre mystique approprié à son époque, fait entrer les idées politiques par lesquelles il espère délivrer son pays, où il jette ses passions, ses ressentiments, ses haines et aussi ses tendresses, où il fait entrer la science sacrée et profane, l'histoire, les mœurs, toute la vie de son temps, voilà la *Divine Comédie*. Voilà son plus grand intérêt.

Mais ce temps est loin de nous, dira-t-on. Que nous importe-t-il ? Eh non, Dante est d'hier, que dis-je ! il est d'aujourd'hui. Le monde ne se transforme pas en un jour. Les droits respectifs de la religion et de la politique, de l'Église et de l'État sont-ils définis et réglés sans conteste et sans retour

***

dans le monde? L'Italie est-elle plus heureuse qu'au temps où Dante jetait ce cri de détresse par la bouche de Sordello :

> Ahi, serva Italia, di dolore ostello,
> Nave senza nocchiero in gran tempesta!

« A-t-elle trouvé, pauvre Italie ! le pilote de son navire battu par l'orage? »

On le voit, c'est plus que de l'histoire, cette *Comédie* de Dante ; c'est, et mieux encore aujourd'hui qu'hier, de la politique toute vivante.

Je n'ai pas besoin d'ajouter que c'est aussi de la poésie. Cette poésie ne fléchit jamais, elle change ses couleurs en changeant de royaume ; mais, n'en déplaise à ceux qui s'ennuient au Purgatoire, elle ne fait défaut dans aucun. Le vers âpre et rauque de l'Enfer se détend sans s'amollir dans les régions crépusculaires du séjour d'expiation; les ombres y semblent baignées dans un clair-obscur vaporeux. Les tourments purificateurs acceptés, bénis par elles, inspirent non plus l'horreur, mais une douce pitié. Leurs plaintes ne sont plus des cris aigus, mais des soupirs. Dans les cercles de l'abîme on descendait au bruit de hurlements farouches, on monte aux degrés expiatoires au son d'hymnes pieuses, de paroles de consolation et d'espérance. L'impression n'étant plus la même, comment l'imagination

pourrait-elle se fatiguer? D'ailleurs, à ces tableaux
de douleurs auxquels l'Enfer nous a déjà habitués,
avec quel art le poëte a su mêler des épisodes gra-
cieux, des récits touchants ou terribles, des descrip-
tions enchanteresses! Casella, Manfred, Sordello,
la Pia, Oderisi, Mathilde et le Paradis terrestre, Béatrice quand elle se montre enfin au poëte amoureux qui la reconnaît à son parfum, autant de tons
différents, autant de pages inimitables! Dante est
bien, comme Manzoni l'a nommé, le maître de la
colère et du sourire. C'est, hélas! aussi un maître
en scolastique; il a, dans le Purgatoire plus que
dans l'Enfer, de terribles digressions philosophi-
ques, théologiques, voire même astronomiques, et
c'est l'astronomie de Ptolémée. En maints endroits
la concision énigmatique familière au poëte ajoute
à l'obscurité de diverses allusions de mythologie
ou d'histoire ancienne et contemporaine. Ainsi les
nuages épais se mêlant à des beautés inaccessibles
font le désespoir du traducteur et déconcertent les
lecteurs peu préparés à cette poésie lointaine, à
cette « vision de gloire, » comme dit M. Villemain.
Et cependant qui voudrait retrancher l'obscurité,
les nuages, les énigmes perdues? C'est la rouille
du temps. Les beautés de Dante, fruits divins d'une
poésie enchantée et toujours jeune, se peuvent
goûter aujourd'hui encore après cinq cents ans dans

leur verte saveur ; mais c'est à condition qu'on se placera, pour y atteindre, dans la forêt même où ils brillent d'un éclat surnaturel, au milieu des rameaux touffus et sombres, parmi beaucoup de branches mortes et de feuilles flétries.

Qu'on me pardonne de dire encore quelques mots de cette poésie. En considérant la variété inépuisable des tourments de l'Enfer et des peines du Purgatoire, on a beaucoup admiré la fécondité de l'imagination qui les a conçus. On n'a pas remarqué, en tout cas on n'a pas fait assez ressortir le caractère particulier de cette imagination qui vaut mieux que celle d'un Torquemada. Ce n'est pas une fantaisie désordonnée et richement cruelle. Une logique sévère la gouverne toujours, elle obéit à des rapports précis. Ce qui donne leur valeur et leur effet à ces supplices éternels de l'Enfer et à ces expiations temporaires du Purgatoire, c'est que chaque peine est tirée de la nature même de chaque faute; qu'elle la rappelle par une corrélation d'analogie ou de contraste; elle en semble le châtiment naturel et en quelque sorte nécessaire, elle devient ainsi pour l'âme souffrante comme le spectre même de ses crimes, et elle est poignante comme un remords. On a vu dans les cercles sombres les voluptueux qui ont plié au vent des passions de la terre, emportés dans un éternel orage et fouettés par le vent noir des enfers ; ceux qui ont cédé à la fureur s'entre-déchirant dans la bourbe d'un marais ; les assassins et les tyrans plongés dans une fosse de sang bouillant ; les vils flatteurs croupissant dans les privés humains ; les hommes de faux dehors, les hypocrites, couverts de chapes qui semblent au dehors brillantes et dorées, mais qui sont de plomb et dont le poids les écrase ; les fauteurs de divisions et de discordes, les membres mutilés et divisés à coups de glaive. Les faussaires et les alchimistes sont rongés d'ulcères. Ils ont fait de faux alliages en altérant les métaux, et la lèpre qui les dévore c'est un alliage impur qui altère leur chair. Le rapport est souvent subtil, mais il existe toujours. Ainsi, dans les sept plates-formes circulaires de la montagne du Purgatoire, où sont punis les sept péchés capitaux, on verra les orgueilleux ployant leur tête altière sous d'énormes fardeaux ; l'envieux à l'œil chagrin, les paupières closes et cousues ; ceux qui se sont abandonnés à la colère enveloppés de fumée ; les paresseux courant sans repos et sans trêve ; les avares et les prodigues prosternés la face contre la terre dont ils n'ont aimé que les biens éphémères ; les gourmands, désséchés, haletant devant une onde fraîche, affamés auprès de fruits délicieux ; les luxurieux marchant dans les flammes.

Cette logique dans l'imagination n'est pas ce

qu'il y a de moins admirable dans les inventions de la *Divine Comédie*. Ces inventions offrent encore un autre caractère trop peu observé ; l'imagination de Dante, sans rien perdre de sa richesse et de sa force, obéit, dans le plan comme dans les détails, à une symétrie presque mathématique ; il s'astreint à un parallélisme des plus curieux entre les différentes parties de son poëme. Dans les corridors qui précèdent les cercles infernaux, il avait jeté la foule incapable du bien et du mal, les égoïstes, les neutres, dédaignés également par la justice et par la miséricorde divine, indignes du ciel comme de l'enfer. Parallèlement dans des espaces intermédiaires, après l'Enfer et avant le Purgatoire, qui ne s'ouvre qu'au neuvième chant, il fait errer la foule des négligents, de ceux qui ont été lents dans le repentir après avoir été tièdes dans le bien. Au commencement de son voyage, Virgile, la science, l'intelligence profane, avait apparu à Dante ; au seuil du nouveau royaume où il entre paraît Caton, la vertu païenne, que l'amour de la liberté a égaré et poussé au suicide, parce qu'il n'a pas eu la lumière de la foi. L'ange de la pénitence accueille les ombres à la porte du Purgatoire, comme Minos les jugeait au seuil de l'Enfer. Le cône droit de la montagne expiatoire succède au cône renversé des cercles infernaux.

On pourrait poursuivre aisément la comparaison. Cette symétrie dans la variété, cette régularité de rapports systématiques donnent à toute la construction de la trilogie dantesque je ne sais quelle solidité imposante et terrible. Cette régularité fait paraître aussi la fiction plus authentique. Il semble que l'imagination n'a pu créer, en la tirant de son propre sein, l'admirable ordonnance de ces royaumes d'outre-tombe et que le poëte les a vus comme il les a décrits. Ainsi l'émotion est au comble et tout concourt à la puissance de l'effet, tout, jusqu'à cette spirale uniforme de tercets enchaînés l'un à l'autre en nombre à peu près égal dont chaque chant se compose. Le dernier vers soude la chaîne, vers magistral qui achève presque toujours d'un trait suprême un récit ou un tableau. Le poëte le frappe plus énergiquement sur son enclume d'airain et d'or. On croit entendre l'écho qui prolonge le son dans les abîmes, et il retentit chaque fois dans le cœur.

Mais je m'arrête. On a repris récemment avec de nouveaux frais d'érudition les explications ingénieusement sophistiques de l'Italien Rossetti.

J'ai essayé de rétablir brièvement le vrai caractère de Dante et d'indiquer en même temps quelques traits moins observés de sa poésie que l'étude du Purgatoire après l'Enfer met plus en relief; mais je me souviens que j'ai entrepris de faire lire Dante sans commentaire. Je laisse donc le lecteur avec le Purgatoire sans plus de réflexions, heureux si ma version fidèle continue à faciliter la lecture du texte original.

Qu'il me soit permis seulement de payer ici une double dette de ma reconnaissance. Puisque le commencement de mon travail a réussi, je dois dire que j'ai eu des grâces spéciales dans l'accomplissement même de ce travail, et en bon gibelin, comme il sied à un traducteur de Dante, je veux rendre à César ce qui appartient à César.

J'ai expliqué une notable partie de la *Divine Comédie* sous les yeux d'un politique qui devait entendre la parole de Dante, j'ai eu pour maître celui qui a délivré et présidé un temps Venise, l'illustre proscrit Manin. En même temps un des rares et grands poëtes de ce temps-ci, qui prend à cœur tout ce qui touche à la poésie comme une affaire personnelle, s'est intéressé d'une manière toute particulière et comme par privilége à cette œuvre, si faible qu'elle soit; il l'a crue utile et il s'est plu à m'en exagérer le prix pour m'empêcher de la déserter. Si je suis aujourd'hui aux deux tiers de ma route, je le dois beaucoup à ses conseils, à ses bienveillantes et instantes exhortations. Et désormais, si j'étais tenté de m'arrêter avant de l'avoir achevée, il me semblerait entendre le poëte exquis d'Eloa me dire comme Virgile à son compagnon en lui montrant le Ciel :

« Quivi di riposar l'affanno aspetta. »

« Attends là le repos qui doit suivre la peine ! »
J'entrerai donc au Paradis, s'il plaît à Dieu.

Louis Ratisbonne.

1856.

ARGUMENT DU CHANT I

Invocation. Joie du poëte en sortant des ténèbres de l'Enfer et en revoyant l'air pur. Rencontre de Caton d'Utique. Il indique aux voyageurs ce qu'ils ont à faire. Dante prend avec Virgile le chemin de la mer. Virgile lui baigne le visage de rosée, et suivant les instructions de Caton il lui fait une ceinture d'un jonc miraculeux qui croit sur le rivage.

DEL PURGATORIO

CANTO PRIMO

Per correr miglior acqua alza le vele
Omai la navicella del mio ingegno,
Che lascia dietro a sè mar sì crudele:

E canterò di quel secondo regno,
Ove l' umano spirito si purga,
E di salire al Ciel diventa degno.

Ma qui la morta poesia risurga,
O sante Muse, poi che vostro sono,
E qui Calliopea alquanto surga,

Seguitando 'l mio canto con quel suono,
Di cui le Piche misere sentiro
Lo colpo tal, che disperàr perdono.

Dolce color d' oriental zaffiro,
Che s' accoglieva nel sereno aspetto
Dell' aer puro infino al primo giro,

Agli occhi miei ricominciò diletto,
Tosto ch' io fuori usci' dell' aura morta,
Che m' avea contristati gli occhi e 'l petto.

LE PURGATOIRE

CHANT PREMIER

Pour voguer désormais sur une eau plus unie,
Je relève la voile, esquif de mon génie !
J'ai dépassé la mer au flot sombre et cruel ;

Je chante ce second royaume où, dans la peine,
De ses péchés mortels se purge l'âme humaine
Et devient digne un jour de monter jusqu'au ciel.

Qu'ici la poésie éteinte se rallume,
Saintes Muses, puisque votre enfant tient la plume,
Et qu'ici Calliope élève un peu le ton,

Accompagnant mon chant avec ces sons limpides
Qui frappèrent au cœur les tristes Piérides
Et durent leur ravir tout espoir de pardon [1] !

Une douce couleur, le saphir de l'Asie
Qui se fond dans l'air pur et dont l'œil s'extasie
Jusques au premier cercle [2] où commencent les cieux,

Rendit à mes regards la joie et la lumière,
Dès que je fus sorti de la morte atmosphère
Où s'étaient contristés et mon cœur et mes yeux.

Lo bel pianeta, ch' ad amar conforta,
Faceva tutto rider l' Oriente,
Velando i Pesci, ch' erano in sua scorta.

Io mi volsi a man destra, e posi mente
All' altro polo, e vidi quattro stelle
Non viste mai, fuor ch' alla prima gente.

Goder pareva 'l Ciel di lor fiammelle.
O settentrional vedovo sito,
Poichè privato se' di mirar quelle!

Com' io dal loro sguardo fui partito,
Un poco me volgendo all' altro polo,
Là onde 'l Carro già era sparito,

Vidi presso di me un veglio solo,
Degno di tanta reverenza in vista,
Che più non dee a padre alcun figliuolo.

Lunga la barba, e di bel bianco mista
Portava a' suoi capegli simigliante,
De' quai cadeva al petto doppia lista.

Li raggi delle quattro luci sante
Fregiavan sì la sua faccia di lume,
Ch' io 'l vedea come 'l sol fosse davante.

Chi siete voi, che, contra 'l cieco fiume,
Fuggito avete la prigione eterna?
Diss' ei, movendo quell' oneste piume.

Chi v' ha guidati? o chi vi fu lucerna,
Uscendo fuor della profonda notte,
Che sempre nera fa la valle inferna?

Le bel astre qui dit d'aimer venait de luire,
Tout l'Orient charmé paraissait lui sourire,
Et les Poissons voilés marchaient derrière lui.

Me détournant à droite, à l'horizon sans voiles,
Vers le pôle opposé, j'aperçus quatre étoiles[3]
Qui sur terre jamais, depuis Adam, n'ont lui.

Le ciel semblait joyeux de leur splendeur divine.
O région du Nord, plains-toi, terre orpheline,
Qui n'as pas le bonheur de les voir resplendir !

Lorsqu'à ces purs flambeaux mon œil put se soustraire,
Me tournant à demi vers le pôle contraire[4],
Au point où le Chariot venait déjà de fuir,

Je vis à mes côtés un vieillard solitaire ;
Son aspect commandait tant de respect, qu'un père
N'en peut attendre plus de son meilleur enfant.

Il portait une barbe à fils d'argent, épaisse,
Pareille à ses cheveux flottant en double tresse
Et de chaque côté sur son sein retombant.

Les quatre étoiles d'or rayonnant dans l'espace
D'une telle splendeur illuminaient sa face
Que je crus voir briller le soleil devant lui.

« O vous, qui remontez le fleuve inexorable, »
Dit-il, en secouant sa barbe vénérable,
« Des cachots éternels comment avez-vous fui ?

Qui donc vous a guidés ? Quel flambeau tutélaire
A l'infernale nuit put ainsi vous soustraire,
A la noire vallée où n'entre pas le jour ?

Son le leggi d' abisso così rotte ?
O è mutato in Ciel nuovo consiglio,
Che dannati venite alle mie grotte ?

Lo Duca mio allor mi diè di piglio,
E con parole, e con mani, e con cenni,
Reverenti mi fe' le gambe, e 'l ciglio :

Poscia rispose lui : Da me non venni :
Donna scese dal Ciel, per li cui preghi
Della mia compagnia costui sovvenni.

Ma da ch' è tuo voler, che più si spieghi
Di nostra condizion, com' ell' è vera,
Esser non puote 'l mio, ch' a te si nieghi.

Questi non vide mai l' ultima sera,
Ma per la sua follia le fu sì presso,
Che molto poco tempo a volger era.

Sì com' io dissi, fui mandato ad esso
Per lui campare, e non c' era altra via
Che questa, per la quale io mi son messo.

Monstrat' ho lui tutta la gente ria,
Ed ora intendo mostrar quegli spirti,
Che purgan sè sotto la tua balia.

Com' io l' ho tratto, saria lungo a dirti :
Dell' alto scende virtù, che m' aiuta
Conducerlo a vederti, e a udirti.

Or ti piaccia gradir la sua venuta :
Libertà va cercando, ch' è sì cara,
Come sa chi per lei vita rifiuta.

Sont-ils anéantis, les décrets de l'abîme ?
Le ciel a-t-il changé ses desseins sur le crime,
Que vous puissiez, damnés, venir en mon séjour? »

Mon guide me fit signe en me parlant du geste,
De l'œil et de la voix ; j'entendis, et modeste
Je pliai les genoux et je baissai les yeux.

Ensuite il répondit : « De mon chef point n'arrive.
Du ciel est descendue une Dame plaintive ;
J'assistai ce mortel pour complaire à ses vœux.

Mais si tu veux savoir encor mieux qui nous sommes,
Et quel est notre sort dans le troupeau des hommes,
Je vais de tout mon cœur souscrire à ton désir.

Cet homme n'a point vu le soir qui clôt la vie ;
Mais il en fut si près poussé par sa folie
Que son temps était proche et qu'il allait mourir.

Comme je te l'ai dit, pour conjurer sa perte,
Je lui fus envoyé ; la seule route ouverte
Était ce dur chemin où pour lui j'ai marché.

J'ai fait voir à ses yeux toute la gent damnée ;
Maintenant je lui veux montrer la destinée
Des âmes sous ta loi se purgeant du péché.

Comment je l'entraînai, serait trop long à dire
Une vertu d'en haut me soutient et m'inspire
De le conduire ici pour t'entendre et te voir.

Or daigne l'accueillir. Il cherche avec courage
La liberté, ce bien si cher, comme le sage
Qui pour elle renonce au jour doit le savoir.

Tu 'l sai, che non ti fu per lei amara
In Utica la morte, ove lasciasti
La veste, ch' al gran dì sarà sì chiara.

Non son gli editti eterni per noi guasti:
Chè questi vive, e Minos me non lega:
Ma son del cerchio, ove son gli occhi casti

Di Marzia tua, che 'n vista ancor ti prega,
O santo petto, che per tua la tegni:
Per lo suo amore adunque a noi ti piega.

Lasciane andar per li tuo' sette regni:
Grazie riporterò di te a lei,
Se d' esser mentovato laggiù degni.

Marzia piacque tanto agli occhi miei,
Mentre ch' io fui di là, diss' egli allora,
Che quante grazie volle da me, fei.

Or, che di là dal mal fiume dimora,
Più muover non mi può, per quella legge,
Che fatta fu, quand' io me n' usci' fuora.

Ma se donna del ciel ti muove e regge,
Come tu di', non c' è mestier lusinga:
Bastiti ben, che per lei mi richegge.

Va dunque, e fa, che tu costui ricinga
D' un giunco schietto, e che gli lavi 'l viso,
Sì ch' ogni sucidume quindi stinga:

Chè non si converria l' occhio sorpriso
D' alcuna nebbia andar davanti al primo
Ministro, ch' è di quei di Paradiso.

Tu le sais, toi ! la mort te fut douce, ombre antique !
Et pour la liberté tu laissas dans Utique
Un corps qui renaîtra splendide au Jugement !

Les décrets éternels n'ont pas reçu d'outrage.
Il vit ; moi de Minos je puis braver la rage ;
Je suis hors de l'Enfer au cercle sans tourment,

Avec ta Marcia, dont l'œil chaste, ô sainte âme !
Semble encor te prier de la nommer ta femme.
Laisse-toi donc fléchir au nom de son amour !

Ouvre à nos pas les sept royaumes où tu règnes ;
Je lui reporterai nos grâces, si tu daignes
Être nommé là-bas dans le pâle séjour. »

Caton lui répondit : « Quand nous vivions sur terre,
A mes yeux Marcia plaisait tant, fut si chère,
Que grâces et faveurs elle obtint tout de moi.

Par delà l'Achéron maintenant qu'elle habite,
Je ne puis m'émouvoir pour son ombre proscrite.
Quand je sortis du Limbe, on me fit cette loi.

Mais si, comme tu dis, la volonté d'un ange
T'amène, est-il besoin du miel de la louange,
Et ne suffit-il pas de prier en son nom ?

Va donc, fais à cet homme une double ceinture
Avec un jonc flexible, et lave sa figure
Où l'enfer a laissé son trouble et son limon.

Car il ne faudrait pas que le moindre nuage
Ternît ses yeux, lorsque paraîtra le visage
De l'Ange, le premier venu du Paradis.

Questa isoletta intorno ad imo ad imo
Laggiù, colà dove la batte l'onda,
Porta de' giunchi sovra 'l molle limo.

Null' altra pianta, che facesse fronda,
O indurasse, vi puote aver vita;
Perocchè alle percosse non seconda.

Poscia non sia di qua vostra reddita:
Lo Sol vi mostrerà, che surge omai,
Prendere 'l monte a più lieve salita.

Così sparì: ed io su mi levai,
Senza parlare, e tutto mi ritrassi
Al Duca mio, e gli occhi a lui drizzai.

Ei cominciò: Figliuol, segui i miei passi:
Volgianci indietro, chè di qua dichina
Questa pianura a' suoi termini bassi.

L' alba vinceva l' ora mattutina,
Che fuggia 'nnanzi, sì che di lontano
Conobbi il tremolar della marina.

Noi andavam per lo solingo piano,
Com' uom, che torna alla smarrita strada,
Che 'nfino ad essa li pare ire invano.

Quando noi fummo, dove la rugiada
Pugna col Sole, e per essere in parte,
Ove adorezza, poco si dirada,

Ambo le mani in su l' erbetta sparte
Soavemente 'l mio Maestro pose:
Ond' io, che fui accorto di sua arte,

Tout là-bas, à l'entour de cette petite île,
Dans l'anse que vient battre une mer indocile,
Sur le sol détrempé croissent des joncs unis.

Aucun autre arbrisseau ne peut sur cette plage
Pousser ni se durcir, ni porter de feuillage;
Car au choc de la vague il ne saurait plier.

Puis ne revenez point par cette même route;
Le soleil qui surgit vous montrera sans doute
Pour gravir la montagne un commode sentier. »

Il disparut. Et moi, me levant en silence,
Je me range à côté de mon guide, et j'avance
En attachant sur lui mon regard confiant.

Il me dit : « Mon cher fils, suis mes pas et courage !
Mais rebroussons chemin : de ce côté la plage
Jusqu'au bord de la mer va toujours déclinant. »

Déjà devant les feux de l'aube triomphale
Fuyait le char obscur de l'heure matinale,
Et je voyais la mer trembler dans le lointain.

Nous allions au travers de la vaste étendue
Comme un homme qui cherche une route perdue,
Et longtemps sans l'atteindre il croit marcher en vain.

Venus dans un endroit où les pleurs de l'Aurore
Luttent contre l'ardeur du jour qui les dévore
Et par l'ombre abrités sèchent plus lentement,

Sur l'herbe humide encor, dont la terre est couverte,
Mon maître doucement posa sa main ouverte :
Je le vis, et soudain compris son mouvement.

Porsi ver lui le guance lagrimose :
Quivi mi fece tutto discoverto
Quel color, che l' Inferno mi nascose.

Venimmo poi in sul lito diserto,
Che mai non vide navigar sue acque
Uom, che di ritornar sia poscia esperto.

Quivi mi cinse, sì com' altrui piacque :
O maraviglia! chè qual' egli scelse
L' umile pianta, cotal si rinacque

Subitamente là, onde la svelse.

Je lui tendis ma joue en larmes. Et le maître
L'essuie, et sous sa main soudain de reparaître
Les couleurs que l'Enfer avait fait se ternir.

Nous atteignons alors la solitaire plage,
Cette mer qui jamais ne vit sur son rivage
Un homme s'embarquer et pouvoir revenir.

Virgile, à ce moment, suivant le sage oracle,
D'un jonc pris sur le bord ceint mes reins : ô miracle !
A peine il a cueilli l'arbrisseau souple et droit,

Un autre tout pareil repousse au même endroit [5].

NOTES DU CHANT I

¹ Les filles de Piérus, roi de Pella, en Macédoine, ayant défié les Muses, furent vaincues et métamorphosées en pies.

² Le cercle de la lune.

³ La croix du Sud découverte depuis Dante, mais dont il soupçonnait peut-être l'existence. Sans doute aussi, allégoriquement, les quatre vertus cardinales oubliées depuis l'Eden.

⁴ Le pôle nord.

⁵ Imitation de Virgile.

Uno avulso non deficit alter
Aureus, et simili frondescit virga metallo.
(*Énéide*, VI.)

ARGUMENT DU CHANT II

Les deux voyageurs voient venir au rivage une barque chargée d'âmes et conduite par un ange au Purgatoire. Parmi les nouveaux débarqués Dante reconnaît son ami le musicien Casella. Il le prie de chanter. Casella entonne une des plus belles *canzoni* du Dante. Les autres âmes s'arrêtent à l'écouter. Caton vient les gourmander et les presse de courir à la montagne du Purgatoire.

CANTO SECONDO

Già era 'l Sole all' orizzonte giunto,
Lo cui meridian cerchio coverchia
Gerusalem col suo più alto punto:

E la Notte, ch' opposita a lui cerchia,
Uscia di Gange fuor con le bilance,
Che le caggion di man, quando soverchia:

Sì che le bianche, e le vermiglie guance,
Là dov' io era, della bella Aurora
Per troppa etate divenivan rance.

Noi eravam lunghesso 'l mare ancora,
Come gente, che pensa suo cammino,
Che va col cuore, e col corpo dimora:

Ed ecco, qual sul presso del mattino,
Per li grossi vapor Marte rosseggia
Giù nel ponente sovra 'l suol marino:

Cotal m'apparve, s' io ancor lo veggia,
Un lume per lo mar venir sì ratto,
Che 'l muover suo nessun volar pareggia:

Dal qual com' io un poco ebbi ritratto
L' occhio, per dimandar lo Duca mio,
Rividil più lucente, e maggior fatto.

CHANT DEUXIÈME

Cependant le soleil, rayonnant dans l'espace,
Montait à l'horizon dont le méridien passe
A son plus haut zénith au-dessus de Sion.

Et la nuit, dont le char à l'opposé s'avance,
Sortait du Gange, ayant à la main la balance
Qu'elle laisse tomber auprès du Scorpion.

Au point où nous étions, l'Aurore déjà vieille
Perdait son teint de lis, et sa couleur vermeille
Au fruit de l'oranger prenait des teintes d'or.

Sur le bord de la mer nous restions, pris de doute,
Comme des gens qu'on voit indécis sur leur route ;
Ils vont avec le cœur, mais le pied tarde encor,

Et comme, après la nuit, aux premiers feux de l'aube,
Mars, perçant le brouillard épais qui le dérobe,
Rougit à l'Occident au-dessus de la mer,

Je vis, je crois la voir encore, une lumière
Qui venait en courant sur les flots, si légère
Qu'elle aurait défié l'oiseau volant dans l'air.

Comme je détournais un peu mon œil avide
Pour demander le mot du prodige à mon guide,
Plus vive la clarté de moi se rapprochait.

Poi d' ogni parte ad esso m' apparìo
Un non sapea che bianco, e di sotto
A poco a poco un altro a lui n' uscìo.

Lo mio Maestro ancor non fece motto,
Mentre che i primi bianchi aparser ali :
Ma allor, che ben conobbe 'l galeotto,

Gridò : Fa, fa, che le ginocchia cali :
Ecco l' Angel di Dio : piega le mani :
Oma' vedrai di sì fatti uficiali.

Vedi, che sdegna gli argomenti umani :
Sì che remo non vuol, nè altro velo,
Che l' ale sue tra liti sì lontani.

Vedi, come l' ha dritte verso 'l cielo,
Trattando l' aere con l' eterne penne,
Che non si mutan, come mortal pelo.

Poi, come più e più verso noi venne
L' uccel divino, più chiaro appariva :
Perchè l' occhio da presso nol sostenne :

Ma china 'l giuso : e quei sen venne a riva
Con un vasello snelletto e leggiero,
Tanto che l' acqua nulla ne 'nghiottiva.

Da poppa stava 'l celestial nocchiero,
Tal che parea beato per iscritto :
E più di cento spirti entro sediero :

In exitu Israel de Egitto
Cantavan tutti 'nsieme ad una voce,
Con quanto di quel salmo è poi scritto.

Et de chaque côté de la flamme indécise
Je ne sais quoi de blanc s'agitait à la brise :
De ce blanc autre blanc encor se détachait.

Mon maître ne dit mot. Mais la blancheur étrange
Se rapproche et bientôt ouvre deux ailes d'ange.
Alors, reconnaissant le gondolier divin :

« Vite, vite à genoux ! » s'écria le doux sage :
« Voici l'Ange de Dieu : joins les mains et courage !
Des anges désormais t'ouvriront le chemin.

Regarde : loin de lui les ressources mortelles.
Point de voile ou de rame autre que ses deux ailes
Pour traverser la mer depuis le bord lointain.

Vois comme vers le ciel il les étend, ces ailes !
Et l'air frémit au bruit des plumes éternelles,
Qui ne s'altèrent pas comme le poil humain. »

Tandis qu'il s'approchait toujours plus du rivage,
L'oiseau divin, plus grand, rayonnait davantage :
Ce fut pour mes regards un trop brillant flambeau,

Et je baissai les yeux. Avec une nacelle
Il s'avance : une barque et si mince et si frêle
Qu'elle semblait voler à la cime de l'eau.

Le céleste nocher se tenait à la proue
Et la béatitude illuminait sa joue.
De plus de mille esprits il était entouré.

« *Quand Israël sortit de la terre Égyptienne* »
En chœur, à l'unisson, tous chantaient cette antienne
Et les versets suivants du cantique sacré.

Poi fece 'l segno lor di santa Croce :
Ond' ei si gittàr tutti in su la piaggia,
Ed ei sen' gìo, come venne, veloce.

La turba, che rimase lì, selvaggia
Parea del loco, rimirando intorno,
Come colui, che nuove cose assaggia.

Da tutte parti saettava 'l giorno
Lo Sol, ch' avea con le saette conte
Di mezzo 'l ciel cacciato 'l Capricorno :

Quando la nuova gente alzò la fronte
Ver noi, dicendo a noi : Se voi sapete,
Mostratene la via di gire al monte.

E Virgilio rispose : Voi credete
Forse, che siamo sperti d' esto loco,
Ma noi sem peregrin, come voi siete :

Dianzi venimmo innanzi a voi un poco
Per altra via, che fu sì aspra e forte,
Che lo salire omai ne parrà giuoco.

L' anime, che si fur di me accorte
Per lo spirar, ch' i' era ancora vivo,
Maravigliando diventaro smorte :

E come a messaggier, che porta olivo,
Tragge la gente, per udir novelle,
E di calcar nessun si mostra schivo :

Così al viso mio s' affisar quelle
Anime fortunate tutte quante,
Quasi obbliando d' ire a farsi belle.

Puis au signe de croix qu'il leur fit, de la barque
Ils sautent sur la plage, et tandis qu'on débarque
L'ange est parti rapide ainsi qu'il est venu.

La troupe des esprits au bord abandonnée
Tout à l'entour de soi regardait étonnée,
De l'œil d'un étranger en pays inconnu.

Cependant le soleil à l'horizon sans borne,
De la moitié du ciel chassant le Capricorne,
Dardait de toutes parts les flèches de son front.

Les nouveaux débarqués levant vers nous la tête
Dirent : « Si vous savez ce qui nous inquiète,
Montrez-nous le chemin qui conduit au grand mont. »

Virgile répondit : « Vous présumez sans doute
Que nous avons déjà nous-mêmes fait la route :
Nous sommes l'un et l'autre étrangers comme vous.

Nous venons d'arriver en cette solitude
Par un autre chemin si terrible et si rude
Que le mont à gravir n'est plus qu'un jeu pour nous. »

S'apercevant à l'air qu'agitait mon haleine
Que moi j'avais encor gardé la vie humaine,
Les esprits étaient tous pâles d'étonnement.

Et comme on voit la foule empressée, attentive,
Autour du messager qui porte en main l'olive
Se foulant, se pressant, courir avidement,

Telles à mon aspect se groupent curieuses,
Les yeux cloués sur moi, ces âmes bienheureuses,
Comme oubliant d'aller revêtir leur beauté [1].

I' vidi una di lor trarresi avante,
Per abbracciarmi, con sì affetto,
Che mosse me a far lo simigliante.

Oh ombre vane, fuor che nell' aspetto !
Tre volte dietro a lei le mani avinsi,
E tante mi tornai con esse al petto.

Di maraviglia, credo, mi dipinsi :
Perchè l' ombra sorrise, e si ritrasse,
Ed io, seguendo lei, oltre mi pinsi.

Soavemente disse, ch' io posasse :
Allor conobbi chi era, e pregai,
Che, per parlarmi, un poco s' arrestasse.

Risposemi : Così, com' io t' amai
Nel mortal corpo, così t' amo sciolta :
Però m' arresto : ma tu perchè vai ?

Casella mio, per tornare altra volta
Là dove i' son, fo io questo viaggio :
Diss' io, ma a te come tanta ora è tolta ?

Ed egli a me : Nessun m' è fatto oltraggio,
Se quei, che leva, e quando, e cui gli piace,
Più volte m' ha negato esto passaggio ;

Chè di giusto voler lo suo si face :
Veramente da tre mesi egli ha tolto,
Chi ha voluto entrar con tutta pace.

Ond' io che er' alla marina volto,
Dove l' acqua di Tevere s' insala,
Benignamente fui da lui ricolto

L'une de s'avancer et ses bras de s'étendre
Comme pour m'embrasser, d'un mouvement si tendre
Qu'involontairement je l'avais imité.

Ombres sans consistance, images impalpables !
Trois fois je l'entourai de mes bras incapables,
Et vides, sur mon cœur, trois fois je les fermai ².

Je crois que sur mes traits se peignit ma surprise.
L'esprit se reculant sourit de ma méprise,
Et moi de quelques pas vers lui je m'avançai.

Doucement il me dit de rester ; sa voix tendre
M'apprit bien qui c'était : je le priai d'attendre,
De s'arrêter un peu pour causer avec moi.

« Mon âme qui t'aimait dedans sa chair mortelle,
Libre du corps, dit-il, te demeure fidèle,
Et je reste à ton gré. Mais qui t'amène, toi ? »

« Mon Casella, je fais aujourd'hui ce voyage
Pour retourner plus tard sur ce même rivage.
Mais toi, pourquoi viens-tu si tard après ta mort ? »

Et lui me répondit : « Ce n'était que justice.
L'ange qui nous enlève au temps le plus propice,
Sur sa barque n'a pu m'accueillir tout d'abord.

La Juste Volonté tient la sienne asservie ;
Voilà trois mois, de vrai, qu'il accueille et convie
Quiconque veut entrer sans plus vouloir pécher ³.

Je me trouvais alors sur la plage isolée
Où le Tibre écumant se mêle à l'eau salée,
Et fus bénignement reçu par le nocher,

A quella foce, ov' egli ha dritta l'·ala :
Perocchè sempre quivi si raccoglie,
Qual verso d' Acheronte non si cala.

Ed io : Se nuova legge non ti toglie
Memoria, o uso all' amoroso canto,
Che mi solea quetar tutte mie voglie,

Di ciò ti piaccia consolare alquanto
L' anima mia, che, con la sua persona
Venendo qui, è affannata tanto.

Amor, che nella mente mi ragiona,
Cominciò egli allor sì dolcemente,
Che la dolcezza ancor dentro mi suona,

Lo mio Maestro, ed io, e quella gente,
Ch' eran con lui, parevan sì contenti,
Com' a nessun toccasse altro la mente.

Noi eravam tutti fissi e attenti
Alle sue note : ed eccol' veglio onesto,
Gridando : Che è ciò, spiriti lenti ?

Qual negligenzia, quale stare è questo ?
Correte al monte, a spogliarvi lo scoglio,
Ch' esser non lascia a voi Dio manifesto.

Come quando, cogliendo biada, o loglio,
Gli colombi adunati alla pastura,
Queti senza mostrar l' usato orgoglio,

Se cosa appare, ond' egli abbian paura,
Subitamente lasciano star l' esca,
Perchè assaliti son da maggior cura :

Près des bouches du fleuve où retournent ses ailes,
Car c'est là que toujours s'assemblent les fidèles
Qui ne descendent pas vers les bords infernaux. »

Je dis : « Si quelque loi sur ce nouveau rivage
Ne t'a pas enlevé la mémoire ou l'usage
De ce chant amoureux qui calmait tous mes maux,

Donne à mon cœur, de grâce, un peu de ton doux baume.
Ce voyage accompli par le sombre royaume
Avec mon corps vivant m'a brisé de douleur. »

« *Amour qui parle au fond de ma pauvre âme esclave,* »
Se prit l'ombre à chanter d'une voix si suave
Que sa douceur encor résonne dans mon cœur.

Mon maître auprès de moi, les ombres réunies,
Nous écoutions pressés, et nos âmes ravies
Paraissaient s'absorber dans ces tendres accents.

Nous marchions suspendus à cette voix chérie.
Mais voici le vieillard austère qui s'écrie :
« Qu'est-ce donc qui vous tient, esprits trop indolents ?

Pourquoi marcher ainsi sans courage et sans force ?
Courez à la montagne et dépouillez l'écorce
Qui vous empêche encor de voir Dieu tout entier ! »

Comme on voit dans un champ, par bandes rassemblées,
Colombes becquetant sans peur d'être troublées
Ne plus frapper les airs de leur cri familier :

Paraisse quelque objet dont l'aspect les effraie,
Aussitôt de quitter le blé mûr et l'ivraie,
Car un souci plus grand vient de les assaillir ;

Così vid' io quella masnada fresca
Lasciare 'l canto, e gire 'nver la costa,
Com' uom, che va, nè sa dove riesca:

Nè la nostra partita fu men tosta.

Les nouveaux débarqués, avertis de leur faute,
Laissent là le doux chant et courent vers la côte
Comme un homme qui va sans savoir jusqu'où fuir :

Et nous ne fûmes pas moins vites à partir.

NOTES DU CHANT II

¹ Oubliant d'aller se faire belles, c'est-à-dire d'aller se purifier.

² Emprunt à Virgile :
Ter conatus ibi collo dare bracchia circum
Ter frustrà comprensa manus effugit imago.

³ Le pardon était descendu sur un plus grand nombre de fidèles depuis le premier jubilé institué par Boniface VIII au mois de décembre 1300.

ARGUMENT DU CHANT III

Dante et Virgile se dirigent vers la montagne du Purgatoire. Parvenus au pied du mont, la raideur de la pente les arrête. Une troupe d'âmes qui se dirige comme eux vers la montagne leur montre la route. Une des âmes de cette troupe, Manfred, roi de Pouille et de Sicile, s'entretient avec Dante.

CANTO TERZO

Avvegnachè la subitana fuga
Dispergesse color per la campagna,
Rivolti al monte, ove ragion ne fruga:

I' mi ristrinsi alla fida compagna:
E come sare' io senza lui corso?
Chi m' aria tratto su per la montagna?

Ei mi parea da sè stesso rimorso:
O dignitosa coscienzia e netta,
Come t' è picciol fallo amaro morso!

Quando li piedi suoi lasciâr la fretta,
Che l' onestade ad ogni atto dismaga,
La mente mia, che prima era ristretta,

Lo 'ntento rallargò, sì come vaga,
E diedi 'l viso mio incontra al poggio,
Che 'nverso 'l ciel più alto si dislaga.

Lo Sol, che dietro fiammeggiava roggio,
Rotto m' era dinanzi alla figura,
Chè aveva in me de' suoi raggi l' appoggio.

I' mi volsi dallato con paura
D' essere abbandonato, quando io vidi
Solo dinanzi a me la terra oscura:

CHANT TROISIÈME

Pendant que sous mes yeux cette fuite soudaine
Dispersait les esprits au travers de la plaine
Vers la rude montagne où l'on devient meilleur,

Je me serrai plus près du compagnon fidèle.
Comment marcher, sinon abrité sous son aile?
Qui m'aurait soutenu pour gravir la hauteur?

Mon maître paraissait mécontent de lui-même.
O conscience haute, ô pureté suprême !
Que de la moindre faute amer t'est le remord !

Quand il eut en marchant ralenti cette presse
Qui de nos mouvements altère la noblesse,
Mon esprit mal à l'aise et comprimé d'abord,

Rouvrit à son désir une libre carrière,
Et je levai mes yeux sur la montagne altière
Qui porte son sommet jusqu'au plus haut des airs.

Le soleil qui dardait derrière nous ses flammes
Brisait par devant moi ses rutilantes lames :
Mon corps faisant obstacle arrêtait ses éclairs.

Je m'étais retourné de côté, tremblant d'être
Abandonné tout seul en chemin par mon maître
En voyant le sol noir seulement devant moi.

E 'l mio conforto: Perchè pur diffidi,
A dir mi cominciò tutto rivolto,
Non credi tu me teco, e ch' io ti guidi?

Vespero è già colà, dove sepolto
E 'l corpo, dentro al quale io facev' ombra:
Napoli l' ha, e da Brandizio è tolto:

Ora se innanzi a me nulla s' adombra,
Non ti maravigliar, più che de' cieli,
Che l' uno all' altro raggio non ingombra.

A sofferir tormenti, e caldi, e gieli
Simili corpi la virtù dispone,
Che, come fa, non vuol, ch' a noi si sveli.

Matto è chi spera, che nostra ragione
Possa trascorrer la 'nfinita via,
Che tiene una sustanzia in tre Persone.

State contenti, umana gente, al quia:
Chè se potuto aveste veder tutto,
Mestier non era partorir Maria:

E disiar vedeste senza frutto
Tai, che sarebbe lor disio quetato,
Ch' eternamente è dato lor per lutto:

I' dico d' Aristotile, e di Plato,
E di molti altri: e qui chinò la fronte,
E più non disse, e rimase turbato.

Noi divenimmo in tanto appiè del monte:
Quivi trovammo la roccia sì erta,
Che 'ndarno vi sarien le gambe pronte.

Alors mon réconfort: « Quelle crainte te glace,
Dit-il en me voyant qui faisais volte-face,
Ne te guidé-je plus ? Suis-je pas avec toi ?

Vesper, astre du soir, monte dans le ciel sombre
Aux lieux où gît le corps qui me faisait une ombre.
Naples aux Calabrais a voulu le ravir [1] :

Ores par devant moi si plus rien ne s'adombre,
Ne t'en étonne pas plus que des cieux sans nombre
Où nul rayon ne peut d'un autre s'obscurcir [2].

La divine puissance avec des corps semblables
De sentir flamme et gel nous a rendus capables.
Comment ? elle nous a soustrait cette clarté.

Insensé qui voudrait par la raison mortelle
Pénétrer cette voie infinie, éternelle,
Qui sait mettre un seul être en une Trinité.

Il faut vous contenter du *quia*, race humaine !
Si vous aviez su tout, de science certaine,
Marie et son doux fils pouvaient rester au ciel.

Et vous vîtes sans fruit brûler de tout connaître
Tels dont l'ardente soif aurait pu se repaître,
Au lieu de leur servir de tourment éternel.

Je parle de Platon, d'Aristote le sage,
De bien d'autres encor ! » Lors, baissant le visage,
Il n'ajouta plus rien et demeura troublé [3].

Pourtant au pied du mont j'arrive avec mon guide.
Mais nous trouvons le roc si raide et si rapide
Que le meilleur coureur eût ici reculé.

Tra Lerici e Turbìa, la più diserta,
La più romita via, è una scala
Verso di quella, agevole e aperta.

Or chi sa da qual man la costa cala,
Disse 'l Maestro mio, fermando 'l passo,
Sì che possa salir chi va senz' ala?

E mentre che, tenendo 'l viso basso,
Esaminava del cammin la mente,
Ed io mirava suso intorno al sasso,

Da man sinistra m' apparì una gente
D' anime, che movièno i piè ver noi,
E non parevan, sì venivan lente.

Leva, dissi al Maestro, gli occhi tuoi:
Ecco di qua chi ne darà consiglio,
Se tu da te medesmo aver nol puoi.

Guardommi allora, e con libero piglio
Rispose: Andiamo in là, ch' ei vegnon piano,
E tu ferma la speme, dolce figlio.

Ancora era quel popol di lontano,
I' dico dopo i nostri mille passi,
Quant' un buon gittator trarria con mano,

Quando si strinser tutti a' duri massi
Dell' alta ripa, e stetter fermi e stretti;
Com' a guardar, chi va dubbiando, stassi.

O ben finiti, o già spiriti eletti,
Virgilio incominciò, per quella pace,
Ch' io credo, che per voi tutti s' aspetti,

Le chemin le plus âpre et le plus dur qui mène
De Tourbe à Lérici dans le pays de Gêne
Est un escalier large et facile, à côté.

« Or çà, par quel versant la côte décroît-elle,
Pour pouvoir y monter, nous qui n'avons pas d'aile ? »
Dit mon maître, et, parlant, il restait arrêté.

Et tandis que baissant la tête, plein de doute,
Il semblait en esprit interroger la route,
Et que moi je cherchais de l'œil sur le rocher,

A main gauche je vis des âmes en phalange
Qui dirigeaient leurs pas vers nous ; mais, chose étrange !
Si lentement qu'à peine elles semblaient marcher.

« Lève les yeux et vois là-bas, dis-je à mon maître,
Ces ombres-là pourront te conseiller peut-être,
Si de toi-même ici tu n'oses prendre avis. »

Lors d'un air dégagé mon maître me regarde :
« Viens, dit-il, au-devant de la bande qui tarde,
Et raffermis en toi l'espérance, cher fils. »

Nous avions déjà fait mille pas en avance,
Et nous étions encor loin d'eux, à la distance
Qu'un habile frondeur franchit d'un coup de main,

Quand sur les rocs massifs étagés sur la côte
Je les vis faisant halte et serrés côte à côte ;
Tel un homme égaré qui cherche son chemin.

« Vous dont la fin fut bonne, esprits élus d'avance !
Dit Virgile, de grâce, ah ! par cette assurance
Que vous avez, je crois, d'entrer au Paradis,

Ditene, dove la montagna giace,
Sì che possibil sia l'andare in suso:
Chè 'l perder tempo, a chi più sa, più spiace.

Come le pecorelle escon del chiuso
Ad una, a due, a tre, e l'altre stanno
Timidette atterrando l'occhio, e 'l muso,

E ciò, che fa la prima, e l'altre fanno,
Addossandosi a lei, s'ella s'arresta,
Semplici e quete, e lo 'mperchè non sanno;

Sì vid' io muovere, a venir, la testa
Di quella mandria fortunata allotta,
Pudica in faccia, e nell' andare onesta.

Come color dinanzi vider rotta
La luce in terra, dal mio destro canto,
Si che l'ombr' era da me alla grotta,

Ristaro, e trasser sè indietro alquanto,
E tutti gli altri, che venieno appresso,
Non sappiendo 'l perchè, fero altrettanto:

Senza vostra dimanda io vi confesso,
Che questo è corpo uman, che voi vedete,
Perchè 'l lume del Sole in terra è fesso:

Non vi maravigliate; ma credete,
Che non senza virtù, che dal Ciel vegna,
Cerca di soverchiar questa parete.

Così 'l Maestro: e quella gente degna,
Tornate, disse: Intrate innanzi dunque
Co' dossi delle man facendo insegna.

Apprenez-nous par où la montagne s'abaisse
Et se laisse gravir. Dites, car le temps presse
Et le perdre est plus dur quand on en sait le prix. »

Telles hors de l'enclos les brebis qui se suivent :
Une, puis deux, puis trois, puis les autres arrivent,
L'œil et le col à terre en leur craintif maintien.

Toutes vont imitant celle qui marche en tête,
Se pressant sur son dos alors qu'elle s'arrête :
Pourquoi ? Troupeau placide et simple, il n'en sait rien.

Telle je vis vers nous venir en longue file
Cette troupe déjà bienheureuse et tranquille,
Au pudique visage, à l'honnête marcher.

En voyant la lumière à ma droite arrêtée
Et l'ombre de mon corps sur le sol projetée
Atteindre en s'allongeant les parois du rocher,

Étonnés, les premiers du troupeau reculèrent,
Les autres qui venaient après les imitèrent
Et sans savoir pourquoi s'arrêtèrent aussi.

« Ne m'interrogez pas : je préviens votre envie ;
Vous avez sous les yeux un corps humain en vie :
C'est pourquoi la lumière est achoppée ici.

Ne vous étonnez pas, phalange fortunée !
C'est par une vertu du Ciel même émanée
Qu'il cherche par ce mont à s'ouvrir un chemin. »

Ainsi parla le maître. Et ces légions dignes :
« Tournez donc et marchez en avant de nos lignes ! »
Et chacun nous faisait signe en tournant la main.

Ed un di loro incominciò: Chiunque
Tu se', così andando volgi 'l viso :
Pon mente, se di là mi vedesti unque.

Io mi volsi ver lui, e guardai 'l fiso :
Biondo era, e bello, e di gentile aspetto :
Ma l' un de' cigli un colpo avea diviso.

Quando io mi fui umilmente disdetto
D' averlo visto mai, ei disse : Or vedi ;
E mostrommi una piaga a sommo 'l petto :

Poi disse sorridendo : I' son Manfredi
Nipote di Costanza imperadrice :
Ond' io ti priego, che quando tu riedi,

Vadi a mia bella figlia, genitrice
Dell' onor di Sicilia, e d' Aragona,
E dichi a lei il ver, s' altro si dice.

Poscia ch' io ebbi rotta la persona
Di duo punte mortali, io mi rendei
Piangendo a quei, che volentier perdona.

Orribil furon li peccati miei :
Mà la Bontà infinita ha sì gran braccia,
Che prende ciò, che si rivolve a lei.

Se 'l Pastor di Cosenza, ch' alla caccia
Di me fu messo per Clemente, allora
Avesse in Dio ben letta questa faccia,

L' ossa del corpo mio sarieno ancora
In co' del ponte, presso a Benevento,
Sotto la guardia della grave mora,

Et l'un d'eux m'adressant la parole : « Regarde,
Qui que tu sois, dit-il, sans que ton pied s'attarde ;
Rappelle-toi : sur terre oncque ne m'as-tu vu ? »

Je me tournai, fixant les yeux sur sa figure.
Il était blond et beau, de fort noble tournure,
Seulement il avait un des sourcils fendu.

Et n'ayant de ses traits aucune souvenance,
Je m'excusai. — « Vois donc ! » me dit l'ombre en souffrance,
Et sa main me montrait au cœur un trou saignant.

Puis souriant : « Je suis Manfred », et sur la terre
Constance impératrice était sœur de ma mère.
Ah ! quand tu reviendras dans le monde vivant,

Vas à ma noble fille, à cette source illustre
D'où tirent la Sicile et l'Aragon leur lustre.
Dis-lui la vérité, car peut-être on lui ment.

Quand de deux coups mortels, au plus fort de la guerre,
J'eus le corps traversé, laissé pour mort sur terre,
Je remis en pleurant mon âme au Dieu clément.

Horribles ont été mes péchés et mes crimes ;
Mais la Grâce infinie a des bras magnanimes,
Et quiconque y revient n'est jamais rejeté.

Si le Pasteur chargé par Clément de poursuivre
Et pourchasser mon corps, quand j'eus cessé de vivre,
Avait en Dieu bien lu la page de bonté,

A la tête du pont qui regarde l'aurore,
Auprès de Bénévent, mes os giraient encore,
Sous l'amas tumulaire ils dormiraient pressés.

Or le bagna la pioggia; e muove 'l vento
Di fuor dal regno, quasi lungo 'l Verde,
Ove le trasmutò a lume spento.

Per lor maladizion sì non si perde,
Che non posso tornar l'eterno amore,
Mentre che la speranza ha fior del verde.

Ver' è, che quale in contumacia muore
Di Santa Chiesa, ancor ch' alfin si penta,
Stargli convien da questa ripa in fuore

Per ogni tempo, ch' egli è stato, trenta,
In sua presunzion, se tal decreto
Più corto per buon prieghi non diventa.

Vedi oramai se tu mi puoi far lieto,
Rivelando alla mia buona Costanza,
Come m' hai visto, e anco esto divieto:

Chè qui, per quei di là molto s' avanza.

Et maintenant le vent les secoue, et la pluie
Les baigne au bord du Verde et hors de ma patrie
Où l'on souffla sur moi les flambeaux renversés !

Mais bien que leur fureur nous damne et nous maudisse,
Tant qu'on vit, et pour peu qu'un brin d'espoir verdisse,
On peut encor rentrer dans l'éternel amour !

Il est vrai, quand on meurt contumax à l'Église,
Encore qu'au moment suprême on se dédise,
Qu'il faut rester ici, hors d'un meilleur séjour,

Trente fois tout le temps qu'a duré sur la terre
La résistance, à moins que par bonne prière
Ce cruel temps d'exil puisse être raccourci.

Va maintenant : tu peux me rendre heureux d'avance.
Révèle seulement à ma bonne Constance
Où tu m'as vu : dis-lui cet interdit aussi :

Car en priant là-bas, on nous assiste ici.

NOTES DU CHANT III

¹ Virgile mourut à Brindes, et son corps fut enseveli à Naples :

*Mantua me genuit : Calabri rapuêre : tenet nunc
Parthenope : cecini pascua, rura, duces.*

² Suivant le système du temps, qui supposait le ciel composé de sphères transparentes, enveloppées les unes dans les autres.

³ Virgile fait lui-même partie de ces nobles esprits. Il languit avec eux dans les Limbes, comme on l'a vu au quatrième chant de l'Enfer. Voilà pourquoi il s'arrête, pris de trouble et d'émotion.

⁴ Manfred, roi de Naples, mort en combattant à la bataille de Cepperano. Villani raconte que le vainqueur, Charles Iᵉʳ d'Anjou, fit enterrer le vaincu au bout du pont de Bénévent. Chaque soldat jeta une pierre sur sa fosse. Mais l'archevêque de Cosenza, par ordre du pape, arracha de cette triste sépulture le corps du roi excommunié et le fit jeter dans le Verde, hors du royaume, *a lume spento*, avec les rites lugubres de l'excommunication.

ARGUMENT DU CHANT IV

Manfred et les autres âmes des excommuniés, obligés d'attendre, avant de se purifier dans les tourments du Purgatoire, trente fois le temps qu'a duré leur résistance à l'Église, se séparent des deux voyageurs après leur avoir indiqué un sentier étroit. Dante et Virgile parviennent en le suivant à un rocher circulaire formant corniche autour de la montagne. Ils y trouvent les âmes des paresseux qui ont été lents à se repentir. Ceux ci restent, hors de la porte du Purgatoire, un temps seulemen égal à celui de leur vie. Parmi ces nouveaux pénitents, Dante reconnaît Belacqua, un musicien.

CANTO QUARTO

Quando per dilettanze, ovver per doglie,
Che alcuna virtù nostra comprenda,
L' anima bene ad essa si raccoglie,

Par, ch' a nulla potenzia più intenda:
E questo è contra quello error, che crede
Ch' un' anima sovr' altra in noi s'accenda.

E però, quando s' ode cosa, o vede,
Che tenga forte a sè l' anima volta,
Vassene 'l tempo, e l' uom non se n' avvede:

Ch' altra potenzia è quella, che l' ascolta,
E altra è quella, ch' ha l' anima intera:
Questa è quasi legata, e quella è sciolta.

Di ciò ebb' io esperienza vera,
Udendo quello spirto, e ammirando;
Chè ben cinquanta gradi salit' era

Lo Sole: ed io non m' era accorto, quando
Venimmo dove quell' anime ad una
Gridaro a noi: Qui è vostro dimando.

Maggiore aperta molte volte impruna,
Con una forcatella di sue spine,
L' uom della villa, quando l' uva imbruna,

CHANT QUATRIÈME

Quand une faculté de son âme est en proie
A quelque impression de souffrance ou de joie,
L'homme, se repliant sur elle tout entier,

Paraît être insensible à toute autre puissance;
Vérité qui dément cette fausse croyance
D'autres esprits en nous s'allumant au premier [1].

Ainsi, qu'un objet frappe ou l'oreille ou la vue
Et tienne fortement l'âme vers lui tendue,
Le temps fuit sans qu'on puisse en calculer le cours;

Car autre est l'instrument lui-même de l'ouïe,
Autre la faculté qui tient l'âme asservie :
Quand l'une est dans les fers, l'autre est libre toujours.

C'est de quoi je pus faire une épreuve certaine,
Écoutant, admirant parler cette ombre humaine.
Le jour avait monté de cinquante degrés [2],

Et je n'y songeais pas, lorsque nous arrivâmes
En un point où, parlant toutes en chœur, ces âmes
Nous crièrent : « Voici ce que vous désirez. »

Souvent, quand le soleil brunit la vigne mûre,
Le bon villageois ferme une étroite ouverture
Avecque son fagot d'épines ou de houx,

Che non era la calla, onde salìne
Lo Duca mio, ed io appresso soli
Come da noi la schiera si partìne.

Vassi in Sanleo, e discendesi in Noli:
Montasi su Bismantova in cacume
Con esso i piè : ma qui convien, ch' uom voli,

Dico con l' ale snelle e con le piume
Del gran disio diretro a quel condotto,
Che speranza mi dava, e facea lume.

Noi salivàm per entro 'l sasso rotto,
E d' ogni lato ne stringea lo stremo,
E piedi e man voleva 'l suol di sotto.

Quando noi fummo in su l' orlo supremo
Dell' alta ripa alla scoverta piaggia,
Maestro mio, diss' io, che via faremo?

Ed egli a me : Nessun tuo passo caggia :
Pur suso al monte dietro a me acquista,
Fin che n' appaia alcuna scorta saggia.

Lo sommo era alto, che vincea la vista,
E la costa superba più assai,
Che da mezzo quadrante a centro lista.

Io era lasso, quando cominciai :
O dolce padre, volgiti, e rimira,
Com' io rimango sol, se non ristai.

O figliuol, disse, insin quivi ti tira,
Additandomi un balzo poco in sue,
Chè da quel lato il poggio tutto gira.

Mais l'huis est moins étroit que le sentier rapide
Où je m'engageai seul sur les pas de mon guide
Quand l'essaim des esprits se sépara de nous.

A Nole et San Leo l'on grimpe, non sans peine,
Et jusqu'à Bismantoue en montant on se traîne ;
Mais il fallait ici les ailes de l'oiseau ;

Ou plutôt il fallait l'aile encor plus agile
D'un immense désir pour suivre ce Virgile
Qui me donnait courage et semblait mon flambeau.

A travers les débris de ces roches rompues,
Pressés de tous côtés par leurs pointes aiguës,
Il fallait nous aider du pied et de la main.

Au dernier échelon de la rude montagne
Nous parvînmes à ciel ouvert dans la campagne :
« Çà, maître, fis-je alors, où va notre chemin ? »

« Prends garde de glisser d'un pas, dit le poëte,
Et monte, en me suivant, la pente jusqu'au faîte ;
Des guides s'offriront à nous en quelque lieu. »

Le faîte était si haut qu'il dépassait la vue,
Et la rampe à gravir plus raide, plus tendue
Qu'un rayon qui partage un quadrant au milieu.

J'étais tout épuisé quand je dis : « O doux père,
Vers moi retourne-toi par pitié ; considère
Que je vais rester seul, si tu n'arrêtes point. »

« Mon fils, me répondit Virgile, et sa main haute
M'indiquait un plateau qui contournait la côte,
Traîne-toi seulement là-haut, jusqu'à ce point. »

Sì mi spronaron le parole sue,
Ch' i' mi sforzai carpando appresso lui,
Tanto che 'l cinghio sotto i piè mi fue.

A seder ci ponemmo ivi amendui
Vòlti a levante, ond' eravam saliti,
Chè suole a riguardar giovare altrui.

Gli occhi prima drizzai a' bassi liti,
Poscia gli alzai al sole, e ammirava,
Che da sinistra n' eravam feriti.

Ben s' avvide 'l poeta, che io stava
Stupido tutto al carro della luce,
Ove tra noi e Aquilone intrava.

Ond' egli a me: Se Castore e Polluce
Fossero 'n compagnia di quello specchio,
Che su e giù del suo lume conduce,

Tu vedresti 'l zodiaco rubecchio
Ancora all' Orse più stretto rotare
Se non uscisse fuor del cammin vecchio.

Come ciò sia, se 'l vuoi poter pensare,
Dentro raccolto immagina Sion
Con questo monte in su la terra stare,

Sì ch' amendue hann' un solo orizon,
E diversi emisperi: ond' è la strada,
Che mal non seppe carreggiar Feton.

Vedrai com' a costui convien che vada
Dall' un, quando a colui dall' altro fianco,
Se l' intelletto tuo ben chiaro bada.

Sa voix m'éperonna si fort, qu'avec courage
Je m'efforçai de suivre en rampant le doux Sage,
Tant qu'enfin le plateau se trouva sous nos pieds.

Tous les deux côte à côte alors nous nous assîmes,
Tournés vers le levant et jetant de ces cimes
Au chemin parcouru des yeux extasiés.

D'abord je regardai sous moi, puis sur ma tête.
Lors je vis les rayons que le soleil nous jette
Nous frapper à main gauche, et j'en fus interdit[3].

Mon maître, remarquant cette stupeur profonde
Dont je considérais le char flambeau du monde
Qui passait entre nous et l'Aquilon, me dit :

« Si ce miroir qui luit sur les deux hémisphères
Était en ce moment suivi des astres frères,
De Castor et Pollux qui se donnent la main,

Tu verrais flamboyer le zodiaque en sa course,
Et courant tournoyer encor plus près de l'Ourse,
A moins qu'il ne sortît de l'antique chemin.

Et pour bien concevoir ce céleste mystère,
Imagine un moment voir placés sur la terre
Ce mont du Purgatoire et le mont de Sion

Ayant même horizon et divers hémisphère
Dans le milieu desquels s'ouvrirait la carrière
Que sur son char si mal parcourut Phaëton.

Tu verrais le soleil dans son cours nécessaire
Luire ici sur un flanc, là sur le flanc contraire,
Pour peu que ton esprit réfléchisse un moment. »

Certo, Maestro mio, diss' io, unquanco
Non vid' io chiaro, sì com' io discerno,
Là dove 'l mio 'ngegno parea manco:

Che 'l mezzo cerchio del moto superno,
Che si chiama Equatore in alcun' arte,
E che sempre riman tra 'l Sole e 'l Verno,

Per la ragion, che di', quinci si parte
Verso Settentrïon, quando gli Ebrei
Vedevan lui verso la calda parte.

Ma, s'a te piace, volentier saprei,
Quanto avemo ad andar, chè 'l poggio sale
Più che salir non posson gli occhi miei.

Ed egli a me: Questa montagna è tale,
Che sempre al cominciar di sotto è grave,
E quanto uom più va su, e men fa male.

Però quand' ella ti parrà soave:
Tanto, che 'l su andar ti sia leggiero,
Com' a seconda in giuso andar per nave:

Allor sarai al fin d' esto sentiero:
Quivi di riposar l' affanno aspetta:
Più non rispondo, e questo so per vero.

E, com' egli ebbe sua parola detta,
Una voce di presso sonò: Forse
Che di sedere in prima avrai distretta.

Al suon di lei ciascun di noi si torse,
E vedemmo a mancina un gran petrone,
Del qual ned io, ned ei prima s' accorse.

« Certes, je comprends, dis-je, ô maître, et dans le doute,
Alors que mon esprit allait être en déroute,
Jamais je ne compris un point si clairement [4].

Le demi-cercle donc de la sphère céleste
Qu'on nomme en certain art Équateur, et qui reste
Également distant de l'été, de l'hiver,

Doit, d'après ton système, être en cet hémisphère
Vers le Septentrion, tandis que sur leur terre
Les Hébreux le voyaient du côté de l'Auster.

Mais, s'il te plaît, dis-moi, combien de temps, cher guide,
Avons-nous à marcher encor ? Ce mont rapide
Par delà mon regard s'élève dans l'azur. »

« Ce mont est ainsi fait, me répondit Virgile,
Qu'au début, tout au bas, la pente est difficile,
Mais plus on monte, et moins le chemin paraît dur.

Ainsi quand il sera doux au pied et facile,
Et que tu monteras plus léger, plus agile
Qu'un batelet qui fuit par le flot emporté,

Lors tu seras au terme où ce sentier nous mène.
Attends là le repos qui doit suivre la peine :
Je n'ajoute plus rien, j'ai dit la vérité. »

Tandis que j'écoutais les derniers mots du maître,
Une voix près de nous se fit ouïr : « Peut-être
Il te faudra t'asseoir avant que d'être au port. »

Au son de cette voix qui résonnait tout proche,
Nous tournâmes la tête et vîmes une roche
Où lui ni moi n'avions jeté les yeux d'abord.

Là ci traemmo : ed ivi eran persone,
Che si stavano all' ombra dietro al sasso,
Com' uom per negligenza a star si pone.

E un di lor, che mi sembrava lasso,
Sedeva, e abbracciava le ginocchia,
Tenendo 'l viso giù tra esse basso.

O dolce Signor mio, diss' io, adocchia
Colui, che mostra sè più negligente,
Che se pigrizia fosse sua sirocchia.

Allor si volse a noi, e pose mente,
Movendo 'l viso pur su per la coscia,
E disse : Va su tu, che se' valente.

Conobbi allor chi era : e quell' angoscia,
Che m' avacciava un poco ancor la lena,
Non m' impedì l' andare a lui : e poscia,

Ch' a lui fui giunto, alzò la testa appena,
Dicendo : Hai ben veduto, come 'l Sole
Dall' omero sinistro il carro mena?

Gli atti suoi pigri, e le corte parole
Mosson le labbra mie un poco a riso :
Poi cominciai : Belacqua, a me non duole

Di te omai : ma dimmi, perchè assiso
Quiritta se' : attendi tu iscorta,
O pur lo modo usato t' hai ripriso?

Ed ei : Frate, l' andare in su che porta?
Chè non mi lascerebbe ire a' martiri
L' uscier di Dio, che siede 'n su la porta.

LE PURGATOIRE — CHANT IV.

Nous étant approchés, à nous s'offre un grand nombre
De gens qui se tenaient adossés à son ombre
Comme des paresseux assis nonchalamment;

Et l'un d'eux qui semblait être des moins ingambes
Demeurait accroupi, les bras autour des jambes,
Le front sur ses genoux appuyé mollement.

« Oh, dis-je, doux seigneur, vois donc ce personnage
Qui reste couché là sans force et sans courage,
Comme s'il avait eu la paresse pour sœur ! »

Le paresseux m'entend et, sans bouger, il glisse
Un œil obliquement au-dessus de sa cuisse
Et me dit : « Grimpe donc, toi si vaillant de cœur ! »

Lors je le reconnus, et cette lassitude
Qui brisait mon haleine après le chemin rude
Ne put me retenir d'aller tout droit vers lui.

Lorsque j'en fus tout proche, il soulève avec peine
Sa tête : « As-tu bien vu, me dit-il, comment mène
Le soleil ses chevaux à ta gauche aujourd'hui ? »

Ses mouvements si lents, son parler laconique
Firent naître à ma lèvre un sourire ironique :
« A présent, Belacqua, je ne te plaindrai plus [5].

Mais que fais-tu ? dis-moi, pourquoi cette attitude ?
Attends-tu quelque guide, ou bien, par habitude,
Est-ce que la paresse a repris le dessus ? »

Il me répondit : « Frère, aller là-haut, qu'importe ?
Puisque l'oiseau de Dieu qui là garde la porte [6]
Ne me laisserait pas aller au doux tourment.

Prima convien, che tanto 'l Ciel m' aggiri
Di fuor da essa, quanto feci in vita,
Perchè indugiai al fin li buon sospiri,

Se orazione in prima non m' aita,
Che surga su di cuor, che 'n grazia viva :
L' altra che val, che 'n Ciel non è gradita ?

E già 'l Poeta innanzi mi saliva,
E dicea : Vienne omai : vedi ch' è tocco
Meridïan dal Sole, e dalla riva

Cuopre la Notte già col piè Marrocco.

Cette porte pour moi ne peut être franchie
Avant un temps égal à celui de ma vie,
Ne m'étant repenti qu'à mon dernier moment ;

A moins qu'à mon secours auparavant n'arrive
La prière d'un cœur en qui la Grâce vive.
Sans écho dans le ciel tout autre prie en vain. »

En route cependant s'était remis mon guide,
Disant : « Viens : au midi déjà le jour rapide
Resplendit, et là-bas à l'horizon lointain

La Nuit couvre du pied le rivage Africain. »

NOTES DU CHANT IV

¹ Allusion à la doctrine des trois âmes s'allumant successivement dans l'homme : l'âme végétative, l'âme sensitive et l'âme intellectuelle, doctrine qui remonte à Platon.

² Le soleil parcourt 15 degrés à l'heure. Il s'était donc écoulé 3 heures 20 minutes depuis le lever de l'astre.

³ La tête tournée au levant, Dante s'étonne d'avoir le soleil à sa gauche au lieu de l'avoir à sa droite, comme cela aurait eu lieu sur la terre s'il s'était tourné dans la même direction à la même heure du jour. Il oublie qu'il est aux antipodes de Jérusalem.

⁴ Si Dante comprend si bien, c'est qu'il est astronome et géographe. Nous, qui ne sommes ni l'un ni l'autre, « nous voyons bien quelque chose, mais je ne sais pour quelle cause nous ne distinguons pas très-bien. » Aussi, pour tout ce passage, nous avons cru que le mieux était de serrer toujours étroitement le texte, sans ajouter aux explications de Virgile ni dans la traduction, ni ici.

⁵ Belacqua, guitariste et facteur d'instruments de musique, paresseux et goguenard. Dante lui dit qu'il ne le plaindra plus ; il est sûr désormais du salut de Belacqua, puisqu'il n'est pas en Enfer.

⁶ La porte du Purgatoire gardée par un ange.

ARGUMENT DU CHANT V

Ici Dante rencontre ceux qu'on pourrait appeler les pénitents de la dernière heure, qui, frappés de mort violente, ont, par un soupir de repentance, assuré au dernier moment leur salut. Plusieurs viennent tour à tour raconter la tragique aventure de leur trépas : Jacques del Cassero, Buonconte. — Ombre dolente et poétique de la Pia.

CANTO QUINTO

Io era già da quell' ombre partito,
E seguitava l' orme del mio Duca,
Quando diretro a me, drizzando 'l dito,

Una gridò : Ve', che non par che luca
Lo raggio da sinistra a quel di sotto,
E come vivo par che si conduca.

Gli occhi rivolsi al suon di questo motto,
E vidile guardar per maraviglia
Pur me, pur me, e 'l lume, ch' era rotto.

Perchè l' animo tuo tanto s' impiglia,
Disse 'l Maestro, che l' andare allenti?
Che ti fa ciò, che quivi si pispiglia?

Vien dietro a me, e lascia dir le genti :
Sta come torre ferma, che non crolla
Giammai la cima per soffiar de' venti :

Chè sempre l' uomo, in cui pensier rampolla
Sovra pensier, da sè dilunga il segno,
Perchè la foga l' un dell' altro insolla.

Che potev' io ridir, se non io vegno?
Dissilo alquanto del color consperso,
Che fa l' uom di perdon tal volta degno :

CHANT CINQUIÈME

J'avais vu loin de nous ces ombres disparaître
Et suivais de nouveau les traces de mon maître,
Lorsque derrière nous, du doigt me désignant,

L'une cria : « Voyez ! Point ne luit la lumière
A gauche de celui qui suit l'autre en arrière.
A voir comme il chemine on dirait d'un vivant ! »

Je détournai les yeux au bruit de cette phrase.
Elles me regardaient toutes comme en extase
Aller, et de mon corps l'ombre se projeter !

« A quoi bon t'agiter l'esprit outre mesure ?
Dit le Maître, et pourquoi ralentir ton allure ?
Ces murmures des morts doivent-ils t'arrêter ?

Suis-moi : laisse parler le vulgaire stupide,
Et sois comme une tour dont l'assise solide
Résiste inébranlable à la fureur des vents.

L'homme qui d'une idée à l'autre ainsi s'élance
Du but qu'il veut atteindre augmente la distance,
Il se nuit à lui-même en ses projets mouvants. »

Que répondre à cela, sinon : « Je viens, poëte ! »
Ainsi dis-je, et j'avais cette rougeur honnête
Qui mérite souvent un pardon au pécheur.

E 'ntanto per la costa da traverso
Venivan genti innanzi a noi un poco,
Cantando *Miserere* a verso a verso.

Quando s' accorser ch' io non dava loco
Per lo mio corpo al trapassar de' raggi,
Mutâr lor canto in un Oh lungo e roco :

E duo di loro, in forma di messaggi,
Corsero 'ncontra noi, e dimandârne :
Di vostra condizion fatene saggi.

E 'l mio Maestro : Voi potete andarne,
E ritrarre a color, che vi mandaro,
Che 'l corpo di costui è vera carne.

Se per veder la sua ombra restaro,
Com' io avviso, assai è lor risposto :
Facciangli onore, ed esser può lor caro.

Vapori accesi non vid' io sì tosto
Di prima notte mai fender sereno,
Nè, Sol calando, nuvole d' Agosto,

Che color non tornasser suso in meno :
E giunto là, con gli altri a noi dier volta,
Come schiera, che corre senza freno.

Questa gente, che preme a noi, è molta,
E vengonti a pregar, disse 'l Poeta :
Però pur va, ed in andando ascolta.

O anima, che vai, per esser lieta,
Con quelle membra, con le quai nascesti,
Venian gridando, un poco 'l passo queta ;

Cependant, abrégeant par un biais la côte,
Des gens nous devançaient qui chantaient à voix haute
Miserere, verset par verset, tous en chœur.

En voyant que mon corps, rendant la terre obscure,
Aux rayons lumineux n'offrait point d'ouverture,
Leur oraison se change en exclamation !

Deux d'entre eux de la bande alors se détachèrent
Et venant au-devant de nous ils s'écrièrent :
« De grâce, dites-nous votre condition. »

== « Vous pouvez rapporter, répond le Maître sage,
A ceux dont vous tenez pour nous votre message,
Que le corps de cet homme est vivant et de chair.

S'ils se sont arrêtés, comme je le suppose,
En lui voyant une ombre, ils en savent la cause.
Qu'ils lui fassent honneur, car il peut payer cher. »

Plus prompts que les vapeurs qui dans l'éther limpide
Au tomber de la nuit jettent un feu rapide,
Ou le soleil chassant les nuages d'août,

Ils s'en vont retournant vers la foule inconnue ;
Mais, comme un escadron qui court bride abattue,
Ils reviennent ensemble et sont là tout à coup.

« Cette gent qui vers nous accourt, dit le poëte,
Est nombreuse, et chacun t'apporte sa requête.
C'est pourquoi va toujours, mais écoute en marchant. »

Ils arrivaient criant : « O toi qui viens d'avance,
Couverte ici du corps que tu tiens de naissance,
Ame au bonheur promise, arrête un seul instant !

Guarda s' alcun di noi unque vedesti,
Sì che di lui di là novelle porti:
Deh perchè vai? deh perchè non t' arresti?

No' fummo già tutti per forza morti,
E peccatori infino all' ultim' ora:
Quivi lume del Ciel ne fece accorti,

Sì, che pentendo e perdonando, fuora
Di vita uscimmo a Dio pacificati,
Che del disio di sè veder n' accuora.

Ed io: Perchè ne' vostri visi guati,
Non riconosco alcun: ma s' a voi piace
Cosa ch' io possa, spiriti ben nati,

Voi dite, ed io farò per quella pace,
Che dietro a' piedi di sì fatta guida,
Di mondo in mondo cercar mi si face.

Ed uno incominciò: Ciascun si fida
Del beneficio tuo senza giurarlo,
Pur che 'l voler non possa, non ricida:

Ond' io, che solo innanzi agli altri parlo,
Ti prego se mai vedi quel paese,
Che siede tra Romagna e quel di Carlo,

Che tu mi sie de' tuoi prieghi cortese
In Fano sì, che ben per me s' adori,
Perch' i' possa purgar le gravi offese.

Quindi fui io: ma gli profondi fori,
Ond' uscì 'l sangue, in sul quale io sedea,
Fatti mi furo in grembo agli Antenori,

Vois, ne connais-tu pas un seul d'entre nous, frère,
Dont tu puisses porter des nouvelles sur terre ?
Mais, quoi ! tu vas toujours, sans vouloir t'arrêter ?

Nous avons péri tous de mort épouvantable.
Jusqu'au dernier soupir notre âme fut coupable :
La lumière du ciel vint lors nous visiter.

Contrits et pardonnant nous quittâmes la vie,
Tous en paix avec Dieu dont la grâce infinie
Brûle aujourd'hui nos cœurs du désir de le voir. »

« Vos traits, dis-je, ont subi de la mort les outrages,
Et je ne reconnais aucun de vos visages.
Pourtant, esprits bien nés, s'il est en mon pouvoir

De vous servir, parlez, je jure de le faire
Par la paix que je vais cherchant de sphère en sphère,
Entraîné sur les pas de ce doux conducteur ! »

L'un d'eux prit la parole : « En toi chacun se fie
Et croit à ton bienfait sans qu'un serment te lie,
Si ton pouvoir répond au vouloir de ton cœur.

Or moi qui le premier, avant les autres, parle,
De grâce, si jamais entre l'État de Charle
Et le sol Romagnol tu peux voir mon pays [1],

Interviens en mon nom au milieu de mes frères !
Que dans Fano pour moi de ferventes prières
M'aident à me laver du mal que j'ai commis.

Là-bas j'ai vu le jour ; mais la blessure impie
D'où s'échappa mon sang et d'où s'enfuit ma vie,
Je la reçus aux champs d'Anténor [2], un endroit

Là dov' io più sicuro esser credea :
Quel da Esti 'l fe' far, che m' avea in ira
Assai più là, che dritto non volea.

Ma s' io fossi fuggitivo inver la Mira,
Quand io fui sovraggiunto ad Oriaco,
Ancor sarei di là, dove si spira.

Corsi al palude, e le cannucce e 'l braco
M' impigliâr sì, ch' i' caddi, e li vid' io
Delle mie vene farsi in terra laco.

Poi disse un altro : Deh se quel disio
Si compia, che ti tragge all' alto monte,
Con buona pietate aiuta 'l mio.

Io fui di Montefeltro : io fui Buonconte :
Giovanna, o altri non ha di me cura,
Perch' io vo tra costor con bassa fronte.

Ed io a lui : Qual forza, o qual ventura
Ti traviò sì fuor di Campaldino,
Che non si seppe mai tua sepoltura ?

Oh, rispos' egli, appiè del Casentino
Traversa un' acqua, ch' ha nome l' Archiano,
Che sovra l' Ermo nasce in Apennino.

Là, 've 'l vocabol suo diventa vano,
Arriva' io, forato nella gola,
Fuggendo a piedi, e sanguinando 'l piano.

Quivi perdei la vista e la parola :
Nel nome di Maria fini' ; e quivi
Caddi, e rimase la mia carne sola.

Où je me croyais loin d'un destin si funeste.
L'auteur de mon trépas, ce fut ce marquis d'Este
Qui me haïssait plus que ne permet le droit.

Ah ! pourquoi n'ai-je pas vers Mira [3] pris la fuite,
Lorsque près d'Oriago [4] m'atteignit leur poursuite !
Aux lieux où l'on respire, encore je vivrais.

Par malheur je courus au hasard, loin des plaines,
Et vis un lac de sang ruisseler de mes veines
En tombant au milieu des fanges d'un marais [5]. »

Un autre esprit parla : « Que ce désir sublime
Soit comblé, qui te fait gravir la haute cime !
A seconder le mien ne te refuse pas.

Je suis de Montefeltre et me nomme Buonconte.
Jeanne [6] m'oublie : hélas, de moi nul ne tient compte :
Voilà pourquoi je vais dans les rangs, le front bas. »

Je lui dis : « Quelle force ou mauvaise aventure
A donc à tous les yeux caché ta sépulture
En arrachant ton corps aux champs de Campaldin ? »

« Au pied du Casentin, répond l'ombre de l'homme,
Un fleuve va coulant, qu'Archiano l'on nomme.
Sa source est sur l'Ermo, dans le mont Apennin.

A l'endroit où cette eau fuit dans l'Arno perdue
J'arrivai, moi, blessé, la gorge pourfendue,
Fuyant à pied, tachant la terre de mon sang.

Là je perdis ensemble et la vue et la vie,
Et mon dernier soupir fut le nom de Marie.
Je tombai, je restai, chair morte, sur le flanc.

4.

Io dirò 'l vero, e tu 'l ridi' tra i vivi:
L' Angel di Dio mi prese, e quel d' Inferno
Gridava : O tu dal Ciel, perchè mi privi?

Tu te ne porti di costui l' eterno,
Per una lagrimetta, che 'l mi toglie
Ma io farò dell' altro governo.

Ben sai come nell' aer si raccoglie
Quell' umido vapor, che in acqua riede,
Tosto che sale dove 'l freddo il coglie.

Giunse quel mal voler, che pur mal chiede,
Con lo intelletto, e mosse 'l fumo e 'l vento
Per la virtù, che sua natura diede.

Indi la valle, come 'l dì fu spento,
Da Pratomagno, al gran giogo, coperse
Di nebbia, e 'l Ciel di sopra fece intento,

Sì, che 'l pregno acre in acqua si converse:
La pioggia cadde, e a' fossati venne
Di lei ciò, che la terra non sofferse :

E come a' rivi grandi si convenne,
Ver lo fiume real tanto veloce
Si ruinò, che nulla la ritenne.

Lo corpo mio gelato in su la foce
Trovò l' Archian rubesto : e quel sospinse
Nell' Arno, e sciolse al mio petto la croce,

Ch' io fei di me, quando 'l dolor mi vinse:
Voltommi per le ripe, e per lo fondo,
Poi di sua preda mi coperse, e cinse.

Va, rapporte aux vivants ce récit véritable :
L'ange de Dieu me prit alors ; l'ange du Diable
Criait : « Suppôt du ciel, pourquoi me le ravir ?

Tu me prends sa substance éternelle, son âme ;
Pour une simple larme, il m'échappe, l'infâme !
Mais sur le corps je vais me venger à loisir ! »

Tu sais comment dans l'air se condense épaissie
Cette humide vapeur qui se résout en pluie
Aussitôt qu'elle monte aux régions du froid.

A la perversité joignant l'intelligence,
Il remua fumée et vent par la puissance
Qu'il tient de sa nature et qu'à l'Enfer il doit.

Ainsi, lorsque le jour s'éteignit, la campagne
Depuis Pratomagno jusques à la montagne
Se couvrit de brouillard ; le ciel devint tout noir,

Et gros d'orage l'air se convertit en ondes.
La pluie à flots tomba ; les ravines profondes
Burent ce que le sol ne pouvait recevoir.

Et quand aux grands ruisseaux l'onde s'est amassée,
Vers le fleuve royal elle court insensée,
En se précipitant sans digues et sans frein.

L'Archiano fougueux trouva sur son rivage
Mon cadavre glacé qu'il saisit avec rage
Et poussa dans l'Arno, dénouant sur mon sein

Mes bras ployés en croix quand la mort fut plus forte.
Dans le fond, sur les bords, il me roule, il m'emporte,
Et puis m'ensevelit dans l'abîme profond. »

Deh quando tu sarai tornato al mondo,
E riposato della lunga via,
Seguitò 'l terzo spirito al secondo,

Ricorditi di me, che son la Pia :
Siena mi fe' : disfecemi Maremma :
Salsi colui, che 'nnanellata pria,

Disposando m' avea con la sua gemma.

— « Ah! lorsque tu seras de retour sur la terre
Et reposé du long chemin que tu veux faire,
Dit un troisième esprit succédant au second,

Ressouviens-toi de moi, la Pia : c'est moi-même.
Sienne fut mon berceau, mon tombeau la Mare
Il le sait bien, celui qui d'abord m'épousant

Avait mis à mon doigt l'anneau de diamant [7] ! »

NOTES DU CHANT V

1 La marche d'Ancône.
2 Aux environs de Padoue, bâtie par Antenor.
3 Bourg situé près de la Brenta.
4 Bourg de Padoue.
5 L'ombre qui a raconté son trépas est Jacques del Cassero, de Fano, ennemi d'Azzon III d'Este, marquis de Ferrare, qui le fit assassiner.
6 Sa femme.
7 Pia dei Tolommei, femme de Nello della Pietra. Un demi-jour mystérieux enveloppe sa tragique histoire comme l'énigmatique récit que le poëte met dans sa bouche. On croit communément que, coupable envers son mari ou injustement soupçonnée, elle fut emmenée par lui dans les Maremmes, dont l'air pestilentiel (*la mal' aria*) la fit mourir. D'autres disent que dans un accès de fureur il la précipita par une fenêtre.

ARGUMENT DU CHANT VI

Les ombres se pressent en foule autour de Dante, lui demandant d'obtenir pour elles sur la terre des prières qui les aident à accomplir leur salut. Questions de Dante à Virgile sur l'efficacité de ces prières. Rencontre du Mantouan Sordello. Imprécations contre l'Italie et contre Florence.

CANTO SESTO

Quando si parte 'l giuoco della zara,
Colui, che perde, si riman dolente,
Ripetendo le volte, e tristo impara:

Con l' altro se ne va' tutta la gente:
Qual va dinanzi, e qual dirietro 'l prende,
E qual da lato li si reca a mente:

Ei non s' arresta, e questo, e quello intende
A cui porge la man, più non fa pressa:
E così dalla calca si difende:

Tal' era io in quella turba spessa,
Volgendo a loro e qua e là la faccia,
E promettendo mi sciogliea da essa.

Quivi era l' Aretin, che dalle braccia
Fiere di Ghin di Tacco ebbe la morte,
E l' altro, ch' annegò correndo in caccia.

Quivi pregava con le mani sporte
Federigo Novello, e quel da Pisa,
Che fe' parer lo buon Marzucco forte:

Vidi cont' Orso, e l' anima divisa
Dal corpo suo per astio e per inveggia,
Come dicea, non per colpa commisa:

CHANT SIXIÈME

Au jeu de la *zara* ¹, quand la partie est faite,
Le perdant morfondu reste avec sa défaite
Et, répétant les coups, s'exerce tristement.

Le vainqueur s'en retourne escorté de la foule.
Par devant, par derrière on s'empresse, on le foule,
Quelques-uns de côté lui parlent tendremen :

Et lui, sans s'arrêter, tour à tour les écoute,
Presse la main à l'un, à l'autre, sur sa route,
Et se défend ainsi de ce flot importun.

Tel j'étais au milieu de ces bandes épaisses,
Leur faisant face à droite, à gauche, et de promesses,
Pour m'en débarrasser, prodigue envers chacun.

Là c'était l'Arétin ², qu'une main fraternelle,
Que Tacco fit périr d'une mort si cruelle ;
Là, celui qui chassant périt au fond de l'eau ³.

Là Frédéric Novel ⁴, à mains jointes, m'atteste,
Et là c'est ce Pisan ⁵ dont le trépas funeste
Mit au jour la grandeur du pieux Marzucco.

Ici le comte Orso ; plus loin cette âme pie
Arrachée à son corps par l'astuce et l'envie,
Et non par son péché, comme tu l'avais dit,

Pier dalla Broccia dico: e qui provveggia,
Mentr' è di qua, la donna di Brabante,
Sì che però non sia di peggior greggia.

Come libero fui da tutte quante
Quell' ombre, che pregar pur, ch' altri preghi,
Sì che s' avacci 'l lor divenir sante,

Io cominciai: E' par che tu mi nieghi,
O luce mia, espresso in alcun testo,
Che decreto del Cielo orazion pieghi;

E queste genti pregan pur di questo.
Sarebbe dunque loro speme vana?
O non m' è 'l detto tuo ben manifesto?

Ed egli a me: La mia scrittura è piana,
E la speranza di costor non falla,
Se ben si guarda con la mente sana:

Che cima di giudicio non s' avvalla,
Perchè foco d' amor compia in un punto
Ciò, che dee soddisfar chi qui s' astalla:

E là dov' io fermai cotesto punto,
Non s' ammendava, per pregar, difetto,
Perchè 'l prego da Dio era disgiunto.

Veramente a così alto sospetto
Non ti fermar, se quella nol ti dice,
Che lume fia tra 'l vero e lo 'ntelletto:

Non so se 'ntendi: io dico di Beatrice:
Tu la vedrai di sopra in su la vetta
Di questo monte, ridente e felice.

Pierre de Brosse [6] ! Aussi prenne garde la dame,
La reine de Brabant prenne garde à son âme,
Qu'elle ne soit un jour dans le troupeau maudit !

Quand j'eus fendu le flot des ombres familières
Qui m'imploraient afin d'obtenir des prières
Pour hâter le moment de leur félicité,

« N'as-tu pas nié, dis-je, ô lumière suprême,
Dans un texte formel de ton divin poëme,
Que du Ciel à nos vœux cède la volonté [7] ?

Pourtant, c'est ce que veut cette gent en souffrance.
Serait-elle trompée en sa douce espérance ?
Ou n'ai-je pas compris ton oracle certain ? »

Et lui me répondit : « Claire était ma parole,
Et de ces pénitents l'espoir n'est pas frivole
Pour qui le considère avec un esprit sain.

De Dieu ne fléchit pas la suprême justice
Pour ce qu'un feu d'amour offert en sacrifice
Acquitte en un moment les âmes de ce lieu.

Ailleurs, quand je semblais affirmer le contraire,
La faute ne pouvait céder à la prière,
Car celui qui priait était trop loin de Dieu.

Mais ne t'arrête pas à ce profond problème.
Attends plutôt de voir venir celle qui t'aime.
Par elle à ton esprit luira la vérité.

Me comprends-tu ? Je veux parler de Béatrice.
Tu la verras au haut du mont, ta protectrice,
Heureuse et souriante aller à ton côté. »

Ed io: Buon Duca, andiamo a maggior fretta,
Chè già non m'affatico, come dianzi:
E vedi omai, che 'l poggio l'ombra getta.

Noi anderem con questo giorno innanzi,
Rispose, quanto più potremo omai:
Ma 'l fatto è d'altra forma, che non stanzi.

Prima che sii lassù, tornar vedrai
Colui, che già si cuopre della costa,
Sì che i suoi raggi tu romper non fai.

Ma vedi là un'anima, ch'a posta,
Sola soletta verso noi riguarda:
Quella ne 'nsegnerà la via più tosta.

Venimmo a lei: o anima Lombarda,
Come ti stavi altera e disdegnosa,
E nel muover degli occhi onesta e tarda

Ella non ci diceva alcuna cosa:
Ma lasciavane gir, solo guardando
A guisa di leon, quando si posa.

Pur Virgilio si trasse a lei, pregando,
Che ne mostrasse la miglior salita:
E quella non rispose al suo dimando:

Ma di nostro paese, e della vita
C'inchiese: e 'l dolce Duca incominciava:
Mantova.... e l'ombra tutta in sè romita,

Surse ver lui del luogo, ove pria stava,
Dicendo: O Mantovano, io son Sordello
Della tua terra; e l'un l'altro abbracciava.

Et moi : « Viens donc, bon guide, et faisons promptitude.
Déjà je ne sens plus autant de lassitude ;
Puis, vois comme du mont l'ombre descend sur nous. »

« Jusqu'au déclin du jour nous irons, dit le sage,
Tant que nous le pourrons poursuivant le voyage ;
Mais, comme tu le crois, le chemin n'est pas doux.

Bien avant de toucher la cime la plus haute,
L'astre qui maintenant dérobé par la côte
Ne brise plus sur toi ses rayons, reluira.

Mais vois là cet esprit qui se tient immobile,
Seul, et qui nous regarde avec cet air tranquille ;
Le chemin le plus court, il nous l'enseignera. »

Nous allâmes vers l'ombre : ô Lombard, âme fière,
Comme tu te tenais dans ta superbe altière,
Quel regard noble et lent et quel air de héros !

Il ne proférait pas un mot ; mais intrépide
Me regardait venir à côté de mon guide,
Avec la majesté du lion au repos.

Or, s'étant approché de lui, mon doux Virgile
Demanda s'il savait un chemin plus facile ;
Mais, avant de répondre, ainsi qu'il fut prié,

L'esprit de s'enquérir quel pays nous vit naître.
Virgile dit : Mantoue... A ce mot seul du maître,
Le héros, qui restait sur soi tout replié,

Se lève et, s'élançant vers lui, s'écrie : « O frère,
O Mantouan ! je suis Sordello [8] ; même terre
Nous vit naître ; » et tous deux les voilà s'embrassant.

Ahi serva Italia, di dolore ostello,
Nave senza nocchiero in gran tempesta,
Non donna di provincie, ma bordello.

Quell' anima gentil fu così presta,
Sol per lo dolce suon della sua terra,
Di fare al cittadin suo quivi festa:

Ed oro in te non stanno senza guerra
Li vivi tuoi, e l' un l' altro si rode
Di quei, ch' un muro et una fossa serra.

Cerca, misera, intorno dalle prode
Le tue marine, et poi ti guarda in seno,
S' alcuna parte in te di pace gode.

Che val, perchè ti racconciasse 'l freno
Giustiniano, se la sella è vota?
Senz' esso fora la vergogna meno.

Ahi gente, che dovresti esser devota,
E lasciar seder Cesar nella sella,
Se bene intendi ciò, che Dio ti nota,

Guarda com' esta fiera è fatta fella,
Per non esser corretta dagli sproni,
Poi che ponesti mano alla predella.

O Alberto Tedesco, ch' abbandoni
Costei ch' è fatta indomita e selvaggia,
E dovresti inforcar li suoi arcioni:

Giusto giudicio dalle stelle caggia
Sovra 'l tuo sangue, e sia nuovo, ed aperto,
Tal che 'l tuo successor temenza n' aggia:

Ah! Italie, hôtel de douleurs, d'esclavage !
Navire sans nocher dans un terrible orage !
Souveraine autrefois, lupanar maintenant !

Voilà comme soudain l'ombre tout attendrie
Au seul nom, à ce nom si doux de la patrie,
A son concitoyen accourut faire accueil,

Et chez toi les vivants sont à jamais en guerre !
Ceux qu'un même fossé, qu'un même mur enserre
Se dévorent entre eux dans la patrie en deuil !

Regarde, misérable, autour de tes rivages,
Cherche en ton sein un lieu qui soit exempt d'orages,
Un seul où de la paix tes fils puissent jouir !

En vain Justinien t'a rajusté la bride.
Que fait le frein des lois, puisque la selle est vide ?
C'est ce frein justement qui force à plus rougir.

Ah ! peuple qui devrais te montrer plus fidèle
Et laisser ton César s'élancer sur la selle,
Si tu comprenais bien ce que Dieu te marquait

Vois comme elle devient rétive, la cavale,
Pour n'avoir pas connu la botte impériale,
Quand des rênes ta main vainement s'emparait.

Albert de Germanie [9] ! Ô toi qui l'as laissée
Livrée à cette fougue indomptable, insensée,
Au lieu d'en enfourcher les arçons hardiment,

Puisse d'en haut tomber le jugement céleste
Sur ton sang, et qu'il soit inouï, manifeste,
Plongeant ton successeur dans l'épouvantement !

Ch' avete tu e il tuo padre sofferto,
Per cupidigia di costà distretti,
Che 'l giardin dello 'mperio sia diserto.

Vieni a veder Montecchi e Cappelletti,
Monaldi e Filippeschi, uom senza cura,
Color già tristi, e costor con sospetti.

Vien, crudel, vieni, e vedi l' oppressura
De' tuoi gentili, e cura lor magagne,
E vedrai Santafior, com' è sicura.

Vieni a veder la tua Roma, che piagne,
Vedova, sola, e dì e notte chiama :
Cesare mio, perchè non m' accompagne?

Vieni a veder la gente, quanto s' ama :
E se nulla di noi pietà ti muove,
A vergognar ti vien della tua fama.

E se lecito m' è, o sommo Giove,
Che fosti 'n terra per noi crocifisso,
Son li giusti occhi tuoi rivolti altrove?

O è preparazion, che nell' abisso
Del tuo consiglio fai, per alcun bene,
In tutto dall' accorger nostro scisso?

Che le terre d' Italia tutte piene
Son di tiranni, e un Marcel diventa
Ogni villan, che parteggiando viene.

Fiorenza mia, ben puoi esser contenta
Di questa digression, che non ti tocca :
Mercè del popol tuo, che sì argomenta.

Car c'est l'avidité qui, toi comme ton père,
Vous retient loin de nous sur la terre étrangère ;
Le jardin de l'Empire est par vous déserté !

Vois, prince indifférent à tant et tant d'alarmes,
Montaigu, Capulet, Monald, Philippe [10] en larmes :
Tel est frappé déjà, tel autre est suspecté.

Cruel ! de tes vassaux viens voir la tyrannie.
Viens, prends enfin souci de leur ignominie !
Viens à Santa Fiora [11] pour les voir gouverner.

Viens voir ta Rome veuve : elle est seule, elle pleure.
Entends-la te crier nuit et jour, à toute heure :
César, ô mon César, pourquoi m'abandonner ?

Viens voir comme on s'entr'aime au sein de ton empire,
Et si tu n'as pitié de cet affreux martyre,
L'opprobre de ton nom fasse mieux que nos pleurs !

Et, si j'ose parler, toi qui tiens le tonnerre,
O Dieu juste, pour nous crucifié sur terre,
Tes yeux, grand Jupiter, sont-ils tournés ailleurs ?

Ou dans les profondeurs de ton intelligence
Nous as-tu préparé, divine Providence,
Un baume impénétrable à nos regards mortels ?

Car l'Italie en proie aux discordes civiles
Est pleine de tyrans, et dans nos tristes villes
Les derniers factieux sont pris pour des Marcels [12].

Cette digression ne saurait te déplaire,
Et ce n'est pas pour toi que j'aurais pu la faire,
Ma Florence ! Ton peuple est si sage... en discours.

Molti han giustizia in cuor, ma tardi scocca,
Per non venir senza consiglio all' arco:
Ma 'l popol tuo l' ha in sommo della bocca.

Molti rifiutan lo comune incarco:
Ma 'l popol tuo sollecito risponde
Senza chiamare, e grida: I' mi sobbarco,

Or ti fa lieta, che tu hai ben onde:
Tu ricca, tu con pace, tu con senno.
S' i' dico ver, l' effetto nol nasconde.

Atene e Lacedemona, che fenno
L' antiche leggi, e furon sì civili,
Fecero al viver bene un picciol cenno,

Verso di te, che fai tanto sottili
Provvedimenti, ch' a mezzo novembre
Non giunge quel, che tu d' ottobre fili.

Quante volte del tempo, che rimembre,
Legge, moneta, e uficio, e costume
Hai tu mutato e rinnovato membre?

E se ben ti ricorda, e vedi lume,
Vedrai te simigliante a quella inferma,
Che non può trovar posa in su le piume,

Ma con dar volta suo dolore scherma.

Beaucoup ont la justice au cœur, justice lente ;
Ils ne lancent ses traits que d'une main prudente ;
Mais ton bon peuple au bord des lèvres l'a toujours.

Beaucoup au lourd fardeau de la chose publique
Veulent se dérober ; mais ton peuple angélique
Accourt sans qu'on l'appelle, en criant : Je suis prêt.

Donc tu peux hardiment triompher, ô Florence !
N'as-tu pas à la fois paix, sagesse, opulence ?
Je dis vrai : si je mens, on le voit par l'effet.

Lacédémone, Athène et leurs lois héroïques,
Des civilisations ces modèles antiques,
N'ont eu que des lueurs dans l'art de gouverner,

Auprès de toi, vraiment, de règlements si sobre
Que les lois qu'en ton sein tu files en octobre,
Au milieu de novembre on les voit se faner.

Combien de fois as-tu, dans ces temps d'amertumes,
Renouvelé tes chefs, tes us et tes coutumes ?
Combien de fois changé tes membres et ton cœur ?

Ah, si tu te souviens et qu'un rayon t'éclaire,
Tu te verras semblable au valétudinaire
Qui se tord sans repos sur son lit de malheur

Et qui s'escrime en vain à parer la douleur.

NOTES DU CHANT VI

¹ Jeu qui se joue avec trois dés.

² Messer Benincasa d'Arezzo, tué sur son siége de juge par Ghino di Tacco pour venger un frère condamné à mort par ce magistrat.

³ Cione di Tarlati, également d'Arezzo, entraîné dans l'Arno par son cheval, tandis qu'il poursuivait les Bostoli et chassait, comme dit le texte, c'est-à-dire qu'il chassait à l'ennemi.

⁴ Fils du comte Guido de Battifolle. Il fut tué par un des Bostoli, surnommé Fornaiolo (le Boulanger).

⁵ Farinata degli Scoringiani de Pise. Après qu'il eut été tué par ses ennemis, son père Marzucco, qui s'était fait moine, baisa la main du meurtrier, exhortant tous ses parents au pardon et à la réconciliation.

⁶ Pierre de Brosse, ministre de Philippe-le-Bel, mis à mort sur de fausses accusations de la reine.

⁷ Allusion au vers :

Desine fata deum flecti sperare precando.
                                    (*Énéide*, liv. VI.)

⁸ Sordello, troubadour de Mantoue. On lui attribue un livre intitulé : *Le Trésor des trésors*, espèce de biographie des hommes célèbres.

⁹ Albert d'Autriche, fils de l'empereur Rodolphe, qui refusa, comme son père, de venir en Italie.

¹⁰ Gibelins de Vérone et d'Orvieto.

¹¹ Dans l'État de Sienne.

¹² Allusion à Marcellus, consul pendant la guerre entre César et Pompée, ou bien et peut-être en même temps à Marcello Malaspina, protecteur du Dante.

ARGUMENT DU CHANT VII

Sordello propose aux voyageurs de les conduire dans une vallée voisine où ils attendront le retour du jour avant de poursuivre leur route. Ce vallon fleuri est habité par les âmes des pécheurs auxquels les préoccupations du pouvoir et de l'ambition ont fait perdre de vue la pensée de la pénitence. Sordello signale aux voyageurs plusieurs princes et puissants personnages.

CANTO SETTIMO

Posciachè l' accoglienze oneste e liete
Furo iterate tre e quattro volte
Sordel si trasse, e disse: Voi chi siete?

Prima ch' a questo monte fosser volte
L' anime degne di salire a Dio,
Fur l' ossa mie per Ottavian sepolte:

I' son Virgilio: e per null' altro rio
Lo Ciel perdei, che per non aver fè:
Così rispose allora il Duca mio:

Qual' è colui, che cosa innanzi a sè
Subita vede, ond' ei si maraviglia,
Che crede, e no, dicendo: Ell' è. Non

Tal parve quegli, e poi chinò le ciglia;
E umilmente ritornò ver lui,
E abbracciollo ove 'l minor s' appiglia.

O gloria de' Latin, disse, per cui
Mostrò ciò, che potea la lingua nostra:
O pregio eterno del luogo, ond' io fui:

Qual merito, o qual grazia mi ti mostra?
S' i' son d' udir le tue parole degno,
Dimmi se vien' d' Inferno, o di qual chiostra.

CHANT SEPTIÈME

Quand trois et quatre fois la joyeuse accolade
Se fut renouvelée, après cette embrassade.
Sordel reculant, dit : Votre nom, mes amis?

— Avant que sur ce mont commençât le voyage
Des âmes que le ciel appelle à son partage,
Mes os dans leur tombeau par Octave étaient mis :

Je suis Virgile, j'ai perdu le ciel sublime.
Pour n'avoir eu la foi : ce fut là mon seul crime. »
Ainsi répond mon guide en déclinant son nom.

Comme un homme, lorsque quelque étrange merveille
A frappé tout à coup sa vue ou son oreille :
Il croit, il nie, il doute : est-ce un rêve, ou bien non ?

Tel fut l'étonnement de Sordel ; puis, la tête
Humblement inclinée, il revint au poëte
L'embrasser aux genoux comme fait un vassal :

« O gloire des Latins, ô toi dont l'éloquence
A fait de notre langue éclater la puissance,
O l'éternel honneur de mon pays natal !

Qui me vaut de te voir cette faveur insigne?
Si d'entendre ta voix je ne suis point indigne,
Dis, viens-tu de l'Enfer ou d'ailleurs, réponds-moi? »

Per tutti i cerchi del dolente regno,
Rispose lui, son io di qua venuto:
Virtù del Ciel mi mosse, e con lei vegno.

Non per far, ma per non fare ho perduto
Di veder l' alto Sol, che tu disiri,
E che fu tardi da me conosciuto.

Luogo è laggiù non tristo da martiri,
Ma di tenebre solo, ove i lamenti
Non suonan come guai, ma son sospiri.

Quivi sto io co' parvoli innocenti,
Da' denti morsi della morte avante
Che fosser dall' umana colpa esenti.

Quivi sto io con quei, che le tre sante
Virtù non si vestiro, e senza vizio
Conobber l' altre, e seguir tutte quante.

Ma se tu sai, e puoi, alcuno indizio
Dà noi, perchè venir possiam più tosto
Là, dove 'l Purgatorio ha dritto inizio.

Rispose: Luogo certo non c' è posto:
Licito m' è andar suso ed intorno:
Per quanto ir posso, a guida mi t' accosto.

Ma vedi già, come dichina 'l giorno,
Ed andar su di notte non si puote:
Però è buon pensar di bel soggiorno.

Anime sono a destra qua remote:
Se mi consenti, i' ti merrò ad esse,
E non senza diletto ti fien note.

— « C'est par tous les degrés du douloureux royaume
Qu'ici je suis venu, dit Virgile au fantôme.
Une vertu du ciel me mène où tu me vois.

Nul méfait, mais le bien que je n'ai pas pu faire
Me prive du soleil de cette haute sphère,
Ton espoir, et que moi, las ! trop tard je connus.

Sous nos pieds est un lieu sans tourments : les ténèbres
L'attristent seulement, et les plaintes funèbres
Y semblent des soupirs plutôt que cris aigus.

Là j'habite au milieu de la foule innocente
Qu'a mordue au berceau la mort impatiente,
Avant qu'elle ait lavé le crime originel.

Là j'habite avec ceux dont l'âme sans souillure
De toutes les vertus s'est fait une parure,
Mais qui n'a pas connu les trois vertus du ciel [1] !

Mais peux-tu m'enseigner, continua Virgile,
Pour arriver plus vite, un chemin plus facile
Et qui du Purgatoire ouvre le seuil sacré ? »

Il répond : « Je n'ai pas de limite prescrite,
Je parcours à mon gré le pays que j'habite,
Et guiderai tes pas tant que je le pourrai.

Mais vois : le jour décline en sa marche insensible,
Et monter dans la nuit là-haut est impossible ;
Il nous faut donc trouver un abri pour ce soir.

Des âmes sont là-bas à l'écart réunies ;
Je m'en vais te mener vers ces ombres amies,
Si tu veux : tu prendras du plaisir à les voir. »

Com' è ciò? fu risposto: chi volesse
Salir di notte, fora egli impedito
D' altrui? o non sarria, che non potesse?

E 'l buon Sordello in terra fregò 'l dito,
Dicendo: Vedi, sola questa riga
Non varcheresti dopo 'l Sol partito:

Non però, ch' altra cosa desse briga,
Che la notturna tenebra, ad ir suso:
Quella col non poter la voglia intriga.

Ben si poria con lei tornare in giuso,
E passeggiar la costa intorno errando,
Mentre che l' orizzonte il dì tien chiuso.

Allora 'l mio signor, quasi ammirando,
Menane, disse, dunque là 've dici,
Ch' aver si può diletto, dimorando.

Poco allungati c' eravam di lici,
Quando m' accorsi, che 'l monte era scemo
A guisa, che i valloni sceman quici.

Colà, disse quell' ombra, n' anderemo,
Dove la costa face di sè grembo,
E quivi 'l nuovo giorno attenderemo.

Tra erto e piano era un sentiere sghembo,
Che ne condusse in fianco della lacca,
Là ove più ch' a mezzo muore il lembo.

Oro, ed argento fino, e cocco, e biacca,
Indico legno lucido e sereno,
Fresco smeraldo, in l' ora, che si fiacca,

« Quoi ? le jour, dit Virgile, est-il si nécessaire
Que monter dans la nuit on ne le pourrait faire ?
Ou bien en serait-on par quelqu'un empêché ? »

Le bon Sordel du doigt sur le sol trace un signe,
Et dit : « Tu ne pourrais, vois, franchir cette ligne,
La journée achevée et le soleil couché ;

Non pas qu'au voyageur qui tenterait la route
Un autre obstacle encore aux ténèbres s'ajoute ;
Pour le décourager c'est assez de la nuit.

Mais on peut sans danger redescendre la pente,
Et suivre ce chemin qui tout autour serpente,
Tandis qu'à l'horizon le jour mourant s'enfuit. »

Non sans quelque surprise alors lui dit Virgile :
« Eh bien ! conduis-nous donc en ce plaisant asile
Où tu dis qu'il est doux de reposer ses pas. »

Nous commencions d'aller avant la nuit obscure,
Quand je vis que le mont formait une échancrure
Et s'enfonçait semblable aux vallons d'ici-bas.

L'ombre dit : « Nous irons jusqu'à ce point extrême
Où le mont affaissé se creuse sur lui-même,
Et là nous attendrons le retour du matin. »

Entre l'escarpement et la plaine, une allée
Nous mène, tortueuse, au flanc de la vallée,
Où la pente expirait plus bas qu'à mi-chemin.

Or, argent fin et pourpre, et céruse brillante,
Et le bois indien à la couleur luisante,
L'émeraude plus fraîche et plus vive en rompant,

Dall' erba e dalli fior dentro a quel seno
Posti, ciascun saria di color vinto,
Come dal suo maggiore è vinto 'l meno.

Non avea pur natura ivi dipinto,
Ma di soavità di mille odori
Vi facea un incognito indistinto.

Salve, Regina, in sul verde, e 'n su' fiori
Quindi seder, cantando, anime vidi,
Che per la valle non parean di fuori,

Prima che 'l poco Sole omai s' annidi,
Cominciò 'l Mantovan, che ci avea volti,
Tra color non vogliate, ch' io vi guidi.

Da questo balzo meglio gli atti e i volti
Conoscerete voi di tutti quanti,
Che nella lama giù tra essi accolti.

Colui, che più sied' alto, e fa sembianti
D' aver negletto ciò, che far dovea,
E che non muove bocca agli altrui canti,

Ridolfo imperador fu, che potea
Sanar le piaghe, c' hanno Italia morta,
Sì che tardi per altro si ricrea.

L' altro, che nella vista lui conforta,
Resse la terra, dove l' acqua nasce,
Che Molta in Albia, e Albia in mar ne porta,

Ottachero ebbe nome, e nelle fasce
Fu meglio assai, che Vincislao suo figlio
Barbuto, cui lussuria ed ozio pasce.

Près de l'herbe et des fleurs qu'offrait cette vallée
Verraient tous leur couleur assombrie et voilée
Comme un rayon qui meurt devant rayon plus grand.

Non contente en ces lieux d'étaler ses peintures,
La nature exhalait ses senteurs les plus pures,
Un mélange inconnu de suaves odeurs.

O Salve, Regina, chantait une assemblée
Que cachait au dehors le pli de la vallée,
Assise en cercle là sur le vert et les fleurs.

« Avant qu'à l'horizon ait fui le jour rapide,
Nous dit le Mantouan qui nous servait de guide,
Aller vers ces esprits là-bas vous ne pourriez.

De ce tertre bien mieux vous les pourrez connaître,
Et vous verrez leurs traits plus clairs vous apparaître
Que si dans ce vallon auprès d'eux vous marchiez.

Cette ombre-là qui tient la place la plus haute,
Et semble, l'air chagrin, pleurer encor sa faute,
Car au concert commun sa voix ne répond pas :

C'est Rodolphe empereur [2], qui d'une main plus forte
Eût pu guérir les maux dont l'Italie est morte,
Si bien qu'on ne peut plus la tirer du trépas.

L'autre qui du regard un peu la réconforte
Gouverna le pays où naît l'onde que porte
La Moldava dans l'Elbe et l'Elbe dans la mer.

C'est Ottacre [3], meilleur, même dès son bas âge,
Que son fils Venceslas, ce barbu sans courage,
Qui vit dans la paresse et les plaisirs de chair.

E quel Nasetto, che stretto a consiglio
Par con colui, c' ha sì benigno aspetto,
Morì fuggendo, e disfiorando 'l giglio:

Guardate là, come si batte 'l petto.
L' altro vedete, c' ha fatto alla guancia
Della sua palma, sospirando, letto.

Padre e suocero son del mal di Francia:
Sanno la vita sua viziata e lorda,
E quindi viene 'l duol, che sì gli lancia.

Quel, che par sì membruto, e che s' accorda
Cantando con colui dal maschio naso,
D' ogni valor portò cinta la corda:

E se re dopo lui fosse rimaso
Lo giovinetto, che retro a lui siede,
Bene andava 'l valor di vaso in vaso:

Che non si puote dir dell' altre rede:
Jacomo e Federigo hanno i reami:
Del retaggio miglior nessun possiede.

Rade volte risurge per li rami
L' umana probitate: e questo vuole
Quei, che la dà, perchè da lui si chiami.

Anco al Nasuto vanno mie parole,
Non men, ch' all' altro Pier, che con lui canta:
Onde Puglia e Provenza già si duole.

Tant' è del seme suo miglior la pianta,
Quanto più che Beatrice e Margherita,
Costanza di marito ancor si vanta.

LE PURGATOIRE — CHANT VII.

Ce camus[4], qui paraît en grave conférence
Avec cet autre-là de bénigne apparence,
Par sa fuite et sa mort ternit l'éclat des lis.

Voyez comme il se frappe humblement la poitrine :
Voyez l'autre[5] qui penche une tête chagrine,
Soupire et de sa main fait à sa joue un lit :

Père et beau-père ils sont du fléau de la France.
De ses débordements tous deux ont connaissance,
C'est là ce qui les fait paraître si chagrins.

Celui-là[6], si robuste, et qui si bien s'accorde
Avec l'ombre au grand nez[7], il avait ceint la corde
De toutes les vertus à l'entour de ses reins ;

Et si ce jouvenceau qu'on voit assis derrière
Eût régné quelque temps après lui sur la terre,
De vase en vase alors la valeur eût passé.

Des autres héritiers autant ne se peut dire.
Jacques et Frédéric possèdent son empire :
Aucun n'a recueilli le mieux qu'il ait laissé.

Bien rarement on voit dans les rameaux renaître
Les vertus de la souche. Ainsi le veut le Maître
Qui les dispense, afin qu'on les demande à lui.

C'est aussi bien pour l'ombre au grand nez que je parle,
Que pour l'autre, aussi bien pour Pierre que pour Charle :
Son fils fait gémir Pouille et Provence aujourd'hui.

Autant du père au fils est grande la distance,
Tant, plus que Marguerite et Béatrix, Constance
Se glorifie encor de l'époux au tombeau[8].

Vedete il re della semplice vita
Seder là solo, Arrigo d' Inghilterra:
Questi ha ne' rami suoi minore uscita.

Quel, che più basso tra costor s' atterra
Guardando 'nsuso, è Guglielmo marchese,
Per cui Allessandria, e la sua guerra,

Fa pianger Monferrato e 'l Canavese.

Voyez-vous le roi simple et dans ses mœurs austère
A l'écart assis là ? c'est Henri d'Angleterre [9];
Mais de la tige ici sortit meilleur rameau.

Et plus bas, le dernier couché là, ce fantôme
Dont l'œil regarde en haut, c'est le marquis Guillaume
Qui dans Alexandrie alluma le combat

Dont gémit Canavèse autant que Montferrat [10]. »

NOTES DU CHANT VII

[1] Les trois vertus théologales : la foi, l'espérance et la charité.

[2] Père de l'empereur Albert, dont le poëte a déjà parlé au chant précédent.

[3] Gendre de Rodolphe.

[4] Philippe III le Hardi, fils de saint Louis, qui, après une bataille navale perdue contre Pierre, roi d'Aragon, se retira avec son armée de terre en Catalogne et mourut de chagrin à Perpignan.

[5] Cet autre de bénigne apparence, c'est Henri de Navarre. Il se chagrine avec Philippe III des désordres du règne de Philippe IV le Bel, fils de l'un, gendre de l'autre.

[6] Pierre III, roi d'Aragon.

[7] Charles Ier, roi de Sicile.

[8] J'ai suivi le tour elliptique du poëte. Il veut dire : Charles Ier est aussi supérieur à son fils que la gloire conjugale de Constance est supérieure à celle de Béatrice et de Marguerite. Constance était femme de Pierre III d'Aragon ; Béatrice et Marguerite, filles de Béranger V, comte de Provence, étaient mariées, l'une à Charles d'Anjou, l'autre à saint Louis lui-même. On voit que la comparaison du poëte n'est pas flatteuse pour la maison de France.

[9] Henri III, homme simple et de bonne foi, dit Villani.

[10] Guillaume de Montferrat, mis à mort par les habitants d'Alexandrie. De là une guerre entre eux et ceux de Montferrat et de Canavèse.

ARGUMENT DU CHANT VIII

Apparition de deux anges armés d'épées flamboyantes qu viennent garder la vallée. Les deux poëtes, toujours accompagnés de Sordello, rencontrent Nino Visconti. Alors se montre le serpent que les anges chassent aussitôt. Entretien de Dante avec Conrad Malaspina, qui lui prédit son exil et l'accueil qu'il trouvera dans la maison des Malaspina.

CANTO OTTAVO

Era già l' ora, che volge 'l disio
A' naviganti, e 'ntenerisce 'l cuore
Lo dì, c' han detto a' dolci amici a Dio:

E che lo nuovo peregrin d' amore
Punge, se ode squilla di lontano,
Che paia 'l giorno pianger, che si muore;

Quand' io 'ncominciai a render vano
L' udire, ed a mirare una dell' alme
Surta, che l' ascoltar chiedea con mano.

Ella giunse, e levò ambo le palme,
Ficcando gli occhi verso l' Oriente,
Come dicesse a Dio: D' altro non calme.

Te lucis ante sì devotamente
Le uscì di bocca, e con sì dolci note,
Che fece me a me uscir di mente:

E l' altre poi dolcemente e devote
Seguitâr lei per tutto l' inno intero,
Avendo gli occhi alle superne ruote.

Aguzza qui, lettor, ben gli occhi al vero:
Che 'l velo è ora ben tanto sottile,
Certo, che 'l trapassar dentro è leggiero.

CHANT HUITIÈME

C'était l'heure où sont pris d'ardente rêverie
Ceux qui sont sur la mer, où leur âme attendrie
Retourne aux doux amis qui les ont vus partir ;

L'heure où se sent percé d'une amoureuse peine
Le nouveau pèlerin, si la cloche lointaine
Tinte et semble pleurer le jour qui va mourir.

Je n'entendais plus rien : j'avais porté ma vue
Sur une ombre debout, qui, la main étendue,
Paraissait demander qu'on l'ouît à son tour.

Elle joignit et puis leva les mains encore,
Tenant ses yeux fixés du côté de l'aurore
Comme pour dire à Dieu : Toi seul as mon amour !

Te lucis [1] chanta l'ombre, et sa bouche dévote
Exhalait en chantant une si douce note
Qu'elle me fit soudain moi-même m'oublier.

Et les autres esprits, avec les mêmes gestes,
Et les regards levés vers les sphères célestes,
D'un ton doux et pieux répétaient l'hymne entier.

Lecteur, aiguise ici, pour voir clair, l'œil de l'âme ;
Car du voile à présent si subtile est la trame
Que passer au travers se pourrait aisément.

Io vidi quello esercito gentile
Tacito poscia riguardare in sue,
Quasi aspettando, pallido e umile:

E vidi uscir dell'alto, e scender giue
Due angeli con due spade affocate,
Tronche e private delle punte sue.

Verdi come fogliette pur mo nate
Erano in veste, che da verdi penne
Percosse traean dietro e ventilate.

L'un poco sovra noi a star si venne,
E l'altro scese nell'opposta sponda;
Sì che la gente in mezzo si contenne.

Ben discerneva in lor la testa bionda:
Ma nelle facce l'occhio si smarria,
Come virtù, ch'a troppo si confonda.

Ambo vegnon del grembo di Maria,
Disse Sordello, a guardia della valle,
Per lo serpente, che verrà via via:

Ond'io, che non sapeva per qual calle,
Mi volsi intorno, e, stretto, m'accostai
Tutto gelato alle fidate spalle.

E Sordello anche: Ora avvalliamo omai
Tra le grandi ombre, e parleremo ad esse:
Grazioso fia lor vedervi assai.

Soli tre passi credo, ch'io scendesse,
E fui di sotto, e vidi un, che mirava
Pur me, come conoscer mi volesse.

Je vis, l'hymne achevé, cette troupe fervente
Se taire et regarder en l'air comme en attente,
Et les fronts pâlissants s'incliner humblement.

Et d'en haut vis sortir et descendre deux anges,
Deux glaives à la main, flamboyants, mais étranges :
Deux glaives en tronçons dont les pointes manquaient.

Leurs habits verdoyants comme feuilles nouvelles
Ondoyaient sous le vent de verdoyantes ailes
Et flottant derrière eux dans les airs se jouaient.

L'un au-dessus de nous vient à quelque distance
S'abattre, à l'autre bord le deuxième s'élance,
Si bien que les esprits se trouvaient au milieu.

Je distinguais fort bien leur blonde chevelure,
Mais je ne pouvais pas contempler leur figure :
Le regard confondu succombait sous le feu.

« Tous deux, dit Sordello, du giron de Marie
Descendent pour garder cette enceinte où l'on prie,
A cause du serpent qui va venir ici. »

Sur quoi, ne sachant, moi, d'où viendrait le reptile,
Je regarde à l'entour, frissonnant, immobile,
Et me serre aux côtés de mon fidèle ami.

Sordello dit encore : « Il est temps de descendre
Parmi ces grands esprits et de s'en faire entendre.
Ils seront fort ravis de vous voir tous les deux.

En trois pas tout au plus dans le val je pénètre.
L'un des esprits semblait chercher à me connaître
Et ses yeux sur moi seul s'attachaient curieux.

Temp' era già, che l' aer s' annerava,
Ma non sì, che tra gli occhi suoi e' miei
Non dichiarasse ciò, che pria serrava.

Ver me si fece, ed io ver lui mi fei:
Giudice Nin gentil, quanto mi piacque,
Quando ti vidi non esser tra i rei!

Nullo bel salutar tra noi si tacque:
Poi dimandò: Quant' è, che tu venisti
Appiè del monte per le lontan' acque?

Oh, dissi lui, per entro i luoghi tristi
Venni stamane, e sono in prima vita,
Ancor che l' altra sì, andando, acquisti.

E come fu la mia risposta udita,
Sordello ed egli indietro si raccolse,
Come gente di subito smarrita.

L' uno a Virgilio, e l' altro ad un si volse,
Che sedea lì, gridando: Su Currado,
Vieni a veder che Dio per grazia volse.

Poi volto a me, per quel singolar grado,
Che tu dèi a Colui, che sì nasconde
Lo suo primo perchè, che non gli è guado,

Quando sarai di là dalle larghe onde,
Di' a Giovanna mia, che per me chiami
Là dove agl' innocenti si risponde.

Non credo, che la sua madre più m' ami,
Poscia che trasmutò le bianche bende,
Le quai convien, che misera ancor brami.

Déjà le jour tombait et l'air se chargeait d'ombre ;
Mais cependant la nuit n'était pas assez sombre
Pour empêcher nos yeux de percer au travers.

Il fait un pas vers moi, moi vers lui je m'empresse :
Noble juge Nino [2] ! Combien à ma tendresse
Il fut doux de te voir, ici, loin des enfers !

Quand on eut échangé les beaux saluts de fête,
L'ombre à moi s'adressant : « Depuis quand, ô poëte !
Par les lointaines eaux nous vins-tu jusqu'ici ? »

« Oh ! dis-je, j'arrivai par les lieux de souffrance
Ce matin ; j'ai gardé ma première existence,
Bien que je gagne l'autre en voyageant ainsi. »

A peine je réponds ces mots à sa prière,
Que le juge et Sordel se jettent en arrière,
Comme si de surprise ils étaient tout saisis.

L'un regarde Virgile, et le juge à distance
Hélant un autre esprit : « Debout, Conrad, avance,
Et viens voir ce que Dieu, dans sa grâce, a permis ! »

Puis vers moi se tournant : « Par la reconnaissance
Que tu dois à Celui dont la divine essence
Se cache impénétrable au firmament sans fond,

Lorsque tu reviendras par delà la mer grande,
Dis à ma Giovanna pour moi qu'elle demande
Secours au ciel : aux cœurs innocents Dieu répond.

Je doute que sa mère en ma faveur s'émeuve,
Depuis qu'elle a quitté les blancs bandeaux de veuve
Qu'elle regrettera, pour son tourment, plus tard.

Per lei assai di lieve si comprende
Quanto in femmina fuoco d'amor dura,
Se l'occhio, o 'l tatto spesso nol raccende.

Non le farà sì bella sepoltura
La vipera, che i Melanesi accampa,
Com' avria fatto il gallo di Gallura.

Così dicea, segnato della stampa
Nel suo aspetto di quel dritto zelo,
Che misuratamente in cuore avvampa.

Gli occhi miei ghiotti andavan pure al Cielo,
Pur là, dove le stelle son più tarde,
Sì come ruota più presso allo stelo.

E 'l Duca mio: Figliuol, che lassù guarde?
Ed io a lui: A quelle tre facelle,
Di che 'l polo di qua tutto quanto arde.

Ed egli a me: Le quattro chiare stelle,
Che vedevi staman, son di là basse,
E queste son salite ov' eran quelle.

Com' ei parlava, e Sordello a sè 'l trasse,
Dicendo: Vedi là il nostr' avversaro,
E drizzò 'l dito, perchè in là guatasse.

Da quella parte, onde non ha riparo
La picciola vallea, er' una biscia,
Forse qual diede ad Eva il cibo amaro.

Tra l'erba e i fior venia la mala striscia,
Volgendo ad or ad or la testa, e 'l dosso
Leccando, come bestia, che si liscia.

Par elle on peut juger ce qu'au cœur d'une femme
Dure le feu d'amour, si sa tremblante flamme
Ne s'attise souvent au toucher, au regard.

Point ne lui donnera la belle sépulture
Qu'eût faite à son trépas le coq d'or de Gallure,
La vipère qui tient l'écusson Milanais [3]. »

Ainsi parlait Nino portant sur sa figure
Ce zèle ferme et droit et dont la flamme pure
Brûle au cœur lentement sans s'éteindre jamais.

Vers le ciel je tenais levé mon œil avide,
Au point où ses flambeaux ont un cours moins rapide,
Comme la roue alors qu'elle touche à l'essieu.

Et mon guide : « Cher fils, qu'est-ce que tu contemples ? »
— « Ces trois astres brillant dans les célestes temples,
Dis-je, et dont les clartés mettent le pôle en feu. »

Il répondit : « Les quatre étoiles apparues
Si belles ce matin sont là-bas descendues,
Et ces trois à leur tour montent nous éclairer [4]. »

Comme il parlait, Sordel, tirant à lui Virgile,
S'écria : « Le voilà, l'ennemi, le reptile ! »
Et son doigt s'allongea comme pour le montrer.

Dans le val découvert, à sa lisière extrême
Rampait un long serpent, peut-être celui même
Qui fit qu'Ève jadis mordit au doux appeau.

Par l'herbe et par les fleurs il venait, le reptile,
Tournant et retournant sa tête rétractile,
Et se léchant le dos et se lissant la peau.

Io nol vidi, e però dicer nol posso,
Come mosser gli astor celestiali:
Ma vidi bene e l' uno e l' altro mosso.

Sentendo fender l' aere alle verdi ali,
Fuggio 'l serpente, e gli Angeli dier volta
Suso alle poste, rivolando iguali.

L' ombra, che s' era al Giudice raccolta,
Quando chiamò, per tutto quell' assalto
Punto non fu da me guardare sciolta.

Se la lucerna, che ti mena in alto,
Truovi nel tuo arbitrio tanta cera,
Quant' è mestiero insino al sommo smalto,

Cominciò ella, se novella vera
Di Valdimagra, o di parte vicina
Sai, dilla a me, che già grande là era.

Chiamato fui Currado Malaspina.
Non son l' antico, ma di lui discesi:
A' miei portai l' amor, che qui raffina.

Oh, dissi lui, per li vostri paesi
Giammai non fui: ma dove si dimora
Per tutta Europa, ch' ei non sien palesi?

La fama, che la vostra casa onora,
Grida i signori, e grida la contrada,
Sì che ne sa chi non vi fu ancora.

Ed io vi giuro, s' io di sopra vada,
Che vostra gente onrata non si sfregia
Del pregio della borsa, e della spada.

Comment à ce moment chassent le monstre horrible
Les deux autours divins, le dire est impossible ;
Mais je les vis tous deux qui volaient dans le val.

En sentant l'air frémir sous leurs ailes rapides,
Le serpent de s'enfuir, et les anges placides
A leur poste premier montent d'un vol égal.

Pour l'ombre qui s'était du juge rapprochée
A son appel, sa vue était comme attachée
Sur moi dans tout le temps qu'avait duré l'assaut.

« Puisse le pur flambeau dont la flamme t'éclaire
Trouver dans ton désir l'aliment nécessaire
Pour te conduire au faîte et brûler jusqu'en haut !

Mais du Val di Magra, si tu sais, me dit-elle,
Ou des pays voisins quelque bonne nouvelle,
Parle-moi, car là-bas je fus puissant un jour.

Conrad Malaspina [5], si tu veux me connaître,
Fut mon nom, et Conrad l'ancien fut mon ancêtre.
J'aimais les miens ; ici j'épure cet amour. »

— « Votre terre par moi ne fut pas visitée ;
Mais est-il un seul coin de l'Europe habitée
Où n'ait pas votre nom étendu son essor ?

La gloire où s'éleva votre race honorée
Signale les seigneurs autant que la contrée,
Et les connaît celui qui ne les vit encor.

Je le jure, et puisse être aussi bien assurée
Ma route vers le ciel ! Votre race admirée
N'a pas perdu son prix de fortune et d'honneur.

7

Uso, e natura sì la privilegia,
Che perchè 'l capo reo lo mondo torca,
Sola va dritta, e 'l mal cammin dispregia.

Ed egli: Or va, che 'l Sol non si ricorca
Sette volte nel letto, che 'l Montone
Con tutti e quattro i piè cuopre, ed inforca,

Che cotesta cortese opinione
Ti sia chiavata in mezzo della testa
Con maggior chiovi, che d' altrui sermone:

Se corso di giudicio non s' arresta.

Grâce à son naturel et ses bonnes pratiques,
Quand le monde se perd en des chemins obliques,
Seule elle marche droit et du mal a l'horreur. »

Et lui : « Va maintenant, avant qu'un long temps passe,
Avant que le soleil sept fois rentre en l'espace
Qu'avec ses quatre pieds enfourche le Bélier [6],

Ta bonne opinion de nous, courtois poëte,
Te sera mieux clouée au milieu de la tête
Que par tous les discours qu'on pourrait publier,

Si Dieu n'interrompt pas son ordre régulier [7]. »

NOTES DU CHANT VIII

1 *Te lucis*, premiers mots de l'hymne de saint Ambroise que l'Église chante à complies : *Te lucis ante terminum, Rerum Creator optime*. « Avant la fin du jour nous te louons, souverain Créateur de l'univers. »

2 Nino Visconti de Pise, juge dans le district de Gallura, en Sardaigne, chef du parti Guelfe.

3 Béatrix d'Este, épouse de Nino, avait épousé en secondes noces Galéas Visconti de Milan, qui avait dans ses armes un serpent.

4 Les trois étoiles figurent symboliquement les trois vertus théologales et les quatre autres les vertus cardinales. (Voir au chant I du Purgatoire.)

5 Conrad Malaspina était seigneur de la Lunigiana où se trouve le canton de Val di Magra.

6 Avant sept ans révolus, par conséquent.

7 Allusion à l'hospitalité que Dante exilé recevra dans la maison d'un Malaspina. A la faveur de cette prédiction après coup, Dante, on le voit, paye un délicat tribut de reconnaissance à son bienfaiteur.

ARGUMENT DU CHANT IX

Dante s'endort dans la vallée. Il voit en songe un aigle aux ailes d'or qui l'enlève jusqu'à la région du feu. Quand il se réveille, il est à l'entrée du Purgatoire où il a été transporté pendant son sommeil par Lucie ou la Grâce illuminante. La porte en est gardée par un ange. Dante demande à l'ange la permission d'entrer. L'ange l'accorde et du bout de son épée grave sur le front du poëte sept fois la lettre P comme un symbole des sept péchés capitaux.

CANTO NONO

La concubina di Titone antico,
Già s'imbiancava al balzo d'Oriente,
Fuor delle braccia del suo dolce amico:

Di gemme la sua fronte era lucente,
Poste 'n figura del freddo animale,
Che con la coda percuote la gente:

E la Notte de' passi, con che sale,
Fatti avea duo nel luogo, ov' eravamo,
E 'l terzo già chinava 'ngiuso l' ale:

Quand' io, che meco avea di quel d' Adamo,
Vinto dal sonno in su l' erba inchinai,
Là 've già tutt' e cinque sedevamo.

Nell' ora, che comincia i tristi lai
La rondinella presso alla mattina,
Forse a memoria de' suoi primi guai,

E che la mente nostra pellegrina
Più dalla carne, e men da' pensier presa,
Alle sue vision quasi è divina,

In sogno mi parea veder sospesa
Un' aquila nel Ciel con penne d' oro,
Con l' ale aperte, ed a calare intesa:

CHANT NEUVIÈME

De l'antique Tithon l'amante matinale
Au bord de l'Orient souriait encor pâle,
En s'échappant des bras de son doux bien-aimé ;

Des perles rayonnaient au sommet de sa tête
Et figuraient le corps de cette froide bête
Qui nous bat de sa queue au dard envenimé [1] ;

Et la nuit avait fait en ces hautes demeures.
Deux de ses quatre pas composés de trois heures,
Et déjà repliait son aile à l'horizon,

Quand moi, traînant la chair de notre premier père,
Vaincu par le sommeil, je me couchai par terre
Où nous étions tous cinq assis, sur le gazon.

A la pointe du jour, à l'heure où l'hirondelle
Commence à moduler sa triste ritournelle,
Peut-être en souvenir de ses premiers chagrins [2],

A cette heure où notre âme au corps presque étrangère,
Et pour un temps soustraite aux pensers de la terre,
Paraît transfigurée en des rêves divins,

En songe je crus voir dans le ciel se suspendre
Un aigle aux plumes d'or, s'apprêtant à descendre
Et déjà déployant ses ailes dans l'éther.

Ed esser mi parea là dove foro
Abbandonati i suoi da Ganimede,
Quando fu ratto al sommo concistoro.

Fra me pensava: Forse questa fiede
Pur qui per uso, e forse d' altro loco
Disdegna di portarne suso in piede.

Poi mi parea, che più rotata un poco,
Terribil, come folgor, discendesse.
E me rapisse suso infino al foco.

Ivi parea, ch' ella ed io ardesse,
E sì lo 'ncendio immaginato cosse,
Che convenne, che 'l sonno si rompesse.

Non altrimenti Achille si riscosse,
Gli occhi svegliati rivolgendo in giro,
E non sapendo là, dove si fosse :

Quando la madre da Chirone a Sciro
Trafugò lui dormendo in le sue braccia,
Là onde poi gli Greci il dipartiro :

Che mi scoss' io, sì come dalla faccia
Mi fuggìo 'l sonno, e dividentai smorto,
Come fa l' uom, che spaventato agghiaccia.

Dallato m' era solo il mio conforto,
E 'l Sole er' alto già, più che due ore,
E 'l viso m' era alla marina torto :

Non aver tema, disse 'l mio signore :
Fatti sicur, chè noi siamo a buon punto :
Non stringer, ma rallarga ogni vigore.

Et moi, je me croyais sur le mont ³ où sans aide
Abandonna les siens autrefois Ganimède,
Quand au divin banquet le porta Jupiter.

Peut-être, me disais-je, est-ce ici que giboie
Cet aigle ; c'est ici qu'il vient chercher sa proie,
Dédaignant de porter sa serre en autre lieu.

Ensuite il me semblait que comme une tempête
Terrible il tournoyait et fondait sur ma tête
Et m'enlevait jusques aux régions du feu ⁴.

Et là, cet aigle et moi tous les deux nous brûlâmes,
Et si fort m'étreignaient les chimériques flammes
Que mon sommeil soudain en fut interrompu.

Tel jadis tressaillit à son réveil Achille,
Tel il dut promener tout à l'entour de l'île
Ses regards étonnés d'un pays inconnu,

Quand au maître Chiron le prit Thétis tremblante,
Et dormant l'emporta dans ses bras, palpitante,
A Scyros d'où les Grecs l'emmenèrent plus tard :

Ainsi je tressaillis, chassant de ma prunelle
Le sommeil, et couvert d'une pâleur mortelle
Comme un homme glacé d'épouvante et hagard.

Tout seul à mes côtés était resté le sage.
Le soleil mesurait deux heures ; mon visage
Était encor tourné du côté de la mer.

« Sois sans crainte à présent, dit mon seigneur et maître ;
Rassure-toi, le port à nos yeux va paraître ;
Ouvre à l'espoir ton cœur au lieu de le fermer.

7.

Tu se' omai al Purgatorio giunto:
Vedi là il balzo, che 'l chiude d'intorno:
Vedi l'entrata là, 've par disgiunto.

Dianzi nell'alba che precede al giorno,
Quando l'anima tua dentro dormia,
Sopra li fiori, onde laggiù è adorno,

Venne una donna, e disse: I' son Lucìa:
Lasciatemi pigliar costui, che dorme:
Sì l'agevolerò per la sua via.

Sordel rimase, e l'altre gentil forme:
Ella ti tolse, e come 'l dì fu chiaro,
Sen venne suso, ed io per le su' orme.

Qui ti posò: e pria mi dimostraro
Gli occhi suoi belli quell'entrata aperta:
Poi ella e 'l sonno ad una sê n'andaro.

A guisa d'uom, che in dubbio si raccerta,
E che muti 'n conforto sua paura,
Poi che la verità gli è discoverta,

Mi cambia' io: e come senza cura
Videmi 'l Duca mio, su per lo balzo
Si mosse, ed io diretro 'nver l'altura.

Lettor, tu vedi ben, com' io innalzo
La mia materia, e però con più arte
Non ti maravigliar s'io la rincalzo.

Noi ci appressammo, ed eravamo in parte,
Che là, dove pareami in prima un rotto,
Pur com' un fesso, che muro diparte,

Nous voici parvenus au seuil du Purgatoire.
Vois ce rocher fermant l'enceinte expiatoire
Et l'entrée à l'endroit où le roc est fendu.

Pendant l'aube, du jour messagère voilée,
Quand ton âme dormait là-bas dans la vallée,
Où sur l'émail des fleurs tu t'étais étendu,

Une dame est venue et dit : Je suis Lucie,
Je veux aider cet homme en sa route hardie,
Laissez-moi l'emporter endormi dans mes bras.

Lors restèrent Sordel et les deux nobles ombres :
Elle te prit, et quand le jour luit aux cieux sombres,
Elle vint sur ce mont où je suivis ses pas,

Ici te déposa, ses beaux yeux par avance
M'ayant montré la porte ouverte à l'espérance,
Et puis dame et sommeil s'enfuirent tous les deux. »

Comme un homme inquiet qui reprend assurance
Et convertit soudain sa crainte en confiance,
Lorsque la vérité se découvre à ses yeux :

J'avais changé mon cœur, et me voyant sans crainte,
Mon guide s'était mis en marche vers l'enceinte,
Et moi j'allais derrière en montant le rempart.

Lecteur, tu vois combien s'élève mon poëme :
Donc ne sois pas surpris si, grandissant mon thème,
Ma muse le remplit avec un plus grand art.

Déjà nous arrivions plus près de l'ouverture,
Qui figurait de loin comme une déchirure,
Un huis étroit creusé dans le mur spacieux.

Vidi una porta, e tre gradi di sotto
Per gire ad essa di color diversi,
Ed un portier, ch' ancor non facea motto.

E come l' occhio più e più v' apersi,
Vidil seder sopra il grado soprano,
Tal nella faccia, ch' io non lo soffersi:

E una spada nuda aveva in mano,
Che rifletteva i raggi sì ver noi,
Ch' io dirizzava spesso il viso in vano.

Ditel costinci, che volete voi?
Cominciò egli a dire: ov' è la scorta?
Guardate, che 'l venir su non vi nòi.

Donna del Ciel, di queste cose accorta,
Rispose 'l mio Maestro a lui, pur dianzi
Ne disse: Andate là, quivi è la porta.

Ed ella i passi vostri in bene avanzi,
Ricominciò 'l cortese portinaio:
Venite dunque a' nostri gradi innanzi.

Là ne venimmo, e lo scaglion primaio
Bianco marmo era sì pulito e terso,
Ch' io mi specchiava in esso, quale i' paio.

Era 'l secondo tinto, più che perso,
D' una petrina ruvida e arsiccia,
Crepata per lo lungo, e per traverso.

Lo terzo, che di sopra s' ammassiccia,
Porfido mi parea sì fiammeggiante,
Come sangue, che fuor di vena spiccia.

J'aperçus une porte, et dessus cette porte
Trois degrés différents peints d'une triple sorte ;
Au bas, l'ange-portier encor silencieux.

Regardant de plus près, en hâtant notre marche,
Je l'aperçus assis sur la première marche.
Son front resplendissait que j'en fus ébloui.

Une épée en sa main reluisait toute nue,
Réfléchissant sur nous ses rayons, et ma vue
Essayait vainement de se fixer sur lui.

« Parlez sans avancer : que voulez-vous ? dit l'ange,
Qui vous amène ici ? Votre audace est étrange,
Et ne craignez-vous point de regretter vos pas ? »

— « Quelqu'un qui sait pourquoi, dans le ciel qui demeure,
Répondit mon seigneur à l'ange, est tout à l'heure
Venu nous dire : « Allez, voilà le seuil là-bas ! »

— « Qu'elle guide vos pas en bienheureux voyage ! »
Dit avec grâce alors le gardien à mon sage.
« Montez : à nos degrés vous pouvez comparoir. »

Nous vînmes ; le premier échelon de la rampe
Était un marbre blanc d'une si belle trempe
Que je m'y regardais comme dans un miroir.

Le second me semblait d'une teinte rouillée,
De pierre raboteuse et comme au feu grillée
Et partout crevassée, en long comme en travers.

Le plus haut, le troisième, était tout de porphyre
Et d'un rouge de feu plus ardent, à vrai dire,
Que le sang qui jaillit hors des vaisseaux ouverts [5].

Sopra questo teneva ambo le piante
L'Angel di Dio, sedendo in su la soglia,
Che mi sembiava pietra di diamante.

Per li tre gradi su di buona voglia
Mi trasse 'l Duca mio, dicendo: Chiedi
Umilemente, che 'l serrame scioglia.

Divoto mi gittai a' santi piedi:
Misericordia chiesi, che m' aprisse,
Ma pria nel petto tre fiate mi diedi.

Sette P nella fronte mi descrisse
Col punton della spada, e: Fa che lavi,
Quando se' dentro, queste piaghe, disse.-

Cenere, o terra, che secca si cavi,
D' un color fora col suo vestimento:
E di sotto da quel trasse duo chiavi.

L' un' era d' oro, e l' altra era d' argento:
Pria con la bianca, e poscia con la gialla
Fece alla porta sì, ch' i' fui contento.

Quandunque l' una d' este chiavi falla,
Che non si volga dritta per la toppa,
Diss' egli a noi, non s' apre questa calla.

Più cara è l' una, ma altra vuol troppa
D' arte e d' ingegno, avanti che disserri,
Perch' ell' è quella, che 'l nodo disgroppa.

Da Pier le tengo: e dissemi, ch' io erri
Anzi ad aprir, ch' a tenerla serrata,
Pur che la gente a' piedi mi s' atterri.

Sur ce dernier degré le pied de l'ange porte :
Il se tenait assis sur le seuil de la porte
Qui me semblait formé d'un bloc de diamant.

Sus par les trois degrés j'allai de bonne grâce.
Mon guide m'entraînait, me disant à voix basse :
« De nous ouvrir le seuil requiers l'ange humblement ! »

Lors à ses pieds sacrés plein de foi je m'incline,
Et par trois fois d'abord me frappant la poitrine,
Je l'adjure d'ouvrir par la grâce de Dieu.

Du bout de son épée à mon front l'ange grave
Sept P [6], en me disant : « Que ton repentir lave,
Quand tu seras entré, ces stigmates de feu ! »

Ensuite de dessous sa robe nuancée
D'une couleur de terre et de cendre foncée
L'ange qui me parlait avait tiré deux clés.

La première était d'or, et l'autre d'argent. L'ange
Met la blanche d'abord dans le pêne, puis change
Et prend la jaune : alors mes vœux furent comblés.

« Quand l'une des deux clés faillit à l'ouverture
Et ne s'ajuste pas, dit-il, dans la serrure, -
Cet huis ne s'ouvre pas et l'on reste dehors.

Si l'une a plus de prix, la seconde demande
Plus grand art pour ouvrir et sagesse plus grande,
Car c'est elle qui fait détendre les ressorts [7].

De Pierre je les tiens, et m'a commandé Pierre,
Pourvu que le pécheur devant mes pieds s'atterre,
D'ouvrir à tort plutôt qu'à tort le repousser. »

Poi pinse l' uscio alla porta sacrata,
Dicendo : Entrate, ma facciovi accorti,
Che di fuor torna, chi 'ndietro si guata.

E quando fur ne' cardini distorti
Gli spigoli di quella regge sacra,
Che di metallo son sonanti e forti,

Non ruggìo sì, nè si mostrò sì acra
Tarpeia; come tolto le fu 'l buono
Metello, per che poi rimase macra.

Io mi rivolsi attento al primo tuono,
E, *Te Deum laudamus*, mi parea
Udire in voce mista al dolce suono.

Tale immagine appunto mi rendea
Ciò, ch' i' udia, qual prender si suole,
Quando a cantar con organi si stea :

Ch' or sì, or no s' intendon le parole.

Lors touchant le battant de la porte sacrée :
« Entrez donc, mais sachez qu'ayant passé l'entrée,
Un regard en arrière oblige à rebrousser. »

Du royaume sacré les portes s'ébranlèrent,
Les crampons détendus s'ouvrirent et roulèrent
En grinçant sur les gonds d'acier retentissant.

Jadis, quand de Marcel la valeur fut trompée,
Et le trésor vidé, les portes de Tarpée
Avec moins de fracas s'ouvraient en mugissant [8].

Je me tournai, l'oreille au moindre écho tendue,
Et crus ouïr des voix chantant dans l'étendue,
Au bruit de doux accords : *Te Deum laudamus !*

Et moi, je ressentais à cette hymne lointaine
La tendre émotion que fait la voix humaine
Lorsque l'orgue marie au chant ses sons émus,

Qu'ores la voix s'entend, ores ne s'entend plus.

NOTES DU CHANT IX

¹ Étoiles figurant la constellation du Scorpion.

² Allusion à la fable de Progné.

³ Le mont Ida.

⁴ La région du feu, suivant la cosmographie ancienne, était au-dessus de l'air, sous le ciel de la lune.

⁵ Ces trois degrés symboliques du sacrement de la pénitence signifient sans doute, le premier, de marbre blanc, la candeur de la confession ; le second, de pierre rouillée et raboteuse, les effets de la contrition sur le cœur endurci du pécheur ; le troisième, de porphyre, la purification ou la charité.

⁶ Symbole des sept péchés capitaux. A chaque cercle du Purgatoire qu'il franchira, Dante verra s'effacer l'une de ces lettres.

⁷ La clef d'argent représente la sagesse nécessaire au prêtre pour juger ; la clef d'or, l'autorité que l'Église lui donne d'absoudre. La clef d'or a donc plus de prix, la clef d'argent est d'un emploi plus difficile.

⁸ César força l'entrée du trésor public qui fut vidé malgré la résistance de Métellus. Dante se souvient ici de Lucain et de ces vers d'une si belle harmonie imitative qu'il imite avec bonheur :

> *Tunc rupes Tarpeia sonat, magnoque reclusas*
> *Testatur stridore fores.*
>
> (*Pharsale*, livre III.)

ARGUMENT DU CHANT X

Ayant franchi la porte du Purgatoire, les deux poëtes montent par un sentier tournant et escarpé jusqu'au premier cercle. Ils s'arrêtent sur un plateau étroit bordé de bas-reliefs représentant divers exemples d'humilité empruntés à l'Évangile, à la Bible et à l'histoire romaine. Ces traits d'humilité sont la leçon des orgueilleux qui expient leur péché dans ce premier cercle du Purgatoire et que Dante voit venir à lui courbés sous d'énormes fardeaux.

CANTO DECIMO

Poi fummo dentro al soglio della porta,
Che 'l malo amor dell' anime disusa,
Perchè fa parer dritta la via torta,

Sonando la senti' esser richiusa:
E s' i' avessi gli occhi volti ad essa,
Qual fóra stata al fallo degna scusa?

Noi salivam per una pietra fessa,
Che si moveva d' una e d' altra parte,
Sì come l' onda, che fugge, e s' appressa.

Qui si convien usare un poco d' arte,
Cominciò 'l Duca mio, in accostarsi
Or quinci or quindi al lato, che si parte.

E ciò fece li nostri passi scarsi
Tanto, che pria lo stremo della luna
Rigiunse al letto suo, per ricorcarsi,

Che noi fossimo fuor di quella cruna.
Ma quando fummo liberi ed aperti
Su, dove 'l monte indietro si rauna,

Io stancato, e amendue incerti
Di nostra via, ristemmo sur un piano
Solingo più, che strade per diserti.

CHANT DIXIÈME

Quand nous eûmes franchi la porte verrouillée
Que le mauvais penchant des cœurs laisse enrouillée,
Faisant paraître droit le tortueux sentier,

En grondant se ferma sur nous le seuil de pierre.
Si j'eusse alors tourné mes regards en arrière,
Quelle excuse aurais-je eue à me justifier?

Nous montions par le creux d'une roche profonde
Qui serpentait à droite, à gauche, comme une onde
Qui tantôt fuit, tantôt s'approche de ses bords.

« Il importe d'user ici d'un peu d'adresse,
Me dit mon maître, il faut qu'avec soin le pied presse,
Tantôt ci, tantôt là, suivant le sentier tors. »

Ce soin avait rendu notre marche si lente
Que le disque pâli de la lune indolente
Déjà disparaissait à l'horizon couvert,

Devant que nous fussions sortis de la ravine;
Mais alors que le mont en arrière s'incline
Et nous dégage enfin sous un ciel plus ouvert,

Moi, brisé de fatigue, et tous les deux en doute,
Et ne sachant par où poursuivre notre route,
Sur un plateau désert nous demeurons sans voix.

Dalla sua sponda, ove confina il vano,
Appiè dell' altra ripa, che pur sale,
Misurrebbe in tre volte un corpo umano:

E quanto l'occhio mio potea trar d'ale
Or dal sinistro, ed or dal destro fianco;
Questa cornice mi parea cotale.

Lassù non eran mossi i piè nostri anco,
Quand' io conobbi quella ripa intorno,
Che dritto di salita aveva manco,

Esser di marmo candido, e adorno
D' intagli sì, che non pur Policleto,
Ma la natura li averebbe scorno.

L' Angel, che venne in terra col decreto
Della molt' anni lagrimata pace,
Che aperse 'l Ciel da lsuo lungo divieto,

Dinanzi a noi pareva sì verace,
Quivi intagliato in un atto soave,
Che non sembiava immagine, che tace.

Giurato si saria, ch' ei dicesse *Ave*:
Perchè quivi era immaginata quella,
Ch' ad aprir l' alto amor volse la chiave.

Ed avea in atto impressa esta favella,
Ecce ancilla Dei! sì propriamente,
Come figura in cera si suggella.

Non tener pure ad un luogo la mente,
Disse 'l dolce Maestro, che m' avea
Da quella parte, onde 'l cuore ha la gente:

Du bord de la corniche où confine le vide
Jusqu'au bord où le roc dresse son col rapide,
On n'eût pu mesurer un homme que trois fois.

Et partout où volait mon œil dans l'étendue,
A droite comme à gauche, où que tendît ma vue,
Le plateau paraissait de la même largeur.

Nous n'avions pas encor bougé de notre place,
Lorsque je m'aperçus qu'autour de la terrasse
Dont le pic défiait le pied du voyageur,

Régnait un marbre blanc enrichi de sculpture,
Telle que Polyclète et même la nature
Eussent été forcés de s'avouer vaincus.

L'ange [1] qui vint porter à la terre éplorée
La paix par tant de pleurs si longtemps implorée,
Et qui rouvrit le ciel où l'on n'arrivait plus,

Était figuré là, si vivant, si céleste,
Si suave et si vrai d'attitude et de geste
Qu'il ne paraissait pas marbre muet et vain ;

On eût juré l'ouïr dire : *Ave*, car tout proche
Était sculptée aussi la Vierge sans reproche
Qui du divin amour tint les clefs dans sa main.

Son maintien exprimait si bien cette parole :
Ecc' ancilla Dei! que sur la cire molle
Le portrait qui s'imprime a moins de vérité.

« Ne tiens pas si longtemps attaché ton visage
Sur un point seulement, » me dit lors le doux Sage,
Me tenant près du cœur, debout à son côté

Perch' io mi mossi col viso, e vedea
Diretro da Maria per quella costa,
Onde m' era colui, chi mi movea,

Un' altra storia nella roccia imposta:
Perch' io varcai Virgilio, e femmi presso,
Acciocchè fosse agli occhi miei disposta.

Era intagliato lì nel marmo stesso
Lo carro, e i buoi, traendo l' arca santa,
Perchè si teme ufficio non commesso.

Dinanzi parea gente, e tutta quanta
Partita in sette cori, a' duo miei sensi
Faceva dicer l' un No, l' altro Sì, canta.

Similemente al fummo degl' incensi,
Che v' era immaginato, e gli occhi e 'l naso,
Ed al sì, ed al no discordi fensi.

Lì precedeva al benedetto vaso,
Trescando alzato l' umile Salmista,
E più e men, che re era 'n quel caso.

Di contra effigiata ad una vista
D' un gran palazzo Micol l' ammirava,
Sì come donna dispettosa e trista.

I' mossi i pie' del luogo, dov' io stava,
Per avvisar da presso un' altra storia,
Che diretro a Micol mi biancheggiava.

Quiv' era storiata l' alta gloria
Del roman prince, lo cui gran valore
Mosse Gregorio alla sua gran vittoria:

Je regardai plus loin, et dans la galerie
J'avisai du regard, par derrière Marie,
Du côté qu'occupait mon noble conducteur,

Une autre histoire encore imprimée en la roche.
Je devançai Virgile et je m'en fus tout proche,
Pour mieux considérer le travail du sculpteur.

Dans le marbre taillés se voyaient l'arche sainte,
Et les bœufs et le char : ô souvenir de crainte !
Pour qui prend un emploi que Dieu n'a pas fait sien² !

Devant l'arche, le peuple en sept chœurs, ô merveille !
Mettait en désaccord ma vue et mon oreille.
Je le voyais chanter et je n'entendais rien.

Ainsi des encensoirs sur le marbre imprimée
Je voyais clairement s'élever la fumée,
Et des yeux l'odorat niait l'illusion.

Précédant le saint vase et le sacré cortége,
Exultait et dansait l'humble et royal chorége,
Moins qu'un roi, plus qu'un roi dans cette occasion.

Et sur l'arrière-plan, vis-à-vis du Psalmiste,
Son épouse Michol, l'air dédaigneux et triste,
Au balcon d'un palais, de loin le regardait³.

De l'endroit où j'étais je m'écarte avec peine
Pour contempler de près encore une autre scène
Qui derrière Michol en blanc se dessinait.

Ici resplendissait dans l'éclat de sa gloire
Le monarque romain pour qui s'émut Grégoire⁴,
Et pour qui de l'enfer ce pape fut vainqueur.

8

Io dico di Traiano imperadore :
Ed una vedovella gli era al freno
Di lagrime atteggiata e di dolore.

Dintorno a lui parea calcato e pieno
Di cavalieri, e l' aguglie nell' oro
Sovr' esso in vista al vento si moviéno.

La miserella infra tutti costoro
Parea dicer : Signor, fammi vendetta
Del mio figliuol, ch' è morto, ond' io m' accoro;

Ed egli a lei rispondere : Ora aspetta
Tanto, ch' io torni ; ed ella : Signor mio,
Come persona, in cui dolor s' affretta,

Se tu non torni ? ed ei : Chi fia, dov' io,
La ti farà : ed ella : L' altrui bene
A te che fia, se 'l tuo metti in obblio ?

Ond' egli : Or ti conforta : che conviene,
Ch' io solva il mio dovere, anzi ch' io muova,
Giustizia vuole, e pietà mi ritiene.

Colui, che mai non vide cosa nuova,
Produsse esto visibile parlare,
Novello a noi, perchè qui non si truova.

Mentr' io mi dilettava di guardare
L' immagini di tante umilitadi,
E per lo fabbro loro a veder care ;

Ecco di qua, ma fanno i passi radi,
Marmorava 'l Poeta, molte genti :
Questi ne 'nvieranno agli alti gradi.

De l'empereur Trajan c'est l'image sacrée :
Au frein de son cheval une veuve éplorée
S'attachait sanglotante et folle de douleur.

Autour de lui couvraient et piétinaient la terre
Les soldats, les coursiers, et de chaque bannière
Les aigles d'or au vent flottaient sur l'empereur.

La pauvrette, au milieu de tout ce monde en armes,
Semblait dire : « Seigneur, venge-moi de mes larmes,
De la mort de mon fils qui m'a brisé le cœur ! »

Lui de répondre : « Attends mon retour de la guerre. »
Mais elle, s'emportant dans sa douleur de mère :
« O mon Seigneur, et si tu ne revenais plus ? »

— « Mon successeur saura te venger. » Mais la femme :
« Que pourra le bienfait d'un autre pour ton âme,
Si tes propres devoirs tu les as méconnus ? »

Et lui : « Prends donc courage ! Il convient que j'acquitte
Ce devoir que tu dis, sur place et tout de suite ;
La justice le veut, la pitié me retient. »

Celui qui ne voit rien de neuf ni d'impossible
Avait imprimé là ce langage visible
Auquel notre art humain jamais, lui, ne parvient.

Tandis que mon regard se délectait avide
A voir tous ces tableaux d'humilité splendide,
Et que rehausse encor la main de l'ouvrier :

« Voici venir, me dit le poëte à voix basse,
Beaucoup d'ombres marchant à pas lents ; par leur grâce
A des degrés plus hauts nous pourrons nous fier. »

Gli occhi miei, ch' a mirar erano intenti,
Per veder novitadi, onde son vaghi,
Volgendosi ver lui non furon lenti.

Non vo' però, Lettor, che tu ti smaghi
Di buon proponimento, per udire,
Come Dio vuol, che 'l debito si paghi.

Non attender la forma del martire:
Pensa la succession: pensa ch' a peggio,
Oltre la gran sentenzia non può ire.

Io cominciai: Maestro, quel, ch' i' veggio
Muover ver noi, non mi sembran persone,
E non so che; sì nel veder vaneggio.

Ed egli a me: La grave condizione
Di lor tormento a terra gli rannicchia,
Sì, che i mie' occhi pria n' ebber tenzone.

Ma guarda fiso là, e disviticchia
Col viso quel, che vien sotto a quei sassi:
Già scorger puoi, come ciascun si picchia.

O superbi cristian miseri lassi,
Che della vista della mente infermi,
Fidanza avete ne' ritrosi passi:

Non v' accorgete voi, che noi siam vermi,
Nati a formar l' angelica farfalla,
Che vola alla giustizia senza schermi?

Di che l' anima vostra in alto galla?
Poi siete quasi entomata in difetto,
Sì come verme, in cui formazion falla.

Soudain, impatients de voir nouveaux spectacles,
Mes regards absorbés déjà par ces miracles,
Devers lui se tournant, demeurent attachés.

Lecteur, je ne veux pas que tu perdes courage,
Et que les bons pensers fassent chez toi naufrage,
Oyant comme Dieu veut qu'on paye ses péchés.

Ne considère pas les rigueurs du martyre ;
Songe à ce qui suivra ; pense qu'à tout le pire,
Il doit finir au jour du dernier jugement.

Je dis : « Ce que je vois venir vers nous, ô maître,
Sont-ce des ombres, ou qu'est-ce que ce peut être ?
Car cet étrange aspect confond mon sentiment. »

Et lui : « De leur tourment tel est le caractère.
Il les tient ramassés et courbés vers la terre
Tant, que mes yeux aussi d'abord avaient douté.

Mais redresse en esprit, fixant là tes paupières,
Ce qui marche vers nous ployé dessous ces pierres ;
Tu vois déjà comment chacun est tourmenté. »

O superbes chrétiens, accablés de misère !
Aveugles de l'esprit, qui marchez en arrière
Et qui vous confiez dans ce mauvais chemin !

Nous sommes, et pour vous n'est-ce pas manifeste ?
Des vers nés pour former le papillon céleste
Qui vole sans défense au tribunal divin !

Et de quoi votre esprit enfle-t-il sa superbe ?
Embryons imparfaits, cirons perdus sous l'herbe,
Vermisseaux avortés avant l'achèvement !

8.

Come per sostentar solaio, o tetto,
Per mensola talvolta una figura
Si vede giunger le ginocchia al petto,

La qual fa del non ver vera rancura
Nascere, a chi la vede; così fatti
Vid' io color, quando posi ben cura.

Vero è, che più e meno eran contratti,
Secondo ch' avean più e meno addosso:
E qual più pazienza avea negli atti,

Piangendo parea dicer: Più non posso.

Comme sous un plafond ou sous une toiture,
Souvent, formant support, on voit une figure
Dont le sein aux genoux se joint péniblement :

Aux yeux du spectateur sa dolente apparence
Fait naître une rancœur et réelle souffrance :
Tels s'offraient à mes yeux ces esprits courbatus.

Ils étaient plus ou moins contractés d'attitude,
Suivant que sur chacun le fardeau pesait rude ;
Mais les plus résignés et les mieux résolus

Semblaient en gémissant dire : Je n'en puis plus !

NOTES DU CHANT X

¹ L'ange Gabriel, qui vint annoncer à Marie l'enfantement de Jésus-Christ.

² Allusion à l'histoire d'Oza qui fut frappé de mort au moment où il essayait de soutenir l'arche près de tomber.

³ Il semblait à l'orgueil de Michol que David abaissait la majesté royale en dansant devant l'arche.

⁴ Grégoire-le-Grand, suivant une légende, lisant un jour la vie de Trajan, fut si frappé des vertus de cet empereur et fit tant par ses prières, qu'il obtint de Dieu de tirer son âme de l'Enfer.

ARGUMENT DU CHANT XI

Les orgueilleux marchent en récitant une paraphrase de l'oraison dominicale. L'un d'eux, Humbert, indique aux voyageurs leur chemin. Puis Dante reconnaît dans les rangs le miniaturiste Oderisi d'Agobbio, qui lui parle avec une éloquente amertume de la vanité de la gloire humaine.

CANTO UNDECIMO

O Padre nostro, che ne' Cieli stai,
Non circonscritto, ma per più amore
Ch' a' primi effetti di lassù tu hai,

Laudato sia 'l tuo nome, e 'l tuo valore
Da ogni creatura, com' è degno
Di render grazie al tuo dolce vapore.

Venga ver noi la pace del tuo regno,
Chè noi ad essa non potem da noi,
S' ella non vien, con tutto nostro 'ngegno.

Come del suo voler gli angeli tuoi
Fan sacrificio a te, cantando Osanna,
Così facciano gli uomini de' suoi.

Dà oggi a noi la cotidiana manna
Senza la qual per questo aspro diserto
A retro va, chi più di gir s' affanna.

E come noi lo mal, ch' avem sofferto,
Perdoniamo a ciascuno, e tu perdona
Benigno, e non guardare al nostro merto.

Nostra virtù che di leggier s' adona,
Non spermentar con l' antico avversaro,
Ma libera da lui, che sì la sprona.

CHANT ONZIÈME

« O notre Père, ô toi qui dans le ciel habites,
Non que le firmament t'enferme en ses limites,
Mais par un tendre amour pour tes tout premiers-nés

Que loués soient ton nom, ainsi que ta puissance !
Que tout être s'incline avec reconnaissance
Devant les doux parfums de ton trône émanés !

Vienne vers nous la paix de ton règne et la joie,
Car si ce n'est, Seigneur, ta main qui nous l'envoie,
Malgré tous nos efforts, nous n'y pourrons aller.

De leur propre vouloir de même que tes anges
Te font le sacrifice en chantant tes louanges,
Puissent tous leurs désirs les hommes t'immoler !

Donne-nous aujourd'hui la manne journalière
Sans laquelle le plus fervent marche en arrière
Dans cet âpre désert de notre humanité.

Comme nous pardonnons les offenses des autres,
Ainsi pardonne-nous, ô Dieu clément, les nôtres,
Et ne regarde pas à notre indignité.

Contre notre vertu si faible et si précaire,
N'arme pas, ô Seigneur, notre antique adversaire,
Délivre-nous plutôt des assauts du malin.

Quest' ultima preghiera, Signor caro,
Già non si fa per noi, che non bisogna;
Ma per color, che dietro a noi restaro.

Così a sè, noi buona ramogna
Quell' ombre orando, andavan sotto 'l pondo
Simile a quel, che tal volta si sogna,

Disparmente angosciate tutte a tondo,
E lasse su per la prima cornice,
Purgando le caligini del mondo.

Se di là sempre ben per noi si dice,
Di qua che dire, e far per lor si puote
Da quei, ch' hanno al voler buona radice?

Ben si dee loro aitar lavar le note,
Che portâr quinci, sì che mondi e lievi
Possano uscire alle stellate ruote.

Deh se giustizia e pietà vi disgrevi
Tosto, sì che possiate muover l' ala,
Che secondo 'l disio vostro vi levi,

Mostrate, da qual mano inver la scala
Si va più corto; e se c'è più d'un varco,
Quel ne 'nsegnate, che men' erto cala:

Chè questi, che vien meco, per lo 'ncarco
Della carne d' Adamo, onde si veste,
Al montar su contra sua voglia è parco.

Le lor parole, che rendero a queste,
Che dette avea colui, cu' io seguiva,
Non fur da cui venisser manifeste:

Nous n'avons plus besoin, nous, de cette prière.
Dieu bon ! nous la faisons pour ceux qui sur la terre
Sont encore après nous demeurés en chemin. »

Ainsi priant le ciel et pour nous et pour elles,
Ces ombres s'en allaient sous leurs charges cruelles,
Semblables à ces poids que l'on porte en rêvant.

Et toutes se traînant sur la corniche ronde,
Et se purifiant des noirs brouillards du monde,
Sous leur faix inégal allaient en se suivant.

Si ces ombres là-bas nous donnent leur prière,
Que ne doivent point dire et faire sur la terre,
Pour leur salut, les cœurs bons et compatissants ?

Aidons-les à laver les terrestres souillures,
Secourons-les, afin que légères et pures
Elles puissent monter aux cieux resplendissants.

— « Ah ! que bientôt justice et pitié vous dégrèvent !
Que vos ailes bientôt s'ouvrent et vous enlèvent
Jusqu'au but où déjà monte votre désir !

Quel est le court chemin et la voie opportune
Pour grimper la montagne, et, s'il en est plus d'une,
Apprenez-nous laquelle est moins rude à gravir ?

Car ce compagnon-ci, malgré son bon courage,
Peine fort à monter, chargé dans son voyage
De cette chair d'Adam dont il reste vêtu. »

A ces mots que venait de proférer mon maître,
Une voix répliqua, et je ne pus connaître
Qui d'entre les esprits nous avait répondu.

Ma fu detto: A man destra per la riva.
Con noi venite, e troverete 'l passo,
Possibile a salir persona viva.

E s'io non fossi impedito dal sasso,
Che la cervice mia superba doma,
Onde portar convienmi 'l viso basso:

Cotesti, ch' ancor vive, e non si noma,
Guardere' io, per veder s' io 'l conosco,
E per farlo pietoso a questa soma.

I' fui Latino, e nato d' un gran Tosco:
Guglielmo Aldobrandesco fu mio padre:
Non so, se 'l nome suo giammai fu vosco.

L' antico sangue, e l' opere leggiadre
De' miei maggior mi fer sì arrogante,
Che non pensando alla comune madre,

Ogni uomo ebbi 'n dispetto tanto avante,
Ch' io ne mori', come i Senesi sanno,
E sallo in Campagnatico ogni fante.

Io sono Omberto: e non pure a me danno
Superbia fe': chè tutti i miei consorti
Ha ella tratti seco nel malanno:

E qui convien ch' io questo peso porti
Per lei, tanto ch' a Dio si soddisfaccia,
Poi ch' io nol fei tra' vivi, qui tra' morti.

Ascoltanto chinai in giù la faccia:
E un di lor (non questi, che parlava)
Si torse sotto 'l peso, che lo 'mpaccia:

Mais la voix nous disait : « Sur la côte, à main droite,
Suivez-nous ; vous verrez une montée étroite
Où l'on peut s'engager vivant ou trépassé.

Et si je n'en étais empêché par la pierre
Qui, me courbant le col, dompte ma tête altière
Et me force à tenir le visage baissé,

J'essayerais de voir si je connais cet homme,
Celui qui vit encore et qui point ne se nomme ;
Peut-être à mon tourment son cœur serait ému.

Je fus Latin et fils d'un grand Toscan ; mon père
Fut Aldobrandeschi Guillaume ; sur la terre
J'ignore si son nom jusqu'à vous est venu.

Les exploits des aïeux, l'éclat de la naissance
M'avaient enflé le cœur d'une folle arrogance.
A la mère commune alors plus ne songeant,

Je montrai des mépris insultants pour tout homme.
Ce fut ma perte, comme on sait à Sienne, et comme
A Campagnatico le dirait un enfant.

Je suis Humbert [1] : l'orgueil ne causa point ma perte
A moi seul, et la mort que par lui j'ai soufferte
Entraîna tous les miens dans le dam et le deuil.

Maintenant sous ce poids il faut que je m'incline,
Afin de contenter la justice divine.
La dette du vivant, je l'acquitte au cercueil. »

Tandis qu'en écoutant j'inclinais le visage,
Un esprit (non celui qui tenait ce langage)
Soulève, en se tordant, le fardeau douloureux ;

E videmi, e conobbemi, e chiamava,
Tenendo gli occhi con fatica fisi
A me, che tutto chin con loro andava.

Oh, dissi lui, non se' tu Oderisi,
L' onor d' Agobbio, e l' onor di quell' arte
Ch' alluminare è chiamata in Parisi ?

Frate, diss' egli, più ridon le carte,
Che pennelleggia Franco Bolognese :
L' onore è tutto or suo, e mio in parte.

Ben non sare' io stato sì cortese,
Mentre ch' io vissi, per lo gran disio
Dell' eccellenza, ove mio core intese.

Di tal superbia qui si paga 'l fio :
E ancor non sarei qui, se non fosse,
Che, possendo peccar, mi volsi a Dio.

O vana gloria dell' umane posse,
Com' poco verde in su la cima dura,
Se non è giunta dall' etati grosse !

Credette Cimabue nella pintura
Tener lo campo : ed ora ha Giotto il grido,
Sì che la fama di colui oscura.

Così ha tolto l' uno all' altro Guido
La gloria della lingua : e forse è nato
Chi l' uno e l' altro caccerà di nido.

Non è il mondan romore altro, ch' un fiato
Di vento, ch' or vien quinci, ed or vien quindi,
E muta nome, perchè muta lato.

Me voit, me reconnaît, m'appelle hors d'haleine,
Tout en tenant ses yeux fixés avec grand'peine
Sur moi qui tout courbé cheminais avec eux.

« Oh ! dis=je, n'es=tu pas Oderisi, la gloire
D'Agobbio, l'honneur, si j'ai bonne mémoire,
De l'art qu'*enluminure* on appelle à Paris ? »

« Frère, répondit=il, le seul pinceau qui plaise
Aujourd'hui, c'est celui de Franco Bolognèse.
L'honneur est tout à lui, moi je perds de mon prix.

Je n'aurais certes pas été pendant ma vie
Si courtois envers lui, quand je brûlais d'envie
D'exceller dans cet art pour qui mon cœur prit feu.

Ici d'un tel orgueil on s'acquitte : encor même
Serais=je ailleurs, n'était qu'avant l'heure suprême,
Pouvant encor pécher, je me tournai vers Dieu.

Vaine gloire de l'homme ! éphémère prestige !
Comme tous tes fleurons se fanent sur leur tige,
A moins de précéder quelque siècle grossier.

Cimabuë pouvait en peinture se croire
Resté maître du champ. A Giotto va la gloire,
Et son nom obscurcit le lustre du premier.

Ainsi dans l'art du style, à Guide, l'ancien maître,
Un nouveau Guide [2] a pris sa couronne, et peut=être
De tous les deux déjà le maître est enfanté [3].

La mondaine rumeur n'est rien qu'un vent qui passe,
Qui d'ici, qui de là souffle à travers l'espace
Et qui change de nom en changeant de côté.

Che fama avrai tu più, se vecchia scindi
Da te la carne, che se fossi morto
Innanzi, che lasciassi il pappo e 'l dindi;

Pria che passin mill' anni? ch' è più corto
Spazio all' eterno, ch' un muover di ciglia,
Al cerchio, che più tardi in Cielo è torto.

Colui, che del cammin sì poco piglia
Dinanzi a me, Toscana sonò tutta,
Ed ora a pena in Siena sen' pispiglia;

Ond' era sire, quando fu distrutta
La rabbia fiorentina, che superba
Fu a quel tempo, sì com' ora è putta.

La vostra nominanza è color d' erba,
Che viene, e va, e quei la discolora,
Per cui ell' esce della terra acerba.

Ed io a lui: Lo tuo ver dir m' incuora
Buona umiltà, e gran tumor m' appiani:
Ma chi è quei, di cui tu parlavi ora?

Quegli è, rispose, Provenzan Salvani,
Ed è qui, perchè fu presuntuoso
A recar Siena tutta alle sue mani.

Ito è così, e va senza risposo,
Poi che morì: cotal moneta rende
A soddisfar, chi è di là tropp' oso.

Ed io: Se quello spirito, ch' attende,
Pria che si penta, l' orlo della vita,
Laggiù dimora, e quassù non ascende,

Quelle gloire de plus restera ton partage
Si tu t'es dépouillé d'un corps miné par l'âge,
Ou si tu meurs enfant en bégayant encor,

Dans mille ans seulement, qui sont à comparaître
Devant l'éternité, ce qu'un clin d'œil peut être
Au cercle le plus lent roulant dans le ciel d'or ?

L'ombre qui lentement marche devant la mienne
A rempli de son nom la Toscane : ores Sienne
A peine le murmure et se souvient de lui.

Elle y régna pourtant lorsque fut renversée
Florence, et fut brisée en sa rage insensée,
Aussi superbe alors qu'elle est vile aujourd'hui.

Ah ! votre renommée a la couleur de l'herbe
Qui vient et disparaît, et de la terre acerbe
Le soleil qui l'a fait sortir la sèche aussi ! »

Je dis : « Ta voix m'emplit d'humilité pieuse
Et dégonfle en mon cœur la tumeur orgueilleuse ;
Mais quel est donc celui dont tu parlais ici ? »

— « C'est Provenzan Salvan, répondit-il : sa place
Est ici parmi nous pour avoir eu l'audace
De prétendre tenir Sienne entière en sa main.

Il marche ainsi courbé, sans repos, sans relâche,
Depuis son dernier jour. C'est le prix, c'est la tâche
Imposés à celui qui là-bas fut trop vain. »

Et moi : « Puisque celui qui dans sa négligence
Attend la mort avant de faire pénitence,
Doit demeurer au pied du mont sans y gravir,

Se buona orazion lui non aita,
Prima che passi tempo, quanto visse,
Come fu la venuta a lui largita ?

Quando vivea più glorioso, disse,
Liberamente nel campo di Siena,
Ogni vergogna deposta, s' affisse.

E lì, per trar l' amico suo di pena,
Che sostenea nella prigion di Carlo,
Si condusse a tremar per ogni vena.

Più non dirò, e scuro so che parlo :
Ma poco tempo andrà, che i tuoi vicini
Faranno sì che tu potrai chiosarlo :

Quest' opera gli tolse quei confini.

S'il n'a pas le secours d'une prière amie,
Pendant un temps égal à celui de sa vie,
Comment donc Provenzan put-il ici venir ? »

— « Quand il était le plus glorieux, on raconte,
Dit l'ombre, que Salvan, surmontant toute honte,
Sur la place de Sienne humble s'agenouilla,

Pour avoir la rançon et finir la souffrance
D'un ami gémissant aux fers du roi de France,
Et là de tout son corps il frémit et trembla [4].

Je n'ajoute plus rien : obscur est mon langage,
Mais tu le comprendras avant peu davantage
Et tes concitoyens le rendront clair un jour [5].

— C'est ainsi qu'il s'ouvrit le seuil de ce séjour. »

NOTES DU CHANT XI

¹ Humbert Aldobrandeschi, comte de Santa-Fior. Détesté pour son arrogance, il fut massacré par les Siennois à Campagnatico.

² Guido Cavalcante, philosophe et poëte florentin, effaça la renommée poétique de Guido Guinicelli de Bologne, poëte estimé de son temps.

³ Il me semble que Dante pèche par orgueil dans le cercle même des orgueilleux, car ce troisième dont il parle ne peut être que lui-même.

⁴ Provenzan Salvani, illustre capitaine, s'était emparé du gouvernement de Sienne. Il mendia publiquement sur la grande place de Sienne pour recueillir la rançon d'un ami prisonnier de guerre. Ce trait d'humilité et de dévouement n'empêche pas Dante de le mettre parmi les orgueilleux. Provenzan fait du moins exception à la loi commune et n'attend pas avec les pénitents de la dernière heure dans les corridors du Purgatoire.

⁵ Toi aussi, comme Provenzan, un jour exilé par tes concitoyens, tu demanderas l'aumône en frémissant.

ARGUMENT DU CHANT XII

Les deux poëtes quittent Oderisi en gravissant la corniche. Sur le sol sont des bas-reliefs représentant différentes images d'orgueilleux. Un bel ange vient montrer aux voyageurs la route qui mène au second cercle. Le sentier s'adoucit. Des chants pieux se font entendre. Dante porte la main à son front. L'empreinte du péché d'orgueil est effacée.

CANTO DUODECIMO

Di pari, come buoi, che vanno a giogo,
M' andava io con quella anima carca,
Fin che 'l sofferse il dolce pedagogo.

Ma quando disse: Lascia lui, e varca;
Che qui è buon, con la vela e co' remi,
Quantunque può ciascun, pinger sua barca:

Dritto, sì com' andar vuolsi, rifemi
Con la persona, avvegna che i pensieri
Mi rimanessero e chinati e scemi.

Io m' era mosso, e seguia volentieri
Del mio Maestro i passi, ed amendue
Già mostravam, com' eravam leggieri.

Quando mi disse: Vogli gli occhi in giue:
Buon ti sarà, per alleggiar la via,
Veder lo letto delle piante tue

Come, perchè di lor memoria sia,
Sovr' a' sepolti le tombe terragne
Portan segnato quel, ch' egli era pria.

Onde lì molte volte se ne piagne,
Per la puntura della rimembranza,
Che solo a' pii dà delle calcagne:

CHANT DOUZIÈME

Comme un couple de bœufs attelés côte à côte,
L'ombre chargée et moi montions de front la côte,
Autant que le permit le doux instituteur.

Mais bientôt il me dit : « Abandonne ces âmes !
Il faut user ici de la voile et des rames
Et pousser vaillamment sa nef sur la hauteur. »

A ces mots, pour hâter ma course, je redresse
Mon corps en deux ployé, bien qu'encor la tristesse
Tînt mon âme inclinée avec humilité.

Je m'étais mis en marche et de fort bonne grâce
Je me hâtais, suivant mon bon Maître à la trace,
Et nous faisions tous deux assaut d'agilité.

Quand soudain il me dit : « Fixe tes yeux à terre,
Pour t'alléger la route il sera salutaire
De regarder le lit où tu poses tes pieds. »

Comme on grave au pavé des voûtes sépulcrales
Les figures des morts qui dorment sous les dalles,
Afin qu'ils ne soient point dans la tombe oubliés,

Si bien que tout poignés par leurs ressouvenances
Les cœurs pieux, les seuls qui sentent ces souffrances,
Maintes fois derechef pleurent en les voyant :

Sì vid' io lì, ma di miglior sembianza,
Secondo l' arteficio, figurato,
Quanto per via di fuor dal monte avanza.

Vedea colui, che fu nobil creato
Più d' altra creatura, giù dal Cielo
Folgoreggiando scender da un lato;

Vedeva Briareo fitto dal telo
Celestial giacer dall' altra parte,
Grave alla terra per lo mortal gielo.

Vedeva Timbrèo, vedea Pallade, e Marte
Armati ancora, intorno al padre loro,
Mirar le membra de' giganti sparte.

Vedea Nembrotte appiè del gran lavoro,
Quasi smarrito, e riguardar le genti,
Che 'n Sennaar, con lui, superbi foro.

O Niobe, con che occhi dolenti
Vedev' io te, segnata in su la strada,
Tra sette e sette tuoi figliuoli spenti!

O Saul, come 'n su la propria spada,
Quivi parevi morto in Gelboè,
Che poi non senti pioggia, nè rugiada!

O folle Aragne, sì vedea io te,
Già mezza ragna, trista, in su gli stracci
Dell' opera, che mal per te si fe'.

O Roboan, già non par che minacci
Quivi il tuo segno : ma pien di spavento,
Nel porta un carro prima ch' altri 'l cacci.

J'aperçus ainsi là, tout le long de la voie
Qui sur le flanc du mont en tournant se déploie,
Des portraits figurés avec un art savant.

Je voyais d'un côté, se cachant dans la poudre
Et des parvis du ciel tombé comme la foudre,
L'être le plus parfait des mains de Dieu sorti ;

D'autre part je voyais le géant Briarée
Du trait céleste encor la poitrine enferrée,
Par le froid de la mort gisant appesanti ;

Thymbrée avec Pallas, et le dieu de la guerre,
Tous trois encore armés, aux côtés de leur père
Contemplaient des géants les membres dispersés.

Nemrod était au pied de la Babel immense
Comme égaré, jetant des regards de démence
Sur ceux qui dans Sennar le suivaient insensés.

O Niobé ! quels regards pleins de douleur amère,
Sculptée en ce chemin, tu jetais, pauvre mère !
Sur tes quatorze enfants qu'on vient de t'immoler [1] !

Saül ! c'était bien toi, te transperçant toi-même
Au mont de Gelboë qu'a frappé l'anathème,
Où l'onde et la rosée ont cessé de couler [2] !

O toi, folle Arachné ! comme à demi changée
Je te voyais aussi, contemplant affligée
Les lambeaux de l'ouvrage ourdi pour ton malheur [3] !

Ton image est ici, mais non plus menaçante,
Roboam ! sur un char tu fuis plein d'épouvante,
Avant que des tribus t'ait chassé la fureur.

Mostrava ancor lo duro pavimento,
Come Almeone a sua madre fe' caro
Parer lo sventurato adornamento.

Mostrava come i figli si gittaro
Sovra Sennacherib dentro dal tempio,
E come, morto lui, quivi 'l lasciaro.

Mostrava la ruina, e il crudo scempio
Che fe' Tamìri, quando disse a Ciro,
Sangue sitisti, ed io di sangue t' empio.

Mostrava, come in rotta si fuggiro
Gli Assiri, poi che fu morto Oloferne,
Ed anche le reliquie del martiro.

Vedeva Troia in cenere e in caverne :
O Ilion, come te basso e vile
Mostrava 'l segno, che lì si discerne!

Qual di pennel fu maestro, e di stile,
Che ritraesse l' ombre, e i tratti, ch' ivi
Mirar farieno uno 'ngegno sottile?

Morti li morti, e i vivi parean vivi :
Non vide me' di me, chi vide 'l vero,
Quant' io calcai, fin che chinato givi.

Or superbite, e via, col viso altiero,
Figliuoli d' Eva, e non chinate 'l volto,
Sì che veggiate il vostro mal sentiero.

Più era già per noi del monte vòlto,
E del cammin del Sole assai più speso,
Che non stimava l' animo non sciolto;

Un peu plus loin encore, et sculpté sur la pierre,
On voyait Alcméon armé contre sa mère,
Pour lui faire expier le fatal ornement [4] ;

Et plus loin, étalant un parricide exemple,
Le roi Sennachérib, assailli dans le temple
Et par ses propres fils égorgé lâchement.

Là, la mort de Cyrus et la vengeance affreuse
De Tamyris disant à la tête orgueilleuse :
« Ta rage eut soif de sang, de sang abreuve-toi [5] ! »

Là, les Assyriens s'enfuyant en déroute
A la mort d'Holopherne, et le long de la route
Le carnage qui suit en ce grand désarroi.

Je voyais Troie, amas de cendre et de poussière :
O superbe Ilion ! sur ce tableau de pierre
Dans quelle abjection tu semblais descendu !

Quel maître du pinceau, quel sculpteur plein de gloire
Reproduirait ces traits et ces pages d'histoire
Dont le plus grand génie eût été confondu.

Les morts paraissaient morts et les vivants en vie,
Et qui de vrai put voir chaque scène accomplie
Ne la vit mieux que moi sur l'image penché.

Ores que votre front avec orgueil se lève !
Poursuivez, sans courber le regard, ô fils d'Ève !
Sur le sentier du mal à vos pieds attaché !

Nous suivions sur le mont la route commencée,
Et du soleil la course était plus avancée
Que mon cœur absorbé ne se le figurait,

Quando colui, che sempre innanzi atteso
Andava, cominciò: Drizza la testa:
Non è più tempo da gir sì sospeso.

Vedi colà un angel, che s'appresta
Per venir verso noi: vedi, che torna
Dal servigio del dì l'ancella sesta.

Di riverenza gli atti e 'l viso adorna,
Sì ch'ei diletti lo 'nviarci 'n suso:
Pensa che questo dì mai non raggiorna.

Io era ben del suo ammonir uso;
Pur di non perder tempo, sì che 'n quella
Materia non potea parlarmi chiuso.

A noi venia la creatura bella,
Bianco vestita, e nella faccia, quale
Par tremolando mattutina stella.

Le braccia aperse, ed indi aperse l'ale:
Disse: Venite: qui son presso i gradi,
Ed agevolemente omai si sale.

A questo annunzio vegnon molto radi:
O gente umana, per volar su nata,
Perchè a poco vento così cadi?

Menocci ove la roccia era tagliata:
Quivi mi batteo l'ale per la fronte,
Poi mi promise sicura l'andata.

Come a man destra, per salire al monte,
Dove siede la chiesa, che soggioga
La ben guidata sopra Rubaconte,

Quand celui qui marchait devant moi, le poëte,
L'attentif conducteur, me dit : « Lève la tête,
Il n'est plus temps d'aller d'un pas lent et distrait.

Vois cet ange là-bas qui vers nous s'achemine,
Vois du jour qui déjà penche sur la colline
La sixième servante [6] à l'horizon s'enfuir.

Empreins d'un saint respect ton maintien, ton visage,
Pour que l'ange nous soit propice en ce voyage ;
Songe que ce jour-ci ne peut plus revenir. »

Cet avertissement d'user du temps rapide
M'était trop familier dans la bouche du guide
Pour qu'en un tel sujet me fût son dire obscur.

Déjà venait à nous la belle créature,
Le corps vêtu de blanc, semblable de figure
A l'astre du matin tremblant dans un ciel pur.

L'ange étendit ses bras et puis ouvrit ses ailes
Et dit : « Tout près d'ici sont les degrés. Fidèles,
Approchez : la montée est facile à présent. »

Cette voix, par bien peu de vous est entendue,
Fils des hommes créés pour voler vers la nue !
Ah ! pourquoi choir ainsi pour un souffle de vent ?

Il nous mène où la roche est taillée en échelle.
Venus là, sur le front il me donne un coup d'aile [7]
Et me dit d'avancer avec sécurité.

Comme à main droite, alors qu'on gravit la colline,
On aperçoit de loin l'église qui domine
La bonne ville auprès du pont Rubaconté [8] :

Si rompe del montar l' ardita foga,
Per le scalee, che si fero ad etade,
Ch' era sicuro 'l quaderno e la doga:

Così s' allenta la ripa, che cade
Quivi ben ratta dall' altro girone:
Ma quinci, e quindi l' alta pietra rade.

Noi volgend' ivi le nostre persone,
Beati pauperes spiritu, voci
Cantaron sì, che nol diria sermone.

Ahi quanto son diverse quelle foci
Dall' Infernali! che quivi per canti
S' entra, e laggiù per lamenti feroci.

Già montavam su per li scaglion santi,
Ed esser mi parea troppo più lieve,
Che per lo pian non mi parea davanti;

Ond' io: Maestro, di', qual cosa greve
Levata s' è da me, che nulla quasi
Per me fatica andando si riceve?

Rispose: Quando i P, che son rimasi
Ancor nel volto tuo, presso che stinti
Saranno, come l' un, del tutto rasi

Fien li tuo' piè dal buon voler sì vinti,
Che non pur non fatica sentiranno,
Ma fia diletto loro esser su pinti.

Allor fec' io come color, che vanno
Con cosa in capo, non da lor saputa,
Se non che i cenni altrui sospicciar fanno:

La pente sous le pied plus doucement s'incline,
Grâce à des escaliers construits dans la ravine
Avant le temps du vol des deniers et des poids⁹ :

Ainsi s'adoucissait cette montée ardue
Qui conduisait d'un cercle à l'autre, moins aiguë,
Mais étroite et du roc rasant les deux parois.

Pendant qu'en ce sentier nous tournions, ô merveille !
Nous ouïmes des voix de douceur sans pareille
Chantant : *Pauvres d'esprit, vous êtes bienheureux !*

Oh ! quelle différence ici d'avec les bouches
Qui mènent à l'Enfer ! les hurlements farouches
Étaient là sur le seuil, ici des chants pieux.

Déjà par les degrés de la sainte montagne
Nous montions, et bien plus qu'en bas, dans la campagne,
Il me semblait marcher d'un pied sûr et léger.

« Maître, dis-je, d'où vient que dans le sentier rude
J'avance maintenant sans nulle lassitude ?
De quel fardeau pesant suis-je donc allégé ? »

— « Quand les sept P, dit-il, imprimés sur ta face
Et dont elle a gardé jusqu'à présent la trace,
Seront tous effacés comme un d'eux l'est déjà,

Tes pieds, obéissant au désir qui t'entraîne,
N'iront pas seulement sans fatigue et sans peine,
Mais la fatigue en joie alors se changera. »

Lors je fis comme ceux qui s'en vont dans la rue,
Portant dessus leur chef quelque chose inconnue
Que les signes d'autrui leur font appréhender.

Per che la mano ad accertar s' aiuta,
E cerca, e truova, e quell' uficio adempie
Che non si può fornir per la veduta:

E con le dita della destra scempie
Trovai pur sei le lettere, che 'ncise
Quel dalle chiavi a me sovra le tempie:

A che guardando il mio Duca sorrise.

La main leur vient en aide ; ils s'assurent par elle,
Elle cherche, elle trouve, et prête fraternelle
L'office qu'à leurs yeux ils n'ont pu demander.

En me servant des doigts de ma droite étendue
Je pus m'apercevoir qu'une était disparue
Des sept lettres que l'ange à mon front inscrivit :

Voyant ce mouvement, mon cher guide sourit.

NOTES DU CHANT XII.

¹ Apollon et Diante les avaient tués à coups de flèches pour venger Latone des mépris de Niobé.

² Saül, dans son orgueil, ne voulut pas survivre à sa défaite et se donna la mort sur le mont Gelboé après la victoire des Philistins. La montagne sentit depuis les effets de la malédiction de David, que le poëte rappelle : *Montes Gelboë, neque ros, neque pluvia veniant super vos* (*Reg.*, II).

³ Elle avait défié Pallas dans l'art de tisser. Pallas mit son ouvrage en lambeaux et changea son orgueilleuse rivale en araignée.

⁴ Alcméon, fils d'Amphiaraüs et d'Ériphyle, tua sa mère pour venger son père que la vaniteuse épouse avait livré contre un collier de perles.

⁵ Tomyris, reine des Massagètes, dont le fils avait été tué dans la guerre contre Cyrus, se fit, dit Hérodote, apporter le corps du monarque qui avait péri dans une embuscade avec toute son armée et lui plongea la tête dans une outre pleine de sang, disant : *Satia te sanguine quem sitisti*.

⁶ La sixième heure, c'est-à-dire midi, suivant la manière de compter du lever au coucher du soleil.

⁷ Pour effacer un des sept P tracés sur le front du poëte à l'entrée du Purgatoire.

⁸ C'est Florence qu'il appelle ironiquement la bonne ville.

⁹ Allusion à des dilapidations qui furent commises de son temps.

ARGUMENT DU CHANT XIII

Arrivée au second cercle, nouvelle plate-forme circulaire, où les âmes se purgent du péché d'envie. Tout en marchant, les deux voyageurs entendent des esprits célestes qui volent invisibles, jetant aux envieux des paroles et des leçons d'amour. Appuyés contre le roc, couverts d'un vil cilice, les paupières closes et cousues avec un fil de fer, les envieux récitent les litanies des saints. Dante s'entretient avec Sapia, dame noble de Sienne.

CANTO DECIMOTERZO

Noi eravamo al sommo della scala,
Ove secondamente si risega
Lo monte, che salendo altrui dismala.

Ivi così una cornice lega
Dintorno 'l poggio, come la primaia,
Se non che l'arco suo più tosto piega.

Ombra non gli è, nè segno, che si paia:
Par sì la ripa, e par sì la via schietta,
Col livido color della petraia.

Se qui, per dimandar, gente s'aspetta,
Ragionava 'l Poeta, i' temo forse,
Che troppo avrà d'indugio nostra eletta:

Poi fisamente al Sole gli occhi porse:
Fece del destro lato al muover centro,
E la sinistra parte di sè torse.

O dolce lume, a cui fidanza io entro
Per lo nuovo cammin, tu ne conduci,
Dicea, come condur si vuol quinc' entro:

Tu scaldi 'l mondo: tu sovr' esso luci:
S' altra cagione in contrario non pronta,
Esser den sempre li tuo' raggi duci.

CHANT TREIZIÈME

Nous étions au sommet de l'escalier de pierre.
Pour la seconde fois en cercle s'y resserre
Le mont que l'on gravit en se purifiant.

Une corniche encor pareille à la première
Tout à l'entour du pic s'avance régulière,
Mais sa circonférence est moins large qu'avant.

Images et reliefs n'y charment plus la vue,
Les bords sont tous unis, la route est toute nue,
Et le rocher livide attriste le regard.

« Si pour lui demander conseil, disait le maître,
Nous attendons qu'une âme ici vienne à paraître,
Je crains que notre choix ne se fasse un peu tard. »

Ensuite son regard sur le soleil se fixe,
Et son pied droit servant à son corps d'axe fixe,
Il se meut du flanc gauche et se tourne à demi :

« Douce lumière en qui, dit-il, je me confie,
Entrant dans ce chemin, que ta lueur amie
Nous guide comme il faut qu'on soit conduit ici !

Tu réchauffes le monde et ta splendeur l'éclaire,
Et si rien ne nous vient pousser en sens contraire,
Nous ne marchons qu'au feu de tes rayons constants. »

Quanto di qua per un migliaio si conta,
Tanto di là eravam noi già iti
Con poco tempo, per la voglia pronta :

E verso noi volar furon sentiti,
Non però visti, spiriti, parlando
Alla mensa d' amor cortesi inviti.

La prima voce, che passò volando,
Vinum non habent, altamente disse,
E dietro a noi l' andò reiterando.

E prima, che del tutto non s' udisse,
Per allungarsi, un' altra, I' sono Oreste,
Passò gridando, ed anche non s' affisse.

O, diss' io, Padre, che voci son queste?
E com' io dimandai : ecco la terza,
Dicendo : Amate, da cui male aveste.

Lo buon Maestro : Questo cinghio sferza
La colpa della 'nvidia, e però sono
Tratte da amor le corde della ferza.

Lo fren vuol' essere del contrario suono :
Credo, che l' udirai, per mio avviso,
Prima, che giunghi al passo del perdono.

Ma ficca gli occhi per l' aer ben fiso,
E vedrai gente innanzi a noi sedersi,
E ciascun è lungo la grotta assiso.

Allora più che prima gli occhi apersi ;
Guardàmi innanzi, e vidi ombre con manti
Al color della pietra non diversi.

LE PURGATOIRE — CHANT XIII.

Nous avions parcouru déjà d'un pas agile
L'espace qui se compte ici-bas pour un mille,
Par notre bon désir portés en peu d'instants,

Quand devers nous je crus soudain ouïr les ailes
D'invisibles esprits conviant les fidèles
A la table d'amour d'un ton tendre et courtois.

La voix qui la première a volé dans l'espace
Dit : *Vinum non habent* [1], tout haut, puis elle passe ;
Mais loin de nous encor retentissait la voix.

Et devant que dans l'air elle se fût perdue,
Une seconde voix passa dans l'étendue,
Criant : « Je suis Oreste [2] ! » et s'enfuit à son tour.

« O père, qu'est-ce donc, ces voix que l'écho sème ? »
A peine je parlais que voici la troisième,
Disant : « Vos ennemis, chérissez-les d'amour [3] ! »

Le bon maître me dit : « En ce cercle on flagelle
Le péché de l'envie égoïste et cruelle,
Et c'est pourquoi l'amour tient le fouet dans sa main ;

Mais le frein des pécheurs rend un son tout contraire [4] :
Tu l'entendras sans doute, avant même, j'espère,
Que ton pied du pardon ait passé le chemin.

Mais fixe bien tes yeux à travers cet air sombre,
Tu verras devant nous des esprits en grand nombre
Assis et s'adossant chacun le long des murs. »

Alors et mieux qu'avant j'ouvris mon œil avide
Et je vis les esprits contre le roc livide,
Revêtus de manteaux comme la pierre obscurs.

10.

E poi che fummo un poco più avanti,
Udi' gridar : Maria, òra per noi ;
Gridar, Michele, e Pietro, e tutti i Santi.

Non credo, che per terra vada ancoi
Uomo sì duro, che non fosse punto
Per compassion di quel, ch' io vidi poi :

Chè, quando fui sì presso di lor giunto
Che gli atti loro a me venivan certi
Per gli occhi, fui di grave dolor munto.

Di vil ciliccio mi parean coperti,
E l' un sofferia l' altro con la spalla,
E tutti dalla ripa eran sofferti.

Così li ciechi, a cui la roba falla,
Stanno a' perdoni a chieder lor bisogna,
E l' uno 'l capo sovra l' altro avvalla,

Perchè in altrui pietà tosto si pogna,
Non pur per lo sonar delle parole,
Ma per la vista, che non meno agogna :

E come agli orbi non approda 'l Sole,
Così all' ombre, dov' io parlava ora,
Luce del Ciel di sè largir non vuole :

Ch' a tutte un fil di ferro il ciglio fora,
E cuce, sì com' a sparvier selvaggio
Si fa, però che queto non dimora.

A me pareva andando fare oltraggio,
Vedendo altrui, non essendo veduto :
Perch' io mi volsi al mio consiglio saggio.

LE PURGATOIRE — CHANT XIII.

Quand nous fûmes un peu plus loin j'entends qu'on crie :
« Intercède pour nous, sainte Vierge Marie,
Et toi Michel et Pierre et tous les saints aussi ! »

Je ne crois pas qu'il soit un homme dans le monde
Si dur qu'il ne fût pris d'une pitié profonde
Au spectacle qu'alors j'eus sous les yeux ici.

Me rapprochant assez pour qu'avec certitude
Je pusse de chacun distinguer l'attitude,
Je fus pris par les yeux de profonde rancœur.

Ils me paraissaient tous couverts d'un vil cilice,
L'un sur l'autre appuyés pour porter leur supplice
Et contre le rocher appuyés tous en chœur.

Tels les jours de Pardon les aveugles se tiennent,
Mendiant le denier qu'avec peine ils obtiennent,
L'un sur l'autre appuyés aux regards des passants,

Pour mieux faire vibrer du cœur les cordes vives,
En ajoutant au son des paroles plaintives
L'émotion des yeux sur l'homme aussi puissants :

Et comme le soleil fuit leur orbite éteinte,
Ainsi pour les esprits de la deuxième enceinte
La lumière du Ciel a cessé de briller.

Un fil de fer à tous perce et coud la paupière :
C'est ainsi que parfois on ravit la lumière,
Quand on veut le dompter, au sauvage épervier.

Il me semblait leur faire en marchant une injure,
Moi, voyant leur visage et cachant ma figure :
Par quoi je me tournai vers mon conseiller chef.

Ben sapev' ei, che volea dir lo muto :
E però non attese mia dimanda :
Ma disse : Parla, e sii breve e arguto.

Virgilio mi venia da quella banda
Della cornice, onde cader si puote,
Perchè da nulla sponda s' inghirlanda :

Dall' altra parte m' eran le devote
Ombre, che per l' orribile costura
Premevan sì, che bagnavan le gote.

Volsimi a loro, ed, o gente sicura,
Incominciai, di veder l' alto Lume,
Che 'l disio vostro solo ha in sua cura :

Se tosto grazia risolva le schiume
Di vostra coscienzia, sì che chiaro
Per essa scenda della mente il fiume,

Ditemi (che mi fia grazioso e caro)
S' anima è qui tra voi, che sia Latina :
E forse a lei sarà buon, s' io l' apparo.

O frate mio, ciascuna è cittadina
D' una vera città : ma tu vuoi dire,
Che vivesse in Italia peregrina.

Questo mi parve per risposta udire
Più innanzi alquanto, che là dov' io stava :
Ond' io mi feci ancor più là sentire.

Tra l' altre vidi un' ombra, ch' aspettava
In vista ; e se volesse alcun dir : come ?
Lo mento a guisa d' orbo in su levava.

Bien savait-il ce que muet je voulais dire,
Et devant que j'eusse eu le temps de l'en instruire,
Il me dit : « Parle-leur, mais sois adroit et bref ! »

Au bord de la corniche allait le maître guide,
Au risque de tomber, car le tournant rapide
N'était enguirlandé par aucun parapet.

Et d'autre part j'avais les pauvres créatures ;
Elles souffraient si fort des horribles coutures
Qu'un long ruisseau de pleurs de leurs yeux s'échappait.

Vers elles je me tourne et dis : « Ames certaines
De parvenir un jour à ces splendeurs lointaines,
A ces clartés du ciel, votre unique désir,

Que la Grâce bientôt de votre conscience
Efface toute écume, et que l'Intelligence
Y verse son flot clair et limpide à plaisir !

Dites : (Cette faveur que de vous je l'obtienne !)
N'est-il point parmi vous quelque âme italienne ?
Peut-être je pourrai lui faire quelque bien. »

— « D'une même cité chaque âme est citoyenne,
Mon frère, mais tu quiers, sans doute, âme chrétienne,
Pèlerine en la vie au bord italien ? »

Ces mots, il me parut qu'à certaine distance
Ils étaient prononcés. Aussitôt je m'avance,
Pour mieux me faire entendre, au point d'où part le son.

J'aperçus un esprit dans la gent pénitente,
Qui paraissait attendre, exprimant son attente,
Comme fait un aveugle en levant le menton.

Spirto, diss'io, che per salir ti dome,
Se tu se' quelli, che mi rispondesti,
Fammiti conto o per luogo, o per nome.

I' fui Senese, rispose, e con questi
Altri rimondo qui la vita ria,
Lagrimando a Colui, che sè ne presti.

Savia non fui, avvegnà che Sapìa
Fossi chiamata, e fui degli altrui danni
Più lieta assai, che di ventura mia.

E perchè tu non credi, ch'io t'inganni,
Odi se fui, com' io ti dico, folle:
Già discendendo l'arco de' mie' anni,

Erano i cittadin miei presso a Colle
In campo giunti co' loro avversari:
Ed io pregava Dio di quel, ch' e' volle.

Rotti fur quivi, e volti negli amari
Passi di fuga, e veggendo la caccia,
Letizia presi ad ogni altra dispari:

Tanto, ch' io 'n su l' ardita faccia,
Gridando a Dio: Omai più non ti temo,
Come fe' 'l merlo per poca bonaccia.

Pace volli con Dio in su lo stremo
Della mia vita: e ancor non sarebbe
Lo mio dover per penitenza scemo,

Se ciò non fosse ch' a memoria m'ebbe
Pier Pettinagno in sue sante orazioni,
A cui di me per caritate increbbe.

« Esprit, qui pour monter souffres et te corriges,
Si c'est toi dont la voix m'a répondu, lui dis-je,
Fais-moi savoir quel est ton pays ou ton nom? »

— « A Sienne je naquis, dit l'ombre, ici j'expie
Avec ces compagnons les fautes de ma vie,
En pleurant vers Celui qui nous fera pardon.

J'eus pour nom Sapia [5], mais n'eus pas de sagesse,
Et le dam du prochain me causa plus d'ivresse
Que le bonheur qu'aurait pu m'accorder le sort.

Et pour ne mettre pas en doute ma parole,
Écoute si je fus, comme je le dis, folle.
Déjà je descendais l'arc des ans vers la mort,

Quand mes concitoyens sortis de leur muraille
Aux environs de Colle allaient livrer bataille :
Je demandais à Dieu ce qu'en effet il fit.

Leurs rangs furent brisés, ils prirent de la fuite
L'amer sentier, et moi, témoin de la poursuite,
Une joie à nulle autre égale me saisit,

Telle, qu'au ciel levant ma tête enorgueillie,
Vers Dieu j'osai crier : « Ores je te défie ! »
Comme un merle sifflant pour un jour de beau temps [6].

Au terme de ma vie, avec l'Être suprême,
Je voulus être en paix, mais je n'aurais pas même
Atteint ces lieux au prix de mes pleurs pénitents,

N'était qu'ému pour moi de charitable flamme,
Pierre Pettignano [7] n'eût prié pour mon âme,
Dans ses dévotions de moi se souvenant.

Ma tu chi se' che nostre condizioni
Vai dimandando, e porti gli occhi sciolti,
Sì com io credo, e spirando ragioni?

Gli occhi, diss' io, mi fieno ancor qui tolti,
Ma picciol tempo: chè poch' è l' offesa
Fatta, per esser con invidia vòlti.

Troppa è più la paura, ond' è sospesa
L' anima mia, del tormento di sotto:
Che già lo 'ncarco di laggiù mi pesa.

Ed ella a me: Chi t' ha dunque condotto
Quassù tra noi, se giù ritornar credi?
Ed io: Costui, ch' è meco, e non fa motto:

E vivo sono: e però mi richiedi,
Spirito eletto, se tu vuoi ch' io muova
Di là per te ancor li mortai piedi.

O quest' è a udir si cosa nuova,
Rispose, che gran segno è, che Dio t' ami:
Pero col prego tuo talor mi giova:

E cheggioti per quel, che tu più brami,
Se mai calchi la terra di Toscana,
Ch' a' miei propinqui tu ben mi rinfami.

Tu gli vedrai tra quella gente vana,
Che spera in Talamone, e perderagli
Più di speranza, ch' a trovar la Diana:

Ma più vi metteranno gli ammiragli.

Mais qui donc es-tu, toi qui viens et nous demande
Notre sort, la paupière ouverte toute grande,
Et qui, je le crois bien, parles en respirant? »

— « Mes yeux seront aussi cousus après la vie,
Mais non pas pour longtemps, lui dis-je, car l'envie
M'a fait bien rarement tourner des yeux chagrins.

Bien plus grande est ma peur au tourment qui s'apprête
Là-dessous [8], et si fort mon cœur s'en inquiète,
Que le poids qu'on y porte est déjà sur mes reins. »

Et l'ombre à moi : « Qui donc sur ce mont où nous sommes
T'a conduit, si tu crois retourner chez les hommes? »
Et moi : « Ce compagnon qui se tait près de moi.

Je suis encor vivant ; ainsi, requiers-moi vite,
Si tu veux, ombre élue, au pays où j'habite
Que je fasse mouvoir mes pieds mortels pour toi. »

— « Oh ! dit l'ombre, la chose est étrange et si neuve
Que de l'amour de Dieu c'est une grande preuve :
Lors donc assiste-moi par dévote oraison,

Et par ce que ton cœur a de cher, je t'en prie,
Si tu touches jamais le sol de la patrie,
Rappelle avec honneur mon nom dans ma maison.

Tu la verras parmi cette nation vaine
Qui croit en Talamone et perdra là sa peine
Comme de la Diana quand il cherchait les eaux [9];

Mais les plus attrapés seront les amiraux [10]. »

NOTES DU CHANT XIII

1 Parole de la Vierge au Christ aux noces de Cana, le priant de changer l'eau en vin pour éviter aux époux quelque confusion.

2 C'est le mot de Pylade voulant se sacrifier pour Oreste. Il n'aurait aucun sens, si c'était Oreste lui-même qui parlait, comme l'imaginent avec peu de réflexion le père Venturi et la foule des commentateurs.

3 *Diligite inimicos vestros*, une parole de l'Évangile.

4 Les voix tendres qu'on vient d'ouïr sont un *fouet* pour encourager les envieux à l'amour. « Bientôt tu connaîtras, dit Virgile, *le frein*, c'est-à-dire les voix menaçantes destinées à réprimer le péché d'envie.

5 *Sapia, savia*, jeu de mots assez puéril.

6 D'après une légende populaire en Lombardie, un merle abusé par quelques belles journées de janvier et croyant l'hiver fini, s'enfuit de chez son maître en chantant : *Non ti curo, domine*. C'est ainsi que Sapia, satisfaite dans sa haine envieuse, se moque du ciel dont elle croyait n'avoir plus rien à désirer ni à craindre.

7 Franciscain du pays de Sienne.

8 Au cercle de l'orgueil. Le grand poète devait, en effet, être plus susceptible d'orgueil que d'envie.

9 Les Siennois avaient acquis le château et le petit port de Talamone sur la Méditerranée. Ce peuple, dont la vanité a déjà été châtiée au chant XXIX de l'Enfer, se voyait déjà rival des Génois. L'air pernicieux de cette petite anse contiguë à la Maremme le força de l'abandonner. La Diana fut un autre sujet de déception. C'est une rivière fabuleuse qu'ils supposaient couler sous les murs de leur ville.

10 C'est-à-dire ceux qui, escomptant une chimère, se voient déjà amiraux de la flotte qui mouillera dans le port de Talamone.

ARGUMENT DU CHANT XIV

Dante, toujours au cercle des envieux, s'arrête avec Virgile à écouter Guido del Duca et Rinieri de' Calboli qui s'entretiennent ensemble. Guido del Duca déplore la corruption qui règne dans la Toscane et dans la Romagne. Les deux poëtes, continuant leur route, entendent des voix lamentables d'esprits qui traversent l'air et qui rappellent aux pécheurs les tristes effets de l'envie.

CANTO DECIMOQUARTO

Chi è costui, che 'l nostro monte cerchia
Prima che morte gli abbia dato il volo,
E apre gli occhi a sua voglia, e coperchia?

Non so, chi sia; ma so, ch' ei non è solo :
Dimandal tu, che più gli t' avvicini,
E dolcemente, sì che parli, accòlo :

Così duo spirti, l' uno all' altro chini,
Ragionavan di me ivi a man dritta :
Poi fer li visi, per dirmi, supini :

E disse l' uno : O anima, che fitta
Nel corpo ancora, inver lo Ciel ten vai,
Per carità ne consola, e ne ditta,

Onde vieni, e chi se' : che tu ne fai
Tanto maravigliar della tua grazia,
Quanto vuol cosa, che non fu più mai.

Ed io : Per mezza Toscana si spazia
Un fiumicel, che nasce in Falterona,
E cento miglia di corso nol sazia :

Di sovr' esso rech' io questa persona.
Dirvi chi sia, saria parlare indarno :
Chè 'l nome mio ancor molto non suona.

CHANT QUATORZIÈME

« Autour de notre mont cette âme, quelle est-elle,
Qui vient sans que la mort ait délié son aile,
Pouvant ouvrir les yeux ou les clore à plaisir ?

Je ne sais ; mais quelqu'un la suit sur cette roche.
Interroge-la, toi, son voisin le plus proche,
Et fais-lui doux accueil qui force à repartir. »

Ainsi parlaient de moi deux esprits, à main droite,
L'un sur l'autre penchés sur cette escarpe étroite ;
Puis, renversant le front afin de me parler,

L'un me dit : « Toi qui viens au Ciel, âme mortelle,
En demeurant fixée à ta chair corporelle,
Ici par charité daigne nous consoler !

Apprends-nous d'où tu viens et ton nom, car la grâce
Que tu reçois du ciel nous confond, nous surpasse,
Comme un fait merveilleux et sans exemple encor. »

— « Par le pays Toscan, lui dis-je, prend sa course
Un fleuve tout petit : Falterone [1] est sa source
Et cent milles durant il poursuit son essor.

J'apporte de ses bords ce corps qu'ici je traîne.
Vous dire qui je suis serait parole vaine,
Mon nom jusqu'à présent ayant peu retenti. »

Se ben lo 'ntendimento tuo accarno
Con lo 'ntelletto, allora mi rispose
Quei, che prima dicea, tu parli d' Arno.

E l' altro disse a lui : Perchè nascose
Questi 'l vocabol di quella riviera,
Pur com' uom fa dell' oribili cose?

E l' ombra, che di ciò dimandata era,
Si sdebitò così : Non so ; ma degno
Ben' è che 'l nome di tal valle pera :

Chè dal principio suo, dov' è sì pregno
L' alpestro monte, ond' è tronco Peloro,
Che 'n pochi luoghi passa oltra quel segno,

Infin là 've si rende per ristoro
Di quel, che 'l Ciel della marina asciuga,
Ond' hanno i fiumi ciò, che va con loro,

Virtù così per nimica si fuga
Da tutti, come biscia, o per sventura
Del luogo, o per mal' uso, che gli fruga :

Ond' hanno sì mutata lor natura
Gli abitator della misera valle,
Che par che Circe gli avesse in pastura.

Tra brutti porci più degni di galle,
Che d' altro cibo fatto in umano uso,
Dirizza prima il suo povero calle.

Botoli truova poi venendo giuso
Ringhiosi più, che non chiede lor possa,
E a lor disdegnosa torce 'l muso :

— « Si mon intelligence a su bien te comprendre,
Dit l'esprit qui d'abord à nous s'est fait entendre,
C'est du fleuve d'Arno que tu parles ici. »

L'autre lui dit : « Pourquoi déguise-t-il, cet homme,
Le véritable nom dont son fleuve se nomme,
Comme si c'était chose horrible à faire ouïr? »

A cette question l'autre en ces mots réplique :
« Je ne sais ; mais il est juste et patriotique
Que le nom d'un tel val on le laisse périr.

Car, dès son origine, à la sauvage crête
Où touchait autrefois le Pélore, à ce faîte,
Un des plus élevés de ces monts sans rivaux,

Jusqu'aux bouches du fleuve où son tribut répare
Les ondes qu'en la mer pompe le ciel avare
Et qu'il change en vapeurs pour des fleuves nouveaux,

Là partout la vertu, traitée en ennemie,
Se voit comme serpent traquée et poursuivie,
Soit un effet des mœurs, soit des lieux un fléau.

Et tous les habitants de la vallée impure
Ont si parfaitement perverti leur nature,
Qu'il semble que Circé les eut dans son troupeau.

Parmi de vils pourceaux, dignes du gland sauvage
Plutôt que d'aliments faits pour l'humain usage,
Arno s'ouvre d'abord un lit mince et fangeux,

Puis, descendant plus bas, trouve une valetaille
De roquets plus hargneux qu'il ne sied à leur taille.
Loin d'eux avec dédain Arno tourne les yeux :

Vassi caggendo, e quanto ella più 'ngrossa,
Tanto più truova di can farsi lupi,
La maladetta e sventurata fossa.

Discesa poi per più pelaghi cupi,
Truova le volpi sì piene di froda,
Che non temono ingegno, che l' occupi.

Nè lascerò di dir, perch' altri m' oda :
E buon sarà costui, s' ancor s' ammenta
Di ciò, che vero spirto mi disnoda :

Io veggio tuo nipote, che diventa
Cacciator di que lupi in su la riva
Del fiero fiume, e tutti gli sgomenta.

Vende la carne loro, essendo viva :
Poscia gli ancide, come antica belva :
Molti di vita, e sè di pregio priva.

Sanguinoso esce della trista selva :
Lasciala tal, che di qui a mill' anni
Nello stato primaio non si rinselva.

Com' all' annunzio de' futuri danni
Si turba 'l viso di colui, ch' ascolta
Da qualche parte il periglio l' assanni :

Così vid' io l' altr' anima, che volta
Stava a udir, turbarsi, e farsi trista,
Poi ch' ebbe la parola a sè raccolta.

Lo dir dell' una, e dell' altra la vista
Mi fe' voglioso di saper lor nomi,
E dimanda ne fei con prieghi mista.

Et plus s'en va rapide et s'enfle en sa carrière
Le cours de la maudite et néfaste rivière,
Plus s'offrent sur ses bords des chiens changés en loups.

Puis, plongeant au travers de gorges plus profondes,
A de si fins renards elle donne ses ondes
Que, pour s'en rendre maître, il n'est engins ni trous².

Je dirai tout : qu'un autre entende et me comprenne :
Il s'en trouvera bien, pourvu qu'il se souvienne
De ce que dicte en moi l'esprit de vérité.

Je vois ton petit-fils chassant les loups sauvages,
Et le long de l'Arno sur ses tristes rivages
Tout ce troupeau de loups fuyant épouvanté.

Il les vend tout vivants, ces corps faits de chair d'homme,
Comme des bestiaux gras ensuite il les assomme ;
Beaucoup perdent la vie, et lui perd son honneur.

Sanglant il sort enfin de ces forêts damnées
Qu'il laisse en tel état que d'ici mille années
Elles ne reprendront leur antique splendeur³. »

En entendant des voix de sinistre présage,
On se trouble et soudain l'on change de visage,
De quelque endroit lointain que vienne le danger.

Tel je vis l'autre esprit tourné pour mieux entendre,
Quand il eut achevé d'ouïr et de comprendre,
Se troubler et son front de douleur se charger.

La voix de l'un et l'air de l'autre m'inspirèrent
Le désir de savoir quel nom tous deux portèrent :
En priant doucement, je le leur demandai.

Perchè lo spirto, che di pria parlòmi,
Ricominciò : Tu vuoi ch' io mi deduca
Nel fare a te ciò, che tu far non vuomi.

Ma da che Dio in te vuol che traluca
Tanta sua grazia, non ti sarò scarso :
Però sappi ch' io son Guido del Duca.

Fu 'l sangue mio d' invidia sì riarso,
Che, se veduto avessi uom farsi lieto,
Visto m' avresti di livore sparso.

Di mia semenza cotal paglia mieto.
O gente umana, perchè poni il cuore,
Là 'v' è mestier di consorto divieto?

Questi è Rinier : quest'è 'l pregio, e l' onore
Della casa da Calboli, ove nullo
Fatto s' è reda poi del suo valore.

E non pur lo suo sangue è fatto brullo
Tra 'l Po, e 'l monte, e la marina, e 'l Reno
Del ben richiesto al vero ed al trastullo :

Chè dentro a questi termini è ripieno
Di venenosi sterpi, sì che tardi
Per coltivare omai verrebber meno.

Ov' è 'l buon Lizio, e Arrigo Manardi,
Pier Traversaro, e Guido di Carpigna?
O Romagnuoli tornati in bastardi!

Quando in Bologna un Fabbro si ralligna?
Quando 'n Faenza un Bernardin di Fosco,
Verga gentil di picciola gramigna?

L'ombre qui me parla sur-le-champ de reprendre :
« Tu veux en ta faveur me faire condescendre
A ce qu'à mes souhaits tu n'as pas accordé.

Mais puisque Dieu te fait une grâce si rare,
Je ne veux point pour toi me montrer trop avare.
Sache donc que Guido del Duc l'on me nommait.

Mon sang fut si brûlé par le feu de l'envie,
Qu'un homme montrait-il de la joie en la vie,
De livide pâleur tout mon front se couvrait.

Et voilà de mon grain le fruit que je moissonne.
Ah ! pourquoi votre cœur, race humaine, s'adonne
Aux biens dont forcément tout partage est exclu ?

Tu vois là Rinieri, la gloire et la couronne
De l'antique maison des Calboli ; personne
Ne s'est fait l'héritier, lui mort, de sa vertu.

Et sa race aujourd'hui n'est pas seulement veuve,
Entre le Pô, le mont, la mer bleue et le fleuve,
Des véritables biens qui nous rendent contents ;

Le pays tout entier compris dans ces limites
Est couvert de chardons et de ronces maudites.
Pour les déraciner, il faudra bien du temps.

Où sont-ils aujourd'hui le bon Licio, Manare,
Et Guido de Carpigne et Pierre Traversare ?
O Romagnols tournés en bâtards, où sont-ils ?

Quand pourront un Fabro dans Bologne renaître,
Un Bernardin Fosco dans Faënza paraître ?
Ces gentils rejetons de troncs maigres et vils !

Non ti maravigliar, s' io piango; Tosco,
Quando rimembro con Guido da Prata
Ugolin d' Azzo, che vivette nosco :

Federigo Tignoso, e sua brigata :
La casa Traversara, e gli Anastagi :
E l' una gente, e l' altra è diretata.

Le donne, e i cavalier, gli affanni, e gli agi,
Che ne 'nvogliava amore e cortesia,
Là dove in cuor son fatti sì malvagi.

O Brettinoro, che non fuggi via,
Poichè gita se n' è la tua famiglia.
E molta gente, per non esser ria ?

Ben fa Bagnacaval, che non rifiglia;
E mal fa Castrocaro, e peggio Conio,
Che di figliar tai Conti più s' impiglia.

Ben faranno i Pagan, da che 'l Demonio
Lor sen' girà : ma non però, che puro
Giammai rimanga d' essi testimonio.

O Ugolin de' Fantolin, sicuro
È il nome tuo, da che più non s' aspetta
Chi far lo possa tralignando oscuro.

Ma va via, Tosco, omai, ch' or mi diletta
Troppo di pianger più, che di parlare,
Sì m' ha vostra ragion la mente stretta.

Noi sapevam, che quell' anime care
Ci sentivano andar : però tacendo,
Facevan noi del cammin confidare.

Ne t'émerveille pas, ô Toscan, si je pleure
Quand j'évoque Guido de Prat, mort à cette heure,
Ugolino d'Agi, notre bon compagnon,

Et Frédéric Tignose et sa famille rare,
Le sang d'Anastagi, celui de Traversare,
Disparus sans laisser d'héritier de leur nom ;

Dames et cavaliers, et hauts faits qu'en la vie
Nous inspiraient jadis amour et courtoisie
En ces lieux où les cœurs sont si fort gangrenés !

O Brettinor[4], pourquoi ne pas t'être écroulée
Quand ta famille s'est elle-même exilée,
Et bien d'autres encor pour n'être pas damnés.

Bagnacaval, qui point ne fait souche, est bien sage,
Et Castrocar a tort, Conio tort davantage,
Lui qui donne le jour à des comtes impurs.

Les Pagani pourront bien mériter peut-être
Quand on verra leur Diable[5] au tombeau disparaître,
Mais leurs noms ne seront jamais tout à fait purs.

Ugolin Fantoli, toi, ta mémoire est sûre
Et ton nom pour toujours est à l'abri d'injure ;
Nul fils en forlignant n'en ternira l'honneur.

Maintenant, ô Toscan, suis ton chemin : je pleure,
Et pleurer m'est plus doux que parler à cette heure,
Tant le nom du pays m'a déchiré le cœur ! »

Nous étions assurés que le long de l'enceinte
Nous entendaient aller ces chers esprits. Sans crainte,
Comme ils ne disaient mot, nous allions en avant.

Poi fummo fatti soli, procedendo,
Folgore parve, quando l' aer fende,
Voce, che giunse di contra, dicendo:

Anciderammi qualunque m' apprende.
E fuggia come tuon, che si dilegua,
Se subito la nuvola scoscende.

Come da lei l' udir nostro ebbe tregua;
Ed ecco l' altra con sì gran fracasso,
Che somigliò tonar, che tosto segua :

Io sono Aglauro, che divenni sasso;
E allor, per istringermi al Poeta,
Indietro feci, e non innanzi 'l passo.

Già era l' aura d' ogni parte queta :
Ed ei mi disse : Quel fu il duro camo,
Che dovria l' uom tener dentro a sua meta.

Ma voi prendete l' esca, sì che l'amo
Dell' antico avversario a sè vi tira,
E però poco val freno, o richiamo.

Chiamavi 'l Cielo, e 'ntorno vi si gira,
Mostrandovi le sue bellezze eterne,
E l' occhio vostro pure a terra mira :

Onde vi batte Chi tutto discerne.

Lorsque nous fûmes seuls, le long de la carrière,
Une voix, tout à coup traversa l'atmosphère
Prompte comme la foudre, et vint à nous disant :

« Quiconque me prendra m'arrachera la vie [6] ! »
Et, ce disant, la voix aussitôt s'est enfuie
Comme fuit, en crevant le nuage, un éclair.

La voix retentissait encore à notre oreille,
Quand une autre éclata plus terrible, pareille
Au tonnerre qui suit le tonnerre dans l'air :

« Je suis Aglaure, Aglaure, hélas ! changée en pierre [7] ! «
Aux côtés du poëte à ces mots je me serre
Et je n'avançai plus, mais reculai d'un pas.

Lorsque de toutes parts l'air fut calme et tranquille :
« Voilà le rude frein, me dit alors Virgile,
Qui devrait retenir et qui ne retient pas [8].

Vous mordez follement à l'appât, race humaine !
L'hameçon de l'antique ennemi vous entraîne :
C'est pourquoi peu vous sert le frein ou l'aiguillon.

Sur vos têtes tournant quand le ciel vous appelle,
Déployant devant vous sa splendeur éternelle,
A la terre vos yeux bornent leur horizon,

Et Celui qui voit tout vous frappe avec raison.

NOTE DU CHANT XIV

¹ Montagne de l'Apennin.

² Par les pourceaux, le poëte désigne les luxurieux Casentins ; par les roquets hargneux, les pauvres et orgueilleux habitants d'Arezzo. Les chiens qui se changent en loups, ce sont les Florentins avides et avares. Les renards sont les Pisans.

³ Guido del Duca de Brettinoro qui parle ici s'adresse à Rinieri. Ce petit-fils dont il lui prédit les sanglants triomphes, c'est Fulcieri, podestat de Florence en 1302, qui, gagné par les Noirs, fit enfermer et tuer les principaux Blancs.

⁴ Brettinoro, comme plus loin Bagnacavallo, Castrocaro, Conio, forteresses ou châteaux de la Romagne.

⁵ Un des Pagani avait reçu le surnom de *il Diavolo*.

⁶ C'est la voix de Caïn après le meurtre de son frère : *Omnis qui invenerit me, occidet me* (Genèse, chap. IV).

⁷ Aglaure, fille de Cécrops, jalouse de sa sœur Hersé, se précipita du haut de la citadelle d'Athènes et fut changée en pierre.

⁸ Après les paroles de charité qui traversaient l'air et qui étaient comme un *fouet* d'amour pour les envieux, voilà, dit Virgile à Dante, *le frein* dont je t'ai parlé : ce sont des paroles de désespoir.

ARGUMENT DU CHANT XV

Un ange éblouissant indique aux voyageurs un nouveau sentier par où ils doivent s'élever au troisième cercle où s'expie le péché de la colère. Dante et Virgile s'entretiennent en marchant. Une phrase du Romagnol Guido del Duca est restée obscure pour Dante. Virgile la lui explique et lui démontre que l'envie ne s'attache qu'aux faux biens. Au seuil du troisième cercle, Dante, ravi en extase, voit passer dans une vision des exemples de mansuétude, par opposition au péché de colère dont il va voir l'expiation. Quand il se réveille, il est au cercle même de la colère qu'annonce une épaisse fumée.

CANTO DECIMOQUINTO

Quanto tra l' ultimar dell' ora terza,
E 'l principio del dì par della spera,
Che sempre a guisa di fanciullo scherza;

Tanto pareva già inver la sera
Essere al Sol del suo corso rimaso;
Vespero là, e qui mezza notte era:

E i raggi ne ferian per mezzo il naso,
Perchè per noi girato era sì il monte,
Che già dritti andavamo inver l' occaso;

Quando io senti' a me gravar la fronte
Allo splendore assai più che di prima,
E stupor m' eran le cose non conte:

Ond' io levai le mani inver la cima
Delle mie ciglia, e fecimi 'l solecchio,
Che del soverchio visibile lima.

Como quando dall' acqua, o dallo specchio
Salta lo raggio all' opposita parte,
Salendo su per lo modo parecchio

A quel, che scende, e tanto si diparte
Dal cader della pietra, in igual tratta,
Sì come mostra esperienza ed arte:

CHANT QUINZIÈME

Aussi court le chemin qui reste encore à faire,
Entre la troisième heure [1] et l'aurore, à la sphère
Toujours en mouvement comme un enfant joueur :

Tel ici le chemin du char de la lumière,
Pour arriver au soir et finir sa carrière [2] :
Sur terre il est minuit, vêpres sur la hauteur.

Les rayons me frappaient au milieu du visage,
Car, à l'entour du mont poursuivant le voyage,
Déjà droit au couchant nos pas se dirigeaient.

Tout à coup je sentis tomber sur ma paupière
Une clarté plus vive encor que la première,
Et dans l'étonnement ces choses me plongeaient.

A la hauteur du front par devant ma prunelle
J'élevai mes deux mains en manière d'ombrelle,
Pour amortir l'éclat de ce feu trop ardent.

Comme, lorsque de l'onde ou du miroir solaire
Le rayon tout à coup jaillit en sens contraire,
On le voit remonter tout ainsi qu'il descend ;

Il ne s'écarte pas plus de la verticale
Et garde en son parcours une longueur égale
Comme l'ont démontré l'expérience et l'art :

Così mi parve da luce rifratta
Ivi dinanzi a me esser percosso :
Perch' a fuggir la mia vista fu ratta.

Che è quel, dolce padre, a che non posso
Schermar lo viso, tanto che mi vaglia,
Diss' io, e pare inver noi esser mosso ?

Non ti maravigliar s' ancor t' abbaglia
La famiglia del Cielo, a me rispose :
Messo è, che viene ad invitar ch' uom saglia.

Tosto sarà, ch' a veder queste cose,
Non ti fia grave, ma fieti diletto,
Quanto natura a sentir ti dispose.

Poi giunti fummo all' Angel benedetto,
Con lieta voce disse : Intrate quinci
Ad un scalèo vie men che gli altri eretto.

Noi montavamo, già partiti linci,
E *Beati misericordes* fue
Cantato retro, e godi tu, che vinci.

Lo mio Maestro, ed io soli amendue
Suso andavamo, ed io pensava, andando,
Prode acquistar nelle parole sue :

E drizzami a lui sì dimandando,
Che volle dir lo spirto di Romagna,
E divieto e consorto menzionando ?

Perch' egli a me : Di sua maggior magagna
Conosce 'l danno : e però non si ammiri,
Se ne riprende, perchè men sen' piagna.

Une lumière ainsi devant moi réfléchie
Vint frapper tout à coup ma paupière éblouie
Et me fit sur-le-champ détourner le regard.

« O doux père, quelle est cette étrange lumière
Dont à peine je puis garantir ma paupière,
M'écriai-je, et vers nous qui semble se porter ? »

— « Ne t'émerveille pas que du Ciel la famille
A ton œil faible encor trop vivement scintille.
C'est un ange qui vient inviter à monter.

Le temps sera bientôt où ces clartés propices
Tu les verras sans peine et même avec délices,
Avec tout le bonheur que tu peux ressentir. »

Près de l'ange béni lorsque nous arrivâmes,
Il dit joyeusement : « Passez ici ; les âmes
Ont un escalier là moins pénible à gravir. »

Déjà nous étions loin des ombres envieuses ;
Derrière nous chantaient des voix harmonieuses :
« Bienheureux les vainqueurs ! bienheureux les cléments ! »

Le maître et moi tout seuls nous montions la chaussée.
Et moi, tout en marchant, j'avais dans la pensée
De faire mon profit de ses enseignements.

Et me tournant vers lui : « Maître, daigne m'apprendre,
Ce que le Romagnol [3] voulait nous faire entendre,
En parlant de ces biens qu'on ne peut partager ? »

Et lui : « Sachant le fruit de son principal vice,
Il n'est pas surprenant qu'il nous en avertisse,
Pour que l'on ait un jour moins à s'en affliger.

Perchè s' appuntano i vostri desiri,
Dove per compagnia, parte si scema:
Invidia muove il mantaco a' sospiri.

Ma se l' amor della spera suprema
Torcesse 'n suso 'l desiderio vostro,
Non vi sarebbe al petto quella tema:

Chè per quanto si dice più lì nostro,
Tanto possiede più di ben ciascuno,
E più di caritate arde 'n quel chiostro.

Io son d' esser contento più digiuno,
Diss' io, che se mi fosse pria taciuto:
E più di dubbio nella mente aduno:

Com' esser puote, ch' un ben distributo
I più posseditor faccia più ricchi
Di sè, che se da pochi è posseduto?

Ed egli a me: Perocchè tu rificchi
La mente pur alle cose terrene,
Di vera luce tenebre dispicchi.

Quello 'nfinito ed ineffabil bene,
Che lassù è, così corre ad amore,
Com' a lucido corpo raggio viene.

Tanto si dà, quanto truova d' ardore:
Sì che quantunque carità si stende,
Cresce sovr' essa l' eterno valore.

E quanta gente più lassù s' intende,
Più v' è da bene amare, e più vi s' ama,
E come specchio l' uno all' altro rende.

Parce que vous rêvez à des biens dont l'usage
Ne peut, sans s'amoindrir, souffrir aucun partage,
Les soupirs envieux viennent vous attrister ;

Au lieu que si l'amour de la sphère immortelle
Élevait les désirs de vos âmes vers elle,
Votre cœur n'aurait pas l'envie à redouter.

On ne dit pas : *le mien* là-haut ; on dit : *le nôtre*.
Plus l'un a de bonheur, plus en possède l'autre,
Et plus dans ces hauts lieux il brûle d'amour pur. »

— « Ces explications me rendent plus avide,
Et j'en demandais moins tout à l'heure, ô mon guide !
Orès dans mon esprit descend le doute obscur.

Comment est-ce qu'un bien qu'on divise et partage
Fait à ses possesseurs un plus riche héritage
Que si d'un seul heureux c'est la propriété ? »

Et lui me répondit : « Parce que tu contemples
D'un esprit absorbé les terrestres exemples,
La lumière pour toi devient l'obscurité.

Le bonheur que l'on goûte, ineffable, suprême,
Aux célestes parvis, vole à l'amour, de même
Qu'un rayon de soleil sur un corps transparent.

Il se donne d'autant que l'amour est plus tendre ;
Et plus la charité peut grandir et s'étendre,
Plus l'éternel bonheur s'étend et devient grand.

Des cœurs unis là-haut plus la foule est extrême,
Plus il est doux d'aimer, plus tendrement on aime
Et chacun réfléchit l'amour comme un miroir.

E se la mia ragion non ti disfama,
Vedrai Beatrice : ed ella pienamente
Ti torrà questa, e ciascun' altra brama.

Procaccia pur che tosto sieno spente,
Come son già le due, le cinque piaghe,
Che si richiudon per esser dolente.

Com' io voleva dicer : Tu m' appaghe,
Vidimi giunto in su l' altro girone,
Sì che tacer mi fer le luci vaghe.

Ivi mi parve in una visione
Estatica di subito esser tratto,
E vedere in un tempio più persone :

Ed una donna in su l' entrar con atto
Dolce di madre, dicer : Figliuol mio,
Perchè hai tu così verso noi fatto?

Ecco dolenti lo tuo padre, ed io
Ti cercavamo; e come qui si tacque,
Ciò, che pareva prima, disparìo :

Indi m' apparve un' altra con quell' acque
Giù per le gote, che 'l dolor distilla
Quando per gran dispetto in altrui nacque :

E dir : Se tu se' sire della villa,
Del cui nome ne' Dei fu tanta lite,
Ed onde ogni scienza disfavilla,

Vendica te di quelle braccia ardite,
Ch' abbraciâr nostra figlia, o Pisistrato :
E 'l signor mi parea benigno, e mite

Si quelque doute encore après cela te reste,
Tu verras Béatrice ; elle dira le reste
Et tout ce que tu peux désirer de savoir [4].

Avance seulement, si tu veux que la trace
Des cinq autres péchés que tu gardes s'efface :
Blessures dont il faut souffrir pour les fermer. »

Au moment où j'allais dire : « Je comprends, maître, »
Dans un autre giron voilà que je pénètre,
Et je me tais sentant mes regards s'enflammer.

Il me sembla soudain, vision fantastique !
Que j'étais emporté dans un rêve extatique :
Je voyais dans un temple une foule à genoux ;

Et sur le seuil du temple une femme s'empresse,
Ouvrant des bras de mère et dit avec tendresse :
« Pourquoi, mon fils, agir de la sorte envers nous ?

Partout, ton père et moi, l'angoisse au fond de l'âme,
Nous te cherchions, mon fils [5] ! » Ici se tut la femme,
Et la vision fuit dans le même moment.

Je vis une autre dame alors : sur ses traits brille
Le flot amer des pleurs que la douleur distille
Quand elle naît au cœur d'un grand ressentiment.

« Si tu régis en roi la cité, disait-elle,
Dont le nom chez les dieux fit naître une querelle [6],
Foyer où tous les arts s'allument radieux,

Venge-toi de la main impie et scélérate
Qui vient de profaner ta fille, ô Pisistrate [7] ! »
Et lui, le bon seigneur miséricordieux,

Risponder lei, con viso temperato:
Che farem noi a chi mal ne desira,
Se quei, che ci ama, è per noi condannato?

Poi vidi gente accese in fuoco d'ira,
Con pietre un giovinetto ancider, forte
Gridando a sè pur: Martira! martira!

E lui vedea chinarsi per la morte,
Che l'aggravava già, inver la terra,
Ma degli occhi facea sempre al Ciel porte:

Orando all'alto Sire in tanta guerra,
Che perdonasse a' suoi persecutori,
Con quell'aspetto, che pietà disserra,

Quando l'anima mia tornò di fuori
Alle cose, che son fuor di lei vere,
Io riconobbi i miei non falsi errori.

Lo Duca mio, che mi potea vedere
Far sì com' uom, che dal sonno si slega,
Disse: Che hai, che non ti puoi tenere?

Ma se' venuto più che mezza lega
Velando gli occhi, e con le gambe avvolte,
A guisa di cui vino, o sonno piega?

O dolce Padre mio, se tu m'ascolte,
Io ti dirò, diss'io, ciò che m'apparve
Quando le gambe mi furon sì tolte.

Ed ei: Se tu avessi cento larve
Sovra la faccia, non mi sarien chiuse
Le tue cogitazion, quantunque parve.

Répondit, la figure impassible et sereine :
« Que ferons-nous à qui nous offense par haine,
Si des torts de l'amour nous nous vengeons si fort ? »

Et puis je vis brûlés du feu de la colère
Des gens qui massacraient un homme à coups de pierre ;
L'un l'autre ils s'excitaient hurlant : A mort ! à mort !

Et le jeune martyr [8] sous cette mort affreuse
Vers la terre inclinait sa tête douloureuse,
Mais il ouvrait ses yeux comme un huis vers le Ciel,

Et priant au milieu de l'horrible torture,
Et la tendre pitié peinte sur sa figure,
Pour ses persécuteurs implorait l'Éternel.

Quand mon âme à la fin put revenir hors d'elle
A la réalité sensible et naturelle,
Je connus que j'avais rêvé la vérité.

Mon guide, qui pouvait me voir lors comme un homme
Qui trébuche arraché soudain d'un profond somme,
Me dit : « Qu'as-tu, mon fils, à pencher de côté ?

Tu marches depuis près d'un mille en la carrière
En pliant les genoux et fermant la paupière,
Comme si le sommeil ou le vin te courbaient. »

Je dis : « Si tu veux bien m'entendre, ô mon doux maître !
Tu sauras ce qui vient à mes yeux d'apparaître
Quand mes genoux tremblants sous moi se dérobaient. »

— « Quand tu posséderais cent masques sur la face,
Aucun de tes pensers, même le plus fugace,
Ne pourrait, dit Virgile, être pour moi caché.

Ciò che vedesti fu, perchè non scuse
D' aprir lo cuore all' acque della pace,
Che dall' eterno fonte son diffuse.

Non dimandai: Che hai, per quel, che face
Chi guarda pur con l' occhio, che non vede,
Quando disanimato il corpo giace.

Ma dimandai per darti forza al piede:
Così frugar conviensi i pigri lenti,
Ad usar lor vigilia, quando riede.

Noi andavam per lo vespero attenti
Oltre, quanto potean gli occhi allungarsi,
Contra i raggi serotini e lucenti.

Ed ecco a poco a poco un fummo farsi
Verso di noi come la notte oscuro,
Nè da quello era luogo da cansarsi.

Questo ne tolse gli occhi, e l' aer puro.

Ce que tu viens de voir, c'est pour ouvrir ton âme
Aux doux flots de la paix, délicieux dictame,
De la source éternelle à jamais épanché.

Je n'ai pas demandé : *Qu'as-tu ?* comme peut faire
Un homme qui ne voit qu'avec l'œil de la terre,
Œil que ferme la mort d'un éternel sommeil.

J'ai parlé pour donner à ton pied plus de presse,
Comme il faut quelquefois gourmander la paresse,
Pour qu'elle use du temps pendant son court réveil. »

Nous allions, attentifs tous deux, par la vesprée,
En plongeant nos regards au loin dans la contrée,
A travers les rayons du soir tout radieux.

Voilà que par degrés, comme la nuit obscure,
S'amasse devant nous une fumée impure ;
Pour nous en garantir, nul abri dans ces lieux :

Nous perdîmes l'air pur et l'usage des yeux.

NOTES DU CHANT XV

¹ La troisième heure du matin.

² C'est-à-dire qu'il restait encore trois heures de jour.

³ Guido del Duca.

⁴ Car Virgile ne représente que la raison et la sagesse humaine. Ce qui est au-dessus est du ressort de Béatrice, c'est-à-dire de la science théologique, de la foi.

⁵ Paroles de Marie et de Joseph à Jésus enfant.

⁶ Athènes, à qui Minerve et Neptune voulaient tous les deux donner leur nom.

⁷ La femme de Pisistrate lui demande vengeance d'un jeune homme qui a embrassé sa fille.

⁸ C'est saint Étienne.

ARGUMENT DU CHANT XVI

Au milieu des tourbillons de fumée, les pécheurs qui purgent le péché de la colère chantent avec un accord parfait une hymne de douceur et de miséricorde : l'*Agnus Dei*. L'un d'eux, Marco le Lombard, s'entretient avec Dante et lui démontre le libre arbitre donné à l'homme et l'erreur de ceux qui croient à l'influence des astres sur les actions humaines. Il attribue à la confusion des pouvoirs spirituels et temporels une partie des maux qui désolent l'humanité.

CANTO DECIMOSESTO

Buio d' Inferno, e di notte privata
D' ogni pianeta sotto pover cielo,
Quant' esser può di nuvol tenebrata,

Non fero al viso mio sì grosso velo,
Come quel fummo, ch' ivi ci coperse,
Nè a sentir di così aspro pelo :

Chè l' occhio stare aperto non sofferse :
Onde la scorta mia saputa e fida
Mi s' accostò, e l' omero m' offerse.

Sì come cieco va dietro a sua guida
Per non smarrirsi, e per non dar di cozzo
In cosa, che 'l molesti, o forse ancida,

M' andavo io per l' aere amaro e sozzo,
Ascoltando 'l mio Duca, che diceva
Pur : Guarda, che da me tu non sie mozzo.

Io sentia voci, e ciascuna pareva
Pregar per pace, e per misericordia,
L' Agnèl di Dio, che le peccata leva.

Pure *Agnus Dei* eran le loro esordia :
Una parola era in tutti, e un modo,
Sì che parea tra esse ogni concordia.

CHANT SEIZIÈME

Les ombres de l'Enfer, des nuages funèbres,
Sous un ciel pauvre et nu, amassant leurs ténèbres
Dans une nuit profonde où nul astre ne rit,

N'avaient pas d'un tel voile assombri mon visage,
Ni fait par leur contact un aussi rude outrage
Que cet épais brouillard qui soudain nous couvrit.

De tenir l'œil ouvert je n'avais plus la force ;
Le compagnon fidèle à mon aide s'efforce
Et me tend son épaule en guise de confort.

Ainsi que pas à pas l'aveugle suit son guide,
De peur qu'il ne s'égare et qu'un choc homicide
Ne lui fasse en chemin éprouver mal ou mort,

Ainsi, par l'air souillé dont l'âcreté me blesse,
J'allais, suivant le mien qui répétait sans cesse
« A mes côtés, mon fils, reste bien attaché ! »

Puis j'entendis des voix qui semblaient dans l'espace
S'unir pour implorer le pardon et la grâce
De l'Agneau du Seigneur, rédempteur du péché.

Agnus Dei, c'était l'harmonieuse exorde.
Toutes semblaient prier sur une même corde,
Entre toutes l'accord semblait être parfait.

Quei sono spirti, Maestro, ch' i' odo?
Diss' io; ed egli a me: Tu vero apprendi,
E d' iracondia van solvendo 'l nodo.

Or tu chi se', che 'l nostro fummo fendi,
E di noi parli pur, come se tue
Partissi ancor lo tempo per calendi?

Così per una voce detto fue:
Onde 'l Maestro mio disse: Rispondi,
E dimanda se quinci si va sue.

Ed io: O creatura, che ti mondi,
Per tornar bella a Colui, che ti fece,
Maraviglia udirai, se mi secondi.

Io ti seguiterò quanto mi lece,
Rispose: e se veder fummo non lascia,
L' udir ci terrà giunti in quella vece.

Allora incominciai: Con quella fascia,
Che la morte dissolve, men' vo suso,
E venni quí per la 'nfernale ambascia:

E se Dio m' ha in sua grazia richiuso,
Tanto ch' e' vuol ch' io veggia la sua corte
Per modo tutto fuor del modern' uso,

Non mi celar chi fosti anzi la morte,
Ma dilmi, e dimmi s' io vo bene al varco,
E tue parole fien le nostre scorte.

Lombardo fui, e fui chiamato Marco:
Del mondo seppi, e quel valore amai,
Al quale ha or ciascun disteso l' arco:

Quels sont ces esprits-là que j'entends, dis-je, ô maître?
Et lui me répondit : « Apprends à les connaître :
Le nœud de la colère à leurs chants se défait. »

«Quel homme es-tu donc, toi qui fends notre atmosphère,
Et qui parles de nous comme si sur la terre
Par calendes encor tu calculais le temps? »

En ces mots une voix tout à coup me gourmande.
Sur quoi mon maître dit : « Réponds, et lui demande
Si par ici plus haut montent les pénitents. »

Et moi : « Toi qui gémis, créature imparfaite,
Pour retourner plus belle à Celui qui t'a faite,
Suis-moi, je t'apprendrai mon destin merveilleux. »

— « Autant qu'il m'est permis, je te suivrai, dit l'ombre,
Et si nous ne pouvons nous voir dans cet air sombre,
Nous unira l'oreille à défaut de nos yeux. »

Alors je commençai : « Je monte, avec ces langes
Que défera la mort, vers le séjour des anges.
Ici je suis venu par l'angoisse d'Enfer :

Et si dans sa bonté Dieu permet que je voie
Sa bienheureuse cour, en suivant une voie
Que l'on ne connaît plus dans ce siècle de fer [1],

Apprends-moi qui tu fus et dissipe mon doute :
Dis-moi si pour sortir je suis la bonne route ;
Ta réponse sera notre fil conducteur. »

L'ombre dit : « Je suis Marc, fils de la Lombardie.
J'étais expert du monde, et j'aimais dans la vie
Ces vertus qui n'ont plus, hélas, d'adorateur.

Per montar su, dirittamente vai :
Così rispose; e soggiunse; Io ti prego,
Che per me preghi quando su sarai.

Ed io a lui : Per fede mi ti lego
Di far ciò, che mi chiedi : ma io scoppio
Dentro ad un dubbio, s'i' non me ne spiego.

Prima era scempio, ed ora è fatto doppio
Nella sentenzia tua, che mi fa certo
Qui e altrove quello, ov' io l' accoppio.

Lo mondo è ben così tutto diserto
D' ogni virtute, come tu mi suone,
E di malizia gravido e coverto :

Ma prego, che m' additi la cagione,
Sì ch' io la vegga, e ch' io la mostri altrui :
Chè nel Cielo uno, e un quaggiù la pone.

Alto sospir, che duolo strinse in Hui,
Mise fuor prima : e poi cominciò : Frate,
Lo mondo è cieco : e tu vien' ben da lui :

Voi che vivete, ogni cagion recate
Pur suso al Cielo, sì come se tutto
Movesse seco di necessitate.

Se così fosse, in voi foro distruto
Libero arbitrio, e non fora giustizia
Per ben letizia, e per male aver lutto.

Lo Cielo i vostri movimenti inizia,
Non dico tutti : ma posto ch' io 'l dica,
Lume v' è dato a bene, ed a malizia :

Pour monter au sommet tu suis la bonne route. »
Ainsi l'ombre répond et suppliante ajoute :
« Quand tu seras en haut, daigne prier pour moi ! »

— « A servir ton souhait par serment je m'engage,
Répondis-je ; mais j'ai dans l'esprit un nuage
Qu'il faut qu'absolument j'éclaircisse avec toi.

Le doute m'assiégeait déjà, mais bien plus forte
Est mon incertitude, alors que je rapporte
Ce que tu viens de dire à ce qu'on m'a conté.

La vertu dans le monde a perdu son empire,
Et c'est avec raison que ton cœur en soupire ;
Il est gonflé de mal, couvert d'iniquité.

Mais la cause du mal, ah ! peux-tu me l'apprendre ?
Que je la voie et puisse à mon tour la répandre,
Car l'un la met au Ciel, l'autre la place en bas. »

L'ombre exhale un soupir de tristesse profonde,
Puis répond en ces mots : « Frère, aveugle est le monde,
Et tu viens bien de lui, tu ne le démens pas.

Vous, les vivants, cherchez dans le Ciel toute cause,
Comme s'il emportait dans son cours chaque chose,
En imprimant à tout un mouvement fatal.

S'il en était vraiment ainsi, le libre arbitre
En vous serait détruit ; mais alors à quel titre
Le bonheur pour le bien, les tourments pour le mal ?

Vos premiers mouvements, le Ciel vous les inspire,
Je ne dis pas tous, mais quand tous je devrais dire,
Du bien comme du mal vous avez la clarté

E libero voler; che se affatica
Nelle prime battaglie col Ciel dura,
Poi vince tutto, se ben si notrica.

A maggior forza, e a miglior natura
Liberi soggiacete, e quella cria
La mente in voi, che 'l Ciel non ha in sua cura.

Però se 'l mondo presente vi disvia,
In voi è la cagione, in voi si cheggia:
Ed io te ne sarò or vera spia.

Esce di mano a lui, che la vagheggia,
Prima che sia, a guisa di fanciulla,
Che piangendo, e ridendo pargoleggia,

L'anima semplicetta, che sa nulla,
Salvo, che mossa da lieto Fattore,
Volentier torna a ciò, che la trastulla.

Di picciol bene in pria sente sapore;
Quivi s'inganna, e dietro a esso corre,
Se guida, o fren non torce 'l suo amore.

Onde convenne legge per fren porre:
Convenne rege aver, che discernesse
Della vera cittade almen la torre.

Le leggi son, ma chi pon mano ad esse?
Nullo: perocchè 'l pastor, che precede,
Ruminar può, ma non ha l'unghie fesse:

Per che la gente, che sua guida vede
Pure a quel ben ferire, ond' ell' è ghiotta,
Di quel si pasce, e più oltre non chiede.

LE PURGATOIRE — CHANT XVI. 219

Et le libre vouloir, et quiconque travaille
A gagner sur le Ciel la première bataille,
Triomphera de tout avec la volonté.

Libres, vous dépendez, mais d'une force bonne,
D'un être souverain qui vous crée et vous donne
L'esprit qu'astres ni Ciel ne peuvent dominer.

C'est pourquoi, si le monde aujourd'hui périclite,
Cherchez la cause en vous : c'est en vous qu'elle habite,
Et la preuve je vais sur-le-champ la donner.

L'âme sort de la main de Dieu; le puissant Maître
Lui souriait avant que de lui donner l'être.
Comme une enfant qui joue en riant et pleurant,

Dans le monde elle vient toute neuve et simplette,
Elle sait seulement qu'un Dieu joyeux l'a faite
Et vers tout ce qui charme elle va se tournant.

Des plus fragiles biens d'abord elle s'enivre,
Et séduite par eux s'égare à les poursuivre,
Si nul guide ou nul frein ne conduit son amour.

Or, les lois sont ce frein qui contient et redresse :
Et les guides ce sont les rois dont la sagesse
De la cité de Dieu distingue au moins la tour [2].

Les lois existent, mais main-forte qui leur prête?
Personne : le pasteur qui marche seul en tête
Peut ruminer, mais il n'a pas les pieds fourchus [3].

Et le troupeau voyant ainsi son propre guide
Rechercher les vains biens dont lui-même est avide,
Se repaît de ces biens et ne quiert rien de plus.

Ben puoi veder, che la mala condotta
È la cagion, che 'l mondo ha fatto reo,
E non natura, che 'n voi sia corrotta.

Soleva Roma, che 'l buon mondo feo,
Duo Soli aver, che l' una e l' altra strada
Facean vedere, e del mondo, e di Deo.

L' un l' altro ha spento, ed è giunta la spada
Col pasturale, e l' uno e l' altro insieme,
Per viva forza mal convien che vada :

Perocchè giunti, l' un l' altro non teme.
Se non mi credi, pon mente alla spiga :
Ch' ogni erba si conosce per lo seme.

In sul paese, ch' Adige e Po riga,
Solea valore e cortesie trovarsi,
Prima che Federigo avesse briga ;

Or può sicuramente indi passarsi,
Per qualunque lasciasse per vergogna
Di ragionar co' buoni, o d' appressarsi.

Ben v' en tre vecchi ancora, in cui rampogna
L' antica età la nuova, e par lor tardo
Che Dio a miglior vita li ripogna ;

Currado da Palazzo, e 'l buon Gherardo,
E Guido da Castel, che me' si noma,
Francescamente, il semplice Lombardo.

Di' oggimai, che la chiesa di Roma,
Per confondere in sè duo reggimenti,
Cade nel fango, e sè brutta, e la soma.

Reconnais donc que c'est la mauvaise gouverne
Qui fait de votre monde une impure caverne,
Bien loin que par nature il soit si criminel.

Jadis, versant au monde et ses biens et ses joies,
Rome avait deux soleils pour éclairer deux voies :
Les chemins de la terre et la route du Ciel.

Des deux lumières, l'une est par l'autre obscurcie,
Au bâton pastoral l'épée est réunie,
Et joints par force ensemble ils vont de mal en pis,

Pour ce que joints ainsi, nul des deux ne craint l'autre.
Si tu ne me crois pas, examine l'épeautre :
On juge la semence en voyant les épis [4].

Aux bords que l'Éridan et que l'Adige baigne,
Valeur et courtoisie abritaient leur beau règne,
Avant que Frédéric pour l'empire eût lutté.

Quiconque maintenant, comme un vivant reproche,
Craindrait des gens de bien le commerce et l'approche,
Pourrait les parcourir en toute sûreté.

Des antiques vertus restés en témoignage,
Trois vieillards seuls font honte aux vices de notre âge ;
Vers un monde meilleur ils lèvent leur regard :

Conrad de Palazzo, le brave gentilhomme ;
Gérard, avec Guido de Castel, que l'on nomme
Encor mieux en français le simple et bon Lombard.

Proclame désormais que l'Église romaine,
Confondant deux pouvoirs, avec sa charge humaine,
A versé dans la boue et souillé son fardeau. »

O Marco mio, diss' io, bene argomenti·
Ed or discerno perchè dal retaggio
Li figli di Levì furono esenti.

Ma qual Gherardo è quel, che tu, per saggio
Di' ch' è rimaso della gente spenta,
In rimproverio del secol selvaggio?

O tuo parlar m' inganna, o el mi tenta,
Rispose a me, che parlandomi tosco,
Par che del buon Gherardo nulla senta.

Per altro soprannome i' nol conosco,
S' io nol togliessi da sua figlia Gaia.
Dio sia con voi, chè più non vegno vosco.

Vedi l' albor, che per lo fummo raia,
Già biancheggiare: e me convien partirmi;
L' angelo è ivi, prima ch' egli paia:

Così parlò, e più non volle udirmi.

— « O cher Marc, dis-je alors, tu parles comme un sage.
Je comprends maintenant pourquoi de l'héritage
Les enfants de Lévi n'eurent aucun morceau [5].

Mais quel est ce Gérard, que tu nous représentes
Comme un débris vivant des vertus précédentes,
Pour servir de reproche au siècle de Satan? »

— « Prétends-tu me tromper ou m'éprouver peut-être,
Répondit l'ombre, toi qui ne veux rien paraître
Savoir du bon Gérard et qui parles toscan?

Je ne lui connais pas d'autre surnom sur terre,
A moins de l'emprunter à Gaïe [6] : il est son père.
Mais Dieu soit avec vous! il me faut m'arrêter.

Vois le jour à travers le brouillard qui s'écarte
Projeter ses blancheurs. Il faut qu'ores je parte ;
L'ange vient, et je dois sur-le-champ vous quitter. »

Ainsi dit l'ombre et plus ne voulut m'écouter.

NOTES DU CHANT XVI

¹ D'autres ont fait, dans les temps anciens, ce voyage surnaturel, tels que saint Paul et Énée. Dante a parlé de ce voyage au chant II de l'Enfer et c'est à lui qu'il fait allusion ici. Ce qui n'empêche pas M. Aroux de s'écrier, en perdant la mémoire : « Dans quel temps de l'antiquité était-il d'usage de visiter l'autre monde? Et ce trop ingénieux commentateur, qui veut à toute force un Dante hérétique, imagine sur-le-champ que Dante tient ici à constater « que c'est en dehors de l'usage moderne, *fuor del modern' uso*, qu'il traite de l'initiation dans un poëme en apparence catholique, donnant ainsi à comprendre qu'il s'agit conformément à l'usage antique et marche sur les traces des anciens chantres des mystères : Orphée, Homère, Hésiode, Virgile (Virgile ! c'est écrit), dont les compatriotes récitaient les vers *sans en comprendre le sens secret*. » Voilà assurément une explication fort subtile et mille fois plus savante que la nôtre : mais le lecteur reconnaîtra que la nôtre a l'avantage de dispenser de l'autre.

² La tour de la cité de Dieu c'est la justice; elle est le fondement des autres vertus sociales.

³ Le pasteur du troupeau chrétien peut ruminer, c'est-à-dire préparer l'aliment spirituel, car il a la sagesse doctrinale; mais comme il confond dans sa main deux pouvoirs qu'il devrait partager, le spirituel et le temporel, il n'a pas l'ongle fendu. Or, d'après la loi de Moïse, les ruminants qui n'ont pas l'ongle fendu sont impurs (Lévitique).

⁴ *A fructibus eorum cognoscetis eos* (Matth. VII, 20).

⁵ La tribu de Lévi, exclusivement sacerdotale, n'eut point de part dans la distribution qui fut faite de la terre de Chanaan. Le poëte cherche dans ce fait une consécration de la séparation des deux pouvoirs spirituel et temporel.

⁶ C'était, dit Grangier, un grand miroir de chasteté.

ARGUMENT DU CHANT XVII

Les poëtes sortent du brouillard et de la fumée. Dante voit en imagination divers exemples de violence et de colère. Un ange les tire encore du cercle des colériques et leur indique une montée qui les conduit au cercle supérieur. La nuit est arrivée. Dante s'arrête. Virgile lui apprend qu'il est au cercle des paresseux, de ceux qui furent tièdes dans l'amour du bien, et lui démontre que bonnes et mauvaises œuvres, tout procède de l'amour. Nous péchons en effet par l'amour du mal du prochain, expié dans les trois premiers cercles, ou par l'amour du bien trop lent à la tâche expié dans ce quatrième cercle, ou par l'amour du bien mal dirigé qu'on verra expier dans les trois cercles suivants.

CANTO DECIMOSETTIMO

Ricorditi, lettor, se mai nell' alpe
Ti colse nebbia, per la qual vedessi
Non altrimenti, che per pelle talpe:

Come quando i vapori umidi e spessi
A diradar cominciansi, la spera
Del Sol debilemente entra per essi:

E fia la tua immagine leggiera
In giungere a veder, com' io rividi
Lo Sole in pria, che già nel corcare era.

Sì parreggiando i miei cò' passi fidi
Del mio Maestro uscii fuor di tal nube,
A' raggi morti già ne' bassi lidi.

O immaginativa, che ne rube
Tal volta sì di fuor, ch' uom non s' accorge,
Per che d' intorno suonin mille tube,

Chi muove te, se 'l senso non ti porge?
Muoveti lume, che nel Ciel s' informa,
Per sè, o per voler, che giù lo scorge.

Dell' empiezza di lei, che mutò forma
Nell' uccel, che a cantar più si diletta,
Nell' immagine mia apparve l' orma.

CHANT DIX-SEPTIÈME

O lecteur, si jamais dans les Alpes neigeuses
Tu fus enveloppé de vapeurs orageuses
Qui d'une taie épaisse obscurcissaient tes yeux,

Ressouviens-toi comment, lorsque le voile humide
Commence à s'éclaircir, faible encore et timide,
Entre et glisse au travers la lumière des cieux.

Et tu pourras te faire une légère image
De ce que j'éprouvai, quand, perçant le nuage,
Je revis le soleil tout près de se coucher.

Ainsi réglant mes pas sur celui qui m'entraîne
Aux rayons pâlissants déjà morts dans la plaine,
Je sortis du brouillard et me mis à marcher.

Imagination ! qui hors de nous nous jettes,
Et qui peux étouffer le bruit de cent trompettes,
Quand tu tiens un mortel sous ton pouvoir ployé,

Sans le secours des sens quelle force t'anime ?
Tu te meus d'un éclair qui dans le ciel sublime
S'allume de lui-même, ou descend envoyé.

Tout à coup, en esprit je crus voir Philomèle
Expiant devant moi sa fureur criminelle
Et changée en l'oiseau qui se plaît à chanter.

E qui fu la mia mente sì ristretta
Dentro da sè, che di fuor non venia
Cosa, che fosse ancor da lei recetta.

Poi piovve dentro all' alta fantasia
Un crocifisso dispettoso e fiero
Nella sua vista, e cotal si moria:

Intorno ad esso era 'l grande Assuero,
Ester sua sposa, e 'l giusto Mardocheo,
Che fu al dire e al far così 'ntero.

E come questa immagine rompeo
Sè per sè stessa, a guisa d' una bulla,
Cui manca l' acqua, sotto qual si feo,

Surse in mia visione una fanciulla,
Piangendo forte, e diceva: O regina,
Perchè per ira hai voluto esser nulla?

Ancisa t' hai per non perder Lavina:
Or m' hai perduta: i' sono essa, che lutto,
Madre, alla tua pria ch' all' altrui ruina.

Come si frange il sonno, ove di butto
Nuova luce percuote 'l viso chiuso,
Che fratto guizza, pria che muoia tutto:

Così l' imaginar mio cadde giuso
Tosto che 'l lume il volto mi percosse
Maggiore assai, che quel ch' è in nostr' uso.

I' mi volgea per veder ov' io fosse,
Quand' una voce disse: Qui si monta:
Che da ogni altro intento mi rimosse:

De cette vision mon âme possédée
Si fort se concentra dedans sa propre idée,
Que rien des sens alors ne pouvait l'affecter.

Et puis, de mon esprit fantastique mirage !
Je vis un homme en croix, farouche de visage,
Plein de dédains : la mort ne semblait l'ébranler [1].

Le grand Assuérus se tenait là tout proche,
Et son épouse Esther et le juste Mardoche,
Qui sut également bien agir et parler.

Et l'image s'étant elle-même brisée,
Évanouie ainsi que la bulle irisée,
Quand l'eau qui la forma soudain vient à tarir,

Dans mon rêve surgit une enfant jeune et belle ;
Elle était tout en pleurs : « Ô reine, disait-elle,
Pourquoi dans ta colère as-tu voulu mourir ?

Tu péris pour ne pas perdre ta Lavinie.
Pourtant tu m'as perdue, et c'est, mère chérie,
Ta mort, ta mort à toi que pleurer il fallait [2] ! »

Comme le sommeil fuit lorsque quelque lumière
De soudaines clartés frappe notre paupière,
Comme il lutte et se trouble avant l'éveil complet,

Ainsi s'évanouit cette image dernière,
Quand d'un éclat plus vif que les feux de la terre,
Une clarté subite en face me frappa.

Je me tournai pour voir où j'étais, plein de doute.
Soudain une voix dit : « Montez, voici la route ! »
De toute autre pensée elle me détourna.

E fece la mia voglia tanto pronta
Di riguardar chi era, che parlava,
Che mai non posa, se non si raffronta. .

Ma come al Sol, che nostra vista grava
E per soverchio sua figura vela,
Così la mia virtù quivi mancava.

Questi è divino spirito, che ne la
Via d' andar su ne drizza senza prego,
E col suo lume se medesmo cela.

Sì fa con noi, come l' uom si fa sego :
Chè quale aspetta prego, e l' uopo vede,
Malignamente già si mette al nego :

Ora accordiamo a tanto invito il piede :
Procacciam di salir pria che s' abbui ;
Chè poi non si poría, se 'l dì non riede :

Così disse 'l mio Duca : ed io con lui
Volgemmo i nostri passi ad una scala :
E tosto ch' io al primo grado fui,

Sentiimi presso quasi un muover d'ala,
E ventarmi nel volto, e dir : *Beati
Pacifici*, che son senza ira mala.

Già eran sopra noi tanto levati
Gli ultimi raggi che la notte segue,
Che le stelle apparivan da più lati.

O virtù mia, perchè sì ti dilegue ?
Fra me stesso dicea, che mi sentiva
La possa delle gambe posta in tregue.

Je brûlai sur-le-champ du désir de surprendre
Qui proférait ces mots que je venais d'entendre
Et n'eus de cesse avant que de le découvrir.

Mais comme aux feux d'un jour dont l'éclat nous accable,
Et qui s'en fait lui-même un voile impénétrable,
Je sentis aussitôt ma force défaillir.

« C'est là l'esprit divin, dont la tendre lumière
N'a point pour nous guider besoin d'une prière;
L'éclat de sa splendeur le dérobe au regard.

Il est courtois pour nous comme on l'est pour soi-même,
Car l'homme qui, témoin d'une détresse extrême,
Attend d'être prié, refusera plus tard.

Orès à son appel hâtons-nous de nous rendre
Et montons, car la nuit venant à nous suprendre,
Nous ne le pourrions plus avant le jour suivant. »

Ainsi parle mon guide et soudain me précède.
Nous tournâmes nos pas vers un escalier raide :
Au premier échelon à peine en arrivant,

Je sentis près de moi comme un battement d'ailes
Et sur ma face un souffle et des voix dire entre elles :
« Heureux le pacifique, exempt de noir courroux [3] ! »

Et déjà se levaient bien haut sur notre tête
Les rayons précurseurs de la nuit qui s'apprête,
Et dans les cieux déjà brillaient les astres doux.

Hélas, ma force usée en ce besoin me laisse !
Me disais-je à part moi, soudain pris de faiblesse
Et sentant mes genoux fléchir malgré l'effort.

Noi eravam, dove più non saliva
La scala su, ed eravamo affissi,
Pur come nave, ch' alla piaggia arriva :

Ed io attesi un poco s' io udissi
Alcuna cosa nel nuovo girone :
Poi mi rivolsi al mio Maestro, e dissi :

Dolce mio padre, di' quale offensione
Si purga qui nel giro, dove semo?
Se i piè si stanno, non stea tuo sermone.

Ed egli a me : L' amor del bene scemo
Di suo dover, quiritta si ristora :
Qui ribatte 'l mal tardato remo.

Ma perchè più aperto intendi ancora,
Volgi la mente a me, e prenderai
Alcun buon frutto di nostra dimora.

Nè creator, nè creatura mai,
Cominciò ei, figliuol, fu senza amore,
O naturale, o d' animo; e tu 'l sai.

Lo natural fu sempre senza errore :
Ma l' altre puote errar per malo obbietto
O per troppo, o per poco di vigore.

Mentre ch' egli è ne' primi ben diretto,
E ne' secondi sè stesso misura,
Esser non può cagion di mal diletto.

Ma quando al mal si torce, o con più cura,
O con men, che non dee, corre nel bene,
Contra 'l Fattore adopra sua fattura.

Nos pieds de l'escalier enfin touchent le faîte,
Et là chacun de nous immobile s'arrête
Comme un vaisseau lassé qui vient toucher le bord.

Je prêtai quelque temps une oreille attentive,
Interrogeant les bruits de ce cercle où j'arrive,
Puis je me retournai vers mon maître, en disant :

« O doux père, apprends-moi quelle offense les hommes
Sont contraints de purger dans ce cercle où nous sommes?
Laisse aller tes discours, mon père, en t'arrêtant. »

Il répondit : « L'amour du bien tiède à la tâche
Se retrempe en ces lieux, et sans plus de relâche
Le rameur indolent doit battre encor les flots.

Mais pour que mon penser se fasse mieux connaître,
Prête-moi bien l'oreille, et tu pourras peut-être
Recueillir un bon fruit de notre court repos.

Mon fils, au Créateur comme à la créature
(Qu'il vienne de l'esprit ou bien de la nature),
Jamais ne fait défaut l'amour, bien tu le sais.

Pour l'amour naturel, impossible qu'il erre ;
Mais l'amour réfléchi peut pécher au contraire
Par l'objet, par trop peu d'ardeur, ou par excès.

Aux principaux des biens toutes fois qu'il s'adresse
Et dans les moindres sait mesurer sa tendresse,
D'aucun plaisir coupable il ne devient l'auteur ;

Mais dès qu'il tourne au mal, ou qu'au bien il s'élance
Avec trop de désordre ou trop de nonchalance,
La créature agit contre le Créateur.

Quinci comprender puoi, ch' esser conviene
Amor sementa in voi d'ogni virtute,
E d'ogni operazion, che merta pene.

Or perchè mai non può dalla salute
Amor del suo soggetto volger viso,
Da l' odio proprio son le cose tute :

E perchè intender non si può diviso,
Nè per sè stante, alcuno esser del primo,
Da quello odiare ogni affetto è deciso.

Resta, se dividendo bene stimo,
Che 'l mal, che s' ama, è del prossimo : ed esso
Amor nasce in tre modi in vostro limo.

È chi per esser suo vicin soppresso,
Spera eccellenza, e sol per questo brama,
Ch' el sia di sua grandezza in basso messo :

È chi podere, grazia, onore, e fama
Teme di perder, per ch' altri sormonti,
Onde s' attrista sì, che 'l contrario ama :

Ed è chi per ingiuria par ch' adonti,
Sì che si fa della vendetta ghiotto ;
E tal convien, che 'l male altrui impronti.

Questo triforme amor quaggiù disotto
Si piange : or vo', che tu dell' altro intende,
Che corre al ben con ordine corrotto.

Ciascun confusamente un bene apprende,
Nel qual si queti l' animo, e desira :
Per che di giugner lui ciascun contende.

De là tu peux déjà tirer la conséquence
Que de toute vertu l'amour est la semence,
Comme de tout péché que le Ciel doit punir.

Or, comme de l'amour le pôle invariable,
C'est le bien du sujet qui d'amour est capable,
Aucun être ne peut lui-même se haïr.

Et nul ne se pouvant concevoir solitaire,
Existant détaché de l'Être nécessaire,
On ne peut point haïr cet Être souverain.

Donc le mal du prochain est le mal que l'on aime ;
Et ce coupable amour, si juste est mon système,
Pousse de trois façons sur le limon humain.

Tel espère élever sa gloire ou son empire
Sur la ruine d'un autre, et dans ce but soupire
Pour que de sa grandeur il soit précipité.

Tel redoute de perdre honneur, renom, puissance,
Si quelque autre en avait aussi la jouissance,
Et forme un vœu contraire en son cœur attristé.

Un troisième, saignant de quelque amer outrage,
Brûle de se venger ; il faut que dans sa rage
Il poursuive à tout prix le mal de son prochain.

Ce triple amour du mal ici-dessous se pleure [4].
Or, parlons de l'amour dont j'ai dit tout à l'heure
Que vers le bien il court, mais sans règle et sans frein.

Chacun confusément conçoit un bien suprême
Où l'âme se repose, et le désire et l'aime,
Et ce bien chacun peine afin de l'acquérir.

Se lento amore in lui veder vi tira,
O a lui acquistar, questa cornice
Dopo giusto pentir ve ne martira.

Altro ben' è, che non fa l' uom felice:
Non è felicità, non è la buona
Essenzia d' ogni ben frutto e radice:

L' amor, ch' ad esso troppo s' abbandona,
Di sovra a noi si piange per tre cerchi:
Ma, come tripartito si ragiona

Tacciolo, acciocchè tu per te ne cerchi.

Si trop lent est l'amour qui vers le bien s'élance
Pour le voir ou l'atteindre, après la repentance,
C'est dans ce cercle-ci ⁵ que l'homme doit souffrir.

Il est un autre bien qui ne rend heureux l'homme ;
Ce n'est pas le bonheur, ce n'est pas ce qu'on nomme
L'essence, la racine et le fruit de tout bien.

L'amour qui s'abandonne à lui sans tempérance
Dans trois cercles divers ⁶ là-haut est en souffrance.
Comment il se divise en trois, logicien !

A toi de le chercher ; pour ce, je n'en dis rien. »

NOTES DU CHANT XVII

¹ Le farouche Aman, attaché à la croix qu'il avait préparée pour Mardochée.

² Lavinie, fille du roi Latinus et de la reine Amata, promise à Turnus. Amata, croyant Turnus mort et craignant de perdre sa fille si elle devenait l'épouse d'Énée, céda à un furieux désespoir et se pendit.

³ *Beati pacifici!* (Évangile, Sermon sur la montagne.)

⁴ Dans le cercle expiatoire de l'orgueil, dans celui de l'envie et dans celui de la colère.

⁵ Dans le cercle des paresseux, des tièdes, où Dante et Virgile sont arrivés.

⁶ Dans trois cercles où s'expient la gourmandise, l'avarice et la luxure.

ARGUMENT DU CHANT XVIII

Virgile continue ses explications sur l'amour et montre à Dante la responsabilité de l'homme dérivant de sa liberté. Rencontre des âmes qui courent dans le cercle, rachetant par une ferveur et un zèle extrême leur tiédeur et leur indolence passées. Deux d'entre elles courent en avant de la bande et l'exhortent en lui rappelant de grands exemples de zèle ; deux autres ferment la marche et aiguillonnent les traînards en leur montrant par des exemples les tristes fruits de la paresse dans le bien. Dante s'abandonne à la rêverie et finit par s'endormir.

CANTO DECIMOOTTAVO

Posto avea fine al suo ragionamento
L' alto Dottore, e attento guardava
Nella mia vista, s' io parea contento:

Ed io, cui nuova sete ancor frugava,
Di fuor taceva, e dentro dicea: Forse
Lo troppo dimandar, ch' io fo, gli grava.

Ma quel Padre verace, che s' accorse
Del timido voler, che non s' apriva,
Parlando di parlare ardir mi porse.

Ond' io: Maestro, il mio veder s' avviva
Sì nel tuo lume, ch' io discerno chiaro
Quanto la tua ragion porti, o descriva.

Però ti prego, dolce Padre caro,
Che mi dimostri amore, a cui riduci
Ogni buono operare, e 'l suo contraro.

Drizza, disse, ver me l' acute luci
Dello 'ntelletto, e fieti manifesto
L' error de' ciechi, che si fanno duci.

L' animo, ch' è creato ad amar presto,
Ad ogni cosa è mobile, che piace,
Tosto che dal piacere in atto è desto.

CHANT DIX-HUITIÈME

Il avait achevé son discours, le grand sage,
Et d'un œil attentif observait mon visage,
Comme pour y juger de mes impressions :

Et moi, qu'aiguillonnait derechef soif extrême,
Je demeurais muet, me disant en moi-même :
Ne le fatiguons pas d'interrogations.

Mais il s'aperçut bien, ce père vraiment tendre,
Du désir que ma voix n'osait lui faire entendre,
Et, parlant le premier, m'enhardit à parler.

« Ô maître, à tes clartés, dis-je, mon œil s'éveille,
Et je sens que déjà je pénètre à merveille
Tout ce que ta raison veut bien me révéler.

C'est pourquoi je t'en prie, ô mon cher, mon doux père,
Définis-moi l'amour, cette source première
Du bien comme du mal dont nous sommes auteurs ! »

— « Élève et tiens fixé sur moi, me dit le maître,
L'œil perçant de l'esprit : je te ferai connaître
L'aveuglement de ceux qui se font vos pasteurs.

Votre âme pour l'amour créée et destinée
Est par tout ce qui plaît promptement entraînée
Sitôt qu'elle s'éveille à l'attrait du plaisir.

Vostra apprensiva da esser verace
Tragge intenzione, e dentro a voi la spiega,
Sì che l'animo ad essa volger face.

E se rivolto in ver di lei si piega,
Quel piegare è amor, quello è natura,
Che per piacer di nuovo in voi si lega.

Poi come 'l fuoco muovesi in altura,
Per la sua forma, ch' è nata a salire,
Là dove più in sua materia dura :

Così l'animo preso entra in disire
Ch' è moto spiritale, e mai non posa,
Fin che la cosa amata il fa gioire.

Or ti puote apparer, quand' è nascosa
La veritade alla gente, ch' avvera
Ciascuno amore in se laudabil cosa :

Perocchè forse appar la sua matera
Sempr' esser buona : ma non ciascun segno
È buono, ancor che buona sia la cera.

Le tue parole, e 'l mio seguace ingegno,
Risposi lui, m' hanno amor discoverto :
Ma ciò m' ha fatto di dubbiar più pregno.

Chè s' amore è di fuore a noi offerto,
E l'anima non va con altro piede,
Se dritto, o torto va, non è suo merto.

Ed egli a me : Quanto ragion qui vede,
Dir ti poss' io : da indi in là t' aspetta
Pure a Beatrice ; ch' è opra di fede.

De la réalité, votre imaginative
Trace en vous un dessin plus grand qui vous captive.
L'âme tout aussitôt s'en laisse divertir.

Penche-t-elle à l'objet, dans une extase extrême?
Ce penchant, c'est l'amour, c'est la nature même
Qui vous offre l'attrait du plaisir pour aimant.

Puis, ainsi que le feu qui vers le ciel aspire
Et qui monte en vertu de sa forme qu'attire
Le foyer où le mieux dure son élément [1],

L'âme éprise entre alors en désir de son rêve,
Essor spirituel qui n'a repos ni trêve,
Jusqu'à la possession de l'objet désiré.

Or, déjà tu peux voir combien est illusoire
L'opinion de ceux qui voudraient faire croire
Que tout amour mérite en soi d'être honoré,

Pour ce que son essence est bonne par nature.
Car le cachet n'est pas toujours bon d'aventure,
Lors même que la cire est de toute bonté. »

— « Tes explications que l'esprit aime à suivre,
Dis-je, m'ont dévoilé l'amour qui nous enivre,
Mais de doutes nouveaux je me sens agité.

Si l'amour s'offre à nous du dehors, et si l'âme
N'a pas d'autre mobile, où que tende sa flamme,
On ne peut l'accuser, puisqu'elle suit sa loi. »

— « Tout ce que sur ce point la raison manifeste,
Je puis te l'expliquer, me dit-il; pour le reste,
N'attends que Béatrix, car c'est œuvre de foi.

Ogni forma sustanzïal, che setta
È da materia, ed è con lei unita,
Specifica virtude ha in se colletta,

La qual senza operar non è sentita,
Nè si dimostra ma che per effetto,
Come per verdi fronde in pianta vita:

Però, là onde vegna lo 'ntelletto
Delle prime notizie, uomo non sape,
E de' primi appetibili l' affetto,

Che sono in voi, sì come studio in ape
Di far lo mele: e questa prima voglia
Merto di lode, o di biasmo non cape.

Or perchè a questa ogni altra si raccoglia,
Innata v' è la virtù, che consiglia,
E dell' assenso de' tener la soglia.

Quest' è 'l principio, là onde si piglia
Cagion di meritare in voi, secondo
Che buoni e rei amori accoglie e viglía.

Color, che ragionando andaro al fondo,
S' accorser d' esta innata libertate:
Però moralità lasciaro al mondo.

Onde pogniam, che di necessitate
Surga ogni amor, che dentro a voi s' accende,
Di ritenerlo è in voi la potestate.

La nobile virtù Beatrice intende,
Per lo libero arbitrio, e però guarda,
Che l' abbi a mente, s' a parlar ten' prende.

Toute forme, j'entends forme substantielle,
Distincte de matière et liée avec elle,
Contient une vertu spécifique en son sein

Que l'on ne peut sentir, hormis quand elle opère.
On la juge à l'effet, comme un arbre prospère
Fait juger de sa séve à son feuillage sain.

Des principes premiers d'où vient la connaissance?
L'homme ne le sait pas, ni comment prend naissance
Ce penchant si puissant des premiers appétits.

Comme l'instinct du miel qui naît avec l'abeille,
Ils sont innés en vous : mais chaque instinct sommeille,
Indigne de louange, indigne de mépris.

Or, comme tout dépend de la pente première,
Innée est en vos cœurs la raison conseillère
Qui du consentement semble garder le seuil.

C'est cette faculté qui vous fait responsables
Et qui de mériter peut vous rendre capables,
Triant l'amour mauvais, au bon faisant accueil.

Les sages, dont l'esprit a sondé ces problèmes,
Ont bien vu ce choix libre au dedans de vous-mêmes,
Et pour ce la morale au monde ils ont donné.

Donc, quand il serait vrai que l'amour, vive flamme,
Prendrait fatalement naissance dans votre âme,
Il peut être par vous librement refréné.

Sublime faculté que Béatrice appelle
Libre arbitre ! Prends soin d'y songer auprès d'elle,
Si plus tard elle vient à t'en entretenir. »

La Luna quasi a mezza notte tarda
Facea le stelle a noi parer più rade,
Fatta com' un secchion, che tutto arda.

E correa contra 'l Ciel, per quelle strade,
Che 'l Sole infiamma allor, che quel da Roma
Tra' Sardi e Corsi il vede quando cade:

E quell' Ombra gentil, per cui si noma
Pietola più che villa Mantovana,
Del mio carcar diposto avea la soma:

Perch' io, che la ragione aperta e piana
Sovra le mie questioni avea ricolta,
Stava com' uom, che sonnolento vana.

Ma questa sonnolenza mi fu tolta
Subitamente da gente, che dopo
Le nostre spalle a noi era già volta.

E quale Ismeno già vide ed Asopo,
Lungo di sè di notte furia e calca,
Pur che i Teban di Bacco avessero uopo;

Tale, per quel giron suo passo falca,
Per quel ch' io vidi di color venendo,
Cui buon volere, e giusto amor cavalca.

Tosto fur sovra noi: perchè correndo
Si movea tutta quella turba magna:
E duo dinanzi gridavan piangendo:

Maria corse con fretta alla montagna:
E Cesare per suggiogare Ilerda,
Punse Marsilia, e poi corse in Ispagna.

Comme un bassin de feu dans l'atmosphère brune
Apparaissait tardive en pleine nuit la lune,
Faisant à l'horizon tous les astres pâlir ².

Elle allait dans le ciel, éclairant la campagne
Qu'embrase le soleil, lorsque, de la Romagne,
Entre Corse et Sardaigne, on le voit se couchant.

Et le gentil esprit, à qui l'humble bourg d'Ande ³
Doit un nom plus fameux que Mantoua la grande,
M'avait débarrassé de mon doute pesant.

A ces amples raisons que donnait le poëte,
Les nuages obscurs s'effaçaient de ma tête,
Et comme un songe-creux je restais à rêver.

Je fus soudain tiré de cette somnolence
Par des gens qui vers nous venaient en diligence
Et que sur nos talons je voyais arriver.

Comme à leurs bords jadis et l'Asope et l'Ismène
Voyaient courir, la nuit, des bandes hors d'haleine ⁴,
Quand des dons de Bacchus Thèbes avait besoin ;

Dans ce cercle nouveau couraient de même sorte
Tous ceux qu'un bon vouloir, qu'un juste amour emporte,
A juger du galop qui m'eut là pour témoin.

Tous se précipitant, la troupe tout entière
Nous eut en un clin d'œil atteints dans la carrière ;
Deux esprits précédaient et criaient en pleurant :

« Marie en grande hâte alla vers la montagne ⁵.
César pour prendre Ilerde accourait en Espagne
Et renversait les murs de Marseille en courant.

Ratto ratto, chè 'l tempo non si perda
Per poco amor, gridavan gli altri appresso,
Chè studio di ben far grazia rinverda.

O gente, in cui fervore acuto adesso
Ricompie forse negligenza e 'ndugio
Da voi per tiepidezza in ben far messo:

Questi, che vive (e certo io non vi bugio),
Vuole andar su, purchè 'l Sol ne riluca:
Però ne dite, ond' è presso 'l pertugio:

Parole furon queste del mio Duca:
E un di quegli spiriti disse: Vieni
Diretr' a noi, che troverai la buca.

Noi siam di voglia a muoverci sì pieni,
Che ristar non potem: però perdona,
Se villania nostra giustizia tieni.

I' fui abate in San Zeno a Verona,
Sotto lo 'mperio del buon Barbarossa,
Di cui dolente ancor Melan ragiona:

E tale ha già l' un piè dentro la fossa,
Che tosto piangerà quel monistero,
E tristo fia d' avervi avuta possa;

Perchè suo figlio mal del corpo intero,
E della mente peggio, e che mal nacque,
Ha posto in luogo di suo pastor vero.

Io non so, se più disse, o s' ei si tacque,
Tant' era già di là da noi trascorso:
Ma questo 'ntesi, e ritener mi piacque.

— « Ne perdons pas de temps, et vite, et vite, et vite !
De l'ardeur! s'écriaient les autres à la suite,
La grâce refleurit par le zèle du bien. »

— « O vous chez qui sans doute une ferveur ardente
Rachète les lenteurs, la tiédeur indolente,
Que vous mîtes jadis au bien que Dieu prescrit !

Cet homme, homme vivant sur ma foi ! veut encore
Demain monter plus haut, au retour de l'aurore.
C'est pourquoi montrez-nous le plus prochain pertuis ! »

En ces mots aux esprits avait parlé mon guide.
A quoi l'un des coureurs de la bande rapide :
« Marche derrière nous, et tu trouveras l'huis.

Le désir d'avancer si fort nous aiguillonne
Que nous ne pouvons pas nous arrêter : Pardonne :
Un zèle pénitent, est-ce inurbanité ?

Je fus de San-Zénon et dans Vérone abbate,
Sous l'empire du bon Barberousse : une date
Dont Milan s'entretient encor tout attristé [6].

Et tel qui déjà touche à la tombe, sous terre
Dans peu de temps pourra pleurer ce monastère,
Ainsi que le pouvoir dont il fut détenteur,

Pour l'avoir, au mépris du pasteur légitime,
Fait passer à son fils, un bâtard, fruit du crime,
Difforme, affreux de corps et plus hideux de cœur [7]. »

Je ne sais s'il en dit encore davantage :
Il était loin de nous déjà ; mais au passage,
Ce que j'avais ouï, je le notai joyeux.

E quei, che m'era ad ogni uopo soccorso,
Disse: Volgiti in qua: vedine due
All'accidia venir dando di morso.

Diretro a tutti dicean: Prima fue
Morta la gente, a cui 'l mar s'aperse,
Che vedesse Giordan le rede sue.

E quella, che l'affanno non sofferse
Fino alla fine col figliuol d'Anchise,
Sè stessa a vita senza gloria offerse.

Poi quando fur da noi tanto divise
Quell'ombre, che veder più non potersi,
Nuovo pensier dentro da me si mise,

Del qual più altri nacquero e diversi:
E tanto d'uno in altro vaneggiai,
Che gli occhi per vaghezza ricopersi,

E 'l pensamento in sogno trasmutai.

Mon protecteur alors, infatigable garde,
Me dit : « De ce côté tourne les yeux, regarde
Ce couple qui vient là mordre les paresseux ! »

Derrière les traînards deux s'écriaient : « Courage !
Avant que du Jourdain ils aient vu l'héritage,
Beaucoup pour qui la mer[8] s'ouvrit n'existaient plus.

Et ceux qui jusqu'au bout, brisés de lassitude,
N'ont pu suivre le fils d'Anchise au chemin rude,
Se sont de leur plein gré d'heur et de gloire exclus ! »

Quand j'eus vu les esprits loin de nous disparaître,
Si loin qu'on ne pouvait déjà les reconnaître,
Une étrange pensée en mon esprit germa,

Cette pensée en fit plusieurs autres éclore
Qui m'en firent surgir de nouvelles encore.
Songeant ainsi, mon œil par degrés se ferma,

Et ma pensée en rêve alors se transforma.

NOTES DU CHANT XVIII

¹ Au ciel de la lune, suivant l'opinion alors admise, que le feu y a sa sphère et s'y conserve mieux par conséquent. Les anciens ignoraient la pesanteur de l'air et supposaient que le feu par sa nature est poussé à monter.

² Quand Dante a commencé son voyage, la lune était dans son plein. Se levant alors tous les soirs après le coucher du soleil et chaque soir plus tard de près d'une heure, elle devait, le cinquième jour, se lever presque au milieu de la nuit.

³ Dans le texte *Pietola*, anciennement appelé Andes, petit bourg près de Mantoue, où naquit Virgile.

⁴ Les Thébains, pour se rendre Bacchus propice, couraient le long de ces deux fleuves avec des flambeaux allumés, en invoquant le dieu.

⁵ Allusion à la visite de la Vierge à sainte Élisabeth.

⁶ *Bon*, épithète ironique, car Barberousse fit raser Milan en 1162.

⁷ Albert della Scala, seigneur de Vérone, investit d'autorité un de ses bâtards de l'abbaye de San-Zénon.

⁸ La mer Rouge.

ARGUMENT DU CHANT XIX

Vision de Dante. Il voit en songe deux femmes : l'une, sirène trompeuse, représente les faux biens de la terre, dont l'amour se pleure dans les trois cercles supérieurs du Purgatoire où Dante va entrer ; l'autre personnifie les vrais biens : la vérité et la vertu. Introduction des voyageurs dans le cinquième cercle, où les avares gisent prosternés contre terre, expiant leur péché dans la poussière et les larmes. Rencontre du pape Adrien V.

CANTO DECIMONONO

Nell' ora, che non può 'l calor diurno
Intiepidar più 'l freddo della Luna,
Vinto da terra, o talor da Saturno:

Quando i Geomanti lor Maggior Fortuna
Veggiono in oriente, innanzi all' alba,
Surger per via, che poco le sta bruna;

Mi venne in sogno una femmina balba,
Negli occhi guercia, e sovra i piè distorta,
Con le man monche, e di colore scialba.

Io la mirava: e come 'l Sol conforta
Le fredde membra, che la notte aggrava,
Così lo sguardo mio le facea scorta

La lingua, e poscia tutta la drizzava
In poco d' ora: e lo smarrito volto,
Come amor vuol, così le colorava.

Poi ch' ell' avea il parlar così disciolto,
Cominciava a cantar, sì che con pena
Da lei avrei mio intento rivolto.

Io son, cantava, io son dolce Sirena,
Che i marinari in mezzo 'l mar dismago,
Tanto son di piacere sentir piena.

CHANT DIX-NEUVIÈME

A cette heure avancée où la chaleur diurne,
Qu'a fini d'absorber la terre ou bien Saturne,
Ne peut plus attiédir la fraîcheur de la nuit :

Quand le géomancien voit, devançant l'aurore,
La Fortune Majeure à l'orient éclore [1],
Tandis qu'à l'horizon la nuit brune s'enfuit ;

En songe m'apparut une femme, la bouche
Bégayante, les pieds tordus, le regard louche,
Manchotte des deux mains et le teint tout blafard.

Je la considérais : tel le jour réconforte
Les membres refroidis qu'engourdit la nuit morte ;
Ainsi se déliait au feu de mon regard

Sa langue, et la voilà bientôt qui d'elle-même
Tout debout se dressait, et sa figure blême
Se parait des couleurs qu'aime l'amour vainqueur.

Quand elle put parler, sa voix, libre d'entraves,
Se prit à moduler des accords si suaves,
Que j'en aurais eu peine à détacher mon cœur.

« Je suis, chantait la voix, l'attrayante sirène,
Au milieu de la mer les mariniers j'entraîne,
Tant le charme est puissant qui pousse à m'écouter.

Io trassi Ulisse del suo cammin vago
Al canto mio : e qual meco s' ausa,
Rado sen' parte, sì tutto l' appago.

Ancor non era sua bocca richiusa,
Quando una donna apparve santa e presta
Lunghesso me, per far colei confusa.

O Virgilio, Virgilio, chi è questa?
Fieramente dicea : ed ei veniva
Con gli occhi fitti pure in quella onesta :

L' altra prendeva, e dinanzi l' apriva,
Fendendo i drappi, e mostravami 'l ventre :
Quel mi svegliò col puzzo, che n' usciva.

Io volsi gli occhi; e 'l buon Virgilio : Almen tre
Voci t' ho messe, dicea : surgi, e vieni :
Troviam l' aperto, per lo qual tu entre.

Su mi levai : e tutti eran già pieni
Dell' alto dì i giron del sacro monte,
Ed andavam col Sol nuovo alle reni.

Seguendo lui, portava la mia fronte
Come colui, che l' ha di pensier carca,
Che fa di sè un mezzo arco di ponte;

Quando io udi' : Venite, qui si varca;
Parlar in modo soave, e benigno,
Qual non si sente in questa mortal marca.

Con l' ale aperte, che parean di cigno,
Volseci in su colui, che sì parlonne,
Tra i duo pareti del duro macigno.

J'ai d'Ulysse autrefois fixé la course errante
A mon chant ²; qui s'arrête à ma voix enivrante,
Rarement il s'en va, tant je sais l'enchanter. »

Elle continuait, quand preste une autre femme
Parut soudain, les yeux pleins d'une sainte flamme,
Pour la confusion de celle qui chantait.

« Virgile, quelle est donc, quelle est cette mégère ? »
Disait-elle d'un ton où perçait la colère,
Et lui, l'œil attaché sur la sainte, accourait.

Elle prend la sirène et déchire son voile,
La découvre en entier et ses flancs me dévoile :
L'odeur qu'ils exhalaient me réveille en sursaut.

J'ouvre l'œil, et Virgile à le suivre m'invite :
« Je t'ai bien appelé par trois fois ! Allons vite
Pour trouver l'huis par où nous monterons plus haut. »

Je me levai : le jour montant dans la campagne
Remplissait les contours de la sainte montagne,
Et nous allions tournant le dos au jour levant.

Je le suivais, laissant choir ma tête oppressée,
Comme un homme accablé du poids de sa pensée,
Qui tel qu'un arc de pont se courbe en cheminant.

Soudain j'ouïs ces mots : « Venez, ici l'on passe ! »
Prononcés d'un accent doux et tout plein de grâce,
Comme on n'en entend pas de pareil ici-bas.

Et déployant dans l'air ses deux ailes de cygne,
Celui qui nous parlait d'une voix si bénigne
Entre les deux parois du roc tourna nos pas.

Mosse le penne poi, e ventilonne,
Qui lugent, affermando esser beati,
Ch' avran di consolar l' anime donne.

Che hai, che pure in ver la terra guati?
La Guida mia incominciò a dirmi,
Poco amendue dall' angel sormontati.

Ed io : Con tanta sospeccion fa irmi
Novella vision, ch' a sè mi piega,
Sì ch' io non posso dal pensar partirmi.

Vedesti, disse, quella antica strega,
Che sola sovra noi omai si piagne?
Vedesti come l' uom da lei si slega?

Bastiti, e batti a terra le calcagne :
Gli occhi rivolgi al logoro, che gira
Lo Rege eterno con le ruote magne.

Quale il falcon, che prima a' piè si mira,
Indi si volge al grido, e si protende,
Per lo disio del pasto, che là il tira;

Tal mi fec' io : e tal, quanto si fende
La roccia, per dar via a chi va suso,
N' andai 'nfino ove 'l cerchiar si prende.

Com' io nel quinto giro fui dischiuso,
Vidi gente per esso che piangea,
Giacendo a terra tutta volta in giuso.

Adhæsit pavimento animo mea,
Sentia di lor con sì alti sospiri,
Che la parola appena s' intendea.

Et de l'extrémité de ses ailes m'effleure
En s'écriant : « Il est heureux celui qui pleure,
Il aura le bonheur d'être un jour consolé! »

— « Qu'as-tu donc à fixer ainsi tes yeux à terre ? »
Me dit le maître, après que d'une aile légère
Au-dessus de tous deux l'ange s'est envolé.

« C'est une vision récente, dis-je, ô maître,
Qui m'obsède, et si fort de trouble me pénètre
Que d'elle je ne puis mes pensers détacher. »

— « Tu viens de voir, dit-il, cette antique sorcière,
Qui pleure maintenant là-haut dans la carrière [3],
Et de ses nœuds tu vis comme on peut s'arracher.

C'est assez : du talon frappe à terre à cette heure
Et lève tes regards vers le céleste leurre
Que le Roi tout-puissant fait tourner devant toi! »

Tel un faucon : d'abord il mesure sa serre,
Puis il se tourne au cri du chasseur, et de terre
S'élance vers l'appât qu'il a vu devant soi ;

Tel devins-je, et si loin que le roc se partage
Tout exprès pour offrir à qui monte un passage,
Jusqu'au prochain giron je courus à grands pas.

Quand le cinquième cercle à nos yeux se déroule,
Je le vois tout rempli par une immense foule
Pleurant, gisant par terre, avec la face en bas.

Adhæsit anima terræ, disaient les ombres,
En poussant des soupirs si profonds et si sombres,
Qu'on avait de la peine à distinguer les mots.

O eletti di Dio, gli cui soffriri
E giustizia e speranza fan men duri,
Drizzate noi verso gli alti saliri.

Se voi venite dal giacer sicuri,
E volete trovar la via più tosto,
Le vostre destre sien sempre di furi.

Così pregò 'l poeta, e sì risposto
Poco dinanzi a noi ne fu : perch' io
Nel parlare avvisai l' altro nascosto :

E volsi gli occhi agli occhi al Signor mio :
Ond' egli m' assentì con lieto cenno
Ciò, che chiedea la vista del disio.

Poi ch' io potei di me fare a mio senno,
Trassimi sopra quella creatura,
Le cui parole pria notar mi fenno :

Dicendo : Spirto, in cui pianger matura
Quel, senza 'l quale a Dio tornar non puossi,
Sosta un poco per me tua maggior cura.

Chi fosti, e perchè volti avete in dossi
Al su, mi di', e se vuoi, ch' i' t' impetri
Cosa di là, ond' io vivendo mossi.

Ed egli a me : Perchè i nostri diretri
Rivolga 'l Cielo a sè, saprai : ma prima
Scias, quod ego fui successor Petri.

Intra Siestri e Chiaveri s' adima
Una fiumana bella, e del suo nome
Lo titol del mio sangue fa sua cima.

« Ô vous, élus de Dieu, vous en qui l'espérance,
Vous en qui la justice adoucit la souffrance,
Daignez nous diriger vers les gradins plus hauts ! »

— « Si vous venez exempts ici de notre honte
Et désirez trouver la route la plus prompte,
A droite, hors du cercle, il faut suivre le bord. »

Ainsi dit le poëte ; au secours qu'il réclame,
A quelques pas de nous, ainsi répond une âme
Que sa phrase me fit découvrir tout d'abord.

J'interrogeai des yeux mon seigneur ; le doux sage
M'approuve en souriant et d'un signe encourage
Le timide désir que mes yeux laissaient voir.

Aussitôt que d'agir à mon gré je fus maître,
J'avançai jusqu'auprès de ce malheureux être
Que sa voix m'avait fait d'abord apercevoir,

Disant : « Toi qui mûris dans les pleurs et la peine,
La grâce qui vers Dieu te pousse et te ramène,
Esprit, suspends un peu pour moi ton grand souci !

Quel est ton nom, pourquoi gisez-vous sur la voie ?
Réponds-moi, si tu veux que pour toi je m'emploie
Au monde d'où j'ai pu, vivant, venir ici. »

Et lui : « De cette loi que le Ciel nous impose
De lui tourner le dos, je te dirai la cause ;
Mais, apprends-le d'abord, *fui successor Petri*.

Le nom le plus brillant de ma famille altière
S'emprunte d'une belle et limpide rivière
Qui coule entre les murs de Siestre et Chiavari [1].

Un mese e poco più provai io come
Pesa 'l gran manto a chi dal fango 'l guarda:
Che piuma sembran tutte l' altre some.

La mia conversione, ome! fu tarda;
Ma come fatto fui Roman Pastore,
Così scopersi la vita bugiarda.

Vidi, che lì non si quetava 'l cuore,
Nè più salir poteasi in quella vita;
Perchè di questa in me s' accese amore.

Fino a quel punto misera e partita
Da Dio anima fui, del tutto avara;
Or, come vedi, qui ne son punita.

Quel ch' avarizia fa qui si dichiara,
In purgazion dell' anime converse:
E nulla pena il monte ha più amara.

Sì come l' occhio nostro non s' aderse
In alto, fisso alle cose terrene,
Così giustizia qui a terra il merse.

Come avarizia spense a ciascun bene
Lo nostro amore, onde operar perdèsi,
Così giustizia qui stretti ne tiene

Ne' piedi e nelle man legati e presi;
E quanto fia piacer del giusto Sire,
Tanto staremo immobili e distesi.

Io m' era inginocchiato, e volea dire:
Ma com' io cominciai, ed ei s' accorse
Solo ascoltando, del mio riverire:

J'ai pu connaître un mois et plus quel poids étrange
Pèse le grand manteau pour rester pur de fange [5].
Tous les autres fardeaux sont des plumes auprès.

Ah ! ma conversion fut lente ; mais à peine
Étais-je élu pasteur de l'Église romaine,
Je découvris la vie et ses menteurs attraits.

Je sentis que mon âme était mal assouvie,
Et j'étais au sommet de la terrestre vie !
Alors je m'enflammai d'amour pour celle-ci.

Mon âme avait été jusque-là dévorée
Du péché d'avarice et de Dieu séparée ;
Ore, ainsi que tu vois, il me punit ici.

Ces esprits renversés pour expier leur vice
Rappellent les effets mêmes de l'avarice :
La montagne n'a pas de plus amer tourment.

Parce que nos regards attachés à la terre
Ne se sont point levés vers la céleste sphère,
La justice les courbe à la terre à présent.

Parce que l'avarice, éteignant le bon zèle,
Nous empêcha d'agir pour la vie éternelle,
La justice nous tient à la gêne en ce lieu,

Par les pieds et les mains enchaînés, inutiles ;
Et nous demeurerons étendus, immobiles,
Autant que le voudra la justice de Dieu ! »

J'inclinais les genoux, et plein de déférence
J'essayais de parler ; lui de ma révérence
Seulement à l'ouïe il s'était aperçu :

Qual cagion, disse, in giù così ti torse?
Ed io a lui: Per vostra dignitate,
Mia coscienzia dritto mi rimorse.

Drizza le gambe, e levati su, frate,
Rispose: non errar: conservo sono
Teco, e con gli altri ad una potestate.

Se mai quel santo evangelico suono,
Che dice: *Neque nubent*, intendesti,
Ben puoi veder, perch'io così ragiono.

Vattene omai: non vo', che più t'arresti:
Che la tua stanza mio pianger disagia,
Col qual maturo ciò, che tu dicesti.

Nepote ho io di là, c'há nome Alagia,
Buona da se, pur che la nostra casa
Non faccia lei per esempio malvagia:

E questa sola m'è di là rimasa.

« Qui te force, dit-il, à plier de la sorte ? »
— « C'est votre dignité, lui dis-je, qui m'y porte.
Ma droite conscience au cœur m'aurait mordu. »

Il répliqua : « Debout! relève-toi, mon frère !
Sache-le, comme toi, comme tous sur la terre,
D'un seul maître en ce lieu je suis le serviteur.

Si jamais tu compris ce mot évangélique :
Neque nubent, tu peux, sans que je te l'explique,
De ce que je dis là comprendre la valeur [6].

Va maintenant, je veux qu'ici tu m'abandonnes :
Tu gênes en restant le flot des larmes bonnes
Qui mûrissent la grâce, ainsi que tu l'as dit.

J'ai là-bas une nièce appelée Alagie,
Son cœur est bon, pourvu que notre race impie
Ne l'empoisonne pas d'un exemple maudit.

Elle seule là-bas fidèle me survit [7]. »

NOTES DU CHANT XIX

¹ Lorsqu'en jetant leurs points au hasard, les devins géomanciens les trouvaient disposés dans un ordre analogue aux étoiles situées à l'extrémité du Verseau et au commencement des Poissons, c'était un signe favorable qu'ils appelaient *fortune majeure (maggior fortuna)*.

² La sirène ment, car Ulysse se fit attacher au mât de son navire et se boucha les oreilles avec de la cire pour ne pas céder à la séduction de la voix des sirènes.

³ Dans les trois cercles supérieurs du Purgatoire qu'il nous reste à voir et où pleurent les avares, les gourmands, les luxurieux, tous les amoureux de la sirène.

⁴ Le nom des comtes de Lavagno, dont Adrien V était issu.

⁵ Le pontificat d'Adrien V dura un mois et neuf jours.

⁶ C'est-à-dire : je ne suis plus ici l'époux de l'Église, car Jésus-Christ a dit : Il n'y aura ni époux ni épouses dans l'autre vie, il n'y aura que des enfants de Dieu : *Neque nubent, neque nubentur* (saint Matthieu, chap. XXII).

⁷ Dante ayant proposé à Adrien de s'employer pour lui sur la terre, le pape lui répond qu'il ne lui reste qu'une nièce fidèle à son souvenir et à qui Dante puisse demander utilement de prier Dieu pour lui.

ARGUMENT DU CHANT XX

Après avoir quitté le pape Adrien, les deux poëtes entendent la voix d'une ombre qui rappelle en soupirant des exemples de pauvreté volontaire et de générosité. Cette ombre est Hugues-le-Grand, père de Hugues-Capet. Il raconte aux voyageurs les crimes de son avide postérité, qu'il maudit pour ce qu'elle a envahi l'Italie. Il leur apprend que tous ses compagnons d'expiation dans ce cercle de l'avarice évoquent comme lui pendant le jour des exemples de désintéressement; la nuit ils s'entretiennent avec indignation des grands crimes commis par avarice. Un tremblement de terre agite la montagne; à ce bruit, toutes les âmes, au grand étonnement de Dante, répondent par un cri de triomphe.

CANTO VENTESIMO

Contra miglior voler, voler mal pugna.
Onde contra 'l piacer mio, per piacerli
Trassi dell' acqua non sazia la spugna.

Mossimi; e 'l Duca mio si mosse per li
Luoghi spediti pur lungo la roccia,
Come si va per muro stretto a' merli:

Che la gente, che fonde a goccia a goccia
Per gli occhi 'l mal, che tutto 'l mondo occupa,
Dall' altra parte in fuor troppo s' approccia.

Maledetta sie tu, antica Lupa,
Che più che tutte l' altre bestie hai preda,
Per la tua fame senza fine cupa.

O Ciel, nel cui girar par che si creda,
Le condizion di quaggiù trasmutarsi,
Quando verrà, per cui questa disceda?

Noi andavam co' passi lenti e scarsi;
Ed io attento all' ombre, ch' i' sentia
Pietosamente piangere e lagnarsi:

E per ventura udi': Dolce Maria,
Dinanzi a noi chiamar, così nel pianto,
Come fa donna, che 'n partorir sia.

CHANT VINGTIÈME

Toute volonté cède à volonté meilleure :
Je passai donc pour plaire à l'esprit, et sur l'heure
Retirai, sans l'emplir, mon éponge de l'eau.

Je me remets en marche avec mon maître, et gagne
Le bord extérieur le long de la montagne,
Comme d'un mur étroit on longe le créneau.

Car l'autre bord était encombré par la foule
Qui résout en ses pleurs et goutte à goutte écoule
L'avarice, ce mal de tout le genre humain.

Ah ! maudite sois-tu, Louve antique ! toi seule
Engloutis plus de sang que pas une autre gueule
Dans le gouffre sans fond de ton horrible faim !

O Ciel, aux mouvements duquel l'homme réfère
Les révolutions qui se font sur la terre,
Quand donc viendra celui qui doit l'anéantir ?...

Nous allions lentement à pas comptés et rares,
Et j'étais attentif aux ombres des avares
Que j'entendais se plaindre et tristement gémir.

Et tout à coup j'entends une voix qui s'écrie,
Plaintive, à quelques pas de nous : « Douce Marie ! »
Comme une femme alors qu'elle est en mal d'enfant.

E seguitar : Povera fosti tanto,
Quando veder si può per quell' ospizio,
Ove sponesti 'l tuo portato santo.

Seguentemente intesi, o buon Fabbrizio,
Con povertà volesti anzi virtute,
Che gran ricchezza posseder con vizio.

Queste parole m' eran sì piaciute,
Ch' io mi trassi oltre, per aver contezza
Di quello spirto, onde parean venute.

Esso parlava ancor della larghezza,
Che fece Niccolaò alle pulcelle,
Per condurre ad onor lor giovinezza.

O anima, che tanto ben favelle,
Dimmi chi fosti, dissi, e perchè sola
Tu queste degne lode rinnovelle?

Non fia senza mercè la tua parola,
S' io ritorno a compier lo cammin corto
Di quella vita, ch' al termine vola.

Ed egli : Io ti dirò, non per conforto,
Ch' io attenda di là, ma perchè tanta
Grazia in te luce, prima che sie morto.

Io fui radice della mala pianta,
Che la terra Cristiana tutta aduggia,
Sì che buon frutto rado se ne schianta.

Ma se Doagio, Guanto, Lilla, e Bruggia
Potesser, tosto ne saria vendetta :
Ed io la cheggio a Lui, che tutto giuggia.

Et d'ajouter : « Tu fus bien pauvre et misérable
Et tu l'as témoigné dans cette obscure étable
Où ton sein déposa son fardeau triomphant ! »

Ensuite j'entendis crier : « O bon Fabrice !
Plutôt que posséder la richesse et le vice,
Tu voulus rester pauvre et garder ta vertu ! »

Ces paroles m'avaient ravi de telle sorte
Que sur-le-champ et vite en avant je me porte
Pour voir l'esprit au lieu d'où le son est venu.

La voix parlait encor de la sainte largesse
Qu'un jour fit Nicolas à ce père en détresse
Pour conserver l'honneur de trois vierges en fleur [1].

« Apprends-moi, dis-je, esprit qui parles comme un ange,
Qui tu fus, et pourquoi cette juste louange
Tu la redis tout seul en ce lieu de douleur?

Je saurai dignement payer ta courtoisie
Si je puis revenir dans la terrestre vie
Finir le court trajet qui nous conduit au port. »

Et lui : « Je parlerai, bien que mon cœur n'attende
Nul confort de là-bas, mais pour la grâce grande
Qui resplendit en toi devant que tu sois mort.

Je fus la graine, hélas ! de cette plante sombre
Qui sur le sol chrétien partout jette son ombre,
Au point que rarement il s'y cueille un fruit sain.

Si Douai, Gand, Lille et Bruge en avaient la puissance,
Certe on en tirerait une prompte vengeance,
Et moi je la demande au Juge souverain.

Chiamato fui di là Ugo Ciapetta:
Di me son nati i Filippi e i Luigi,
Per cui novellamente è Francia retta.

Figliuol fui d'un beccaio di Parigi,
Quando li regi antichi venner meno
Tutti, fuor ch' un, renduto in panni bigi.

Trovami stretto nelle mani il freno
Del governo del regno, e tanta possa
Di nuovo acquisto, e più d'amici pieno,

Ch' alla corona vedova promossa
La testa di mio figlio fu, dal quale
Cominciar di costor le sacrate ossa.

Mentre che la gran dote Provenzale
Al sangue mio non tolse la vergogna,
Poco valea, ma pur non facea male.

Lì cominciò con forza e con menzogna
La sua rapina: e poscia per ammenda
Pontì, e Normandia prese, e Guascogna.

Carlo venne in Italia, e per ammenda
Vittima fe' di Curradino, e poi
Ripinse al Ciel Tommaso per ammenda.

Tempo vegg' io non molto dopo ancoi,
Che tragge un altro Carlo fuor di Francia,
Per far conoscer meglio e sè, e i suoi.

Senz' arme n'esce, e solo con la lancia,
Con la qual giostrò Giuda, e quella ponta
Sì, ch' a Fiorenza fa scoppiar la pancia.

Hugues Capet était mon nom là-bas sur terre,
Et je suis des Philippe et des Louis le père,
Qui sur le sol français règnent nouvellement.

J'étais fils d'un boucher de Paris. Quand la race
Des anciens rois n'eut plus un rejeton vivace,
Hormis un seul qui prit l'habit noir du couvent,

Je me trouvai tenir entre mes mains la France.
Dans cet acquêt nouveau telle était ma puissance,
Et je sus m'entourer de tant et tant d'amis,

Que je mis la couronne alors en déshérence
Sur le front de mon fils. C'est de lui que commence
Cette race de rois oints et sacrés depuis.

Jusqu'au jour où la dot royale de Provence
Ota toute vergogne à mon sang, cette engeance
Valait peu, mais du moins elle était sans exploits.

Lors par force et par ruse ils ouvrent leurs rapines,
Et puis, pour réparer leurs œuvres léonines,
Ils prennent Normandie, et Gascogne, et Ponthois.

Charles [2], pour s'amender, accourt en Italie
Et met Conrad à mort, et puis, comme œuvre pie,
Toujours pour s'amender, rend saint Thomas aux cieux [3].

Et dans un temps prochain du moment où je parle,
Je vois venir de France encore un autre Charle [4],
Pour que les siens et lui soient connus encor mieux.

Il en sort sans armée et seul avec la lance
Qui servit à Judas : sur le sein de Florence
Il la pointe si bien qu'il lui perce le cœur.

Quindi non terra, ma peccato e onta
Guadagnerà, per sè tanto più grave,
Quanto più lieve simil danno conta.

L' altro, che già uscì, preso di nave,
Veggio vender sua figlia, e patteggiarne,
Come fan li corsar dell' altre schiave.

O avarizia, che puoi tu più farne,
Poi c' hai 'l sangue mio a te sì tratto,
Che non si cura della propria carne?

Perchè men paia il mal futuro, e 'l fatto,
Veggio in Alagna entrar lo fiordaliso,
E nel vicario suo Cristo esser catto.

Veggiolo un' altra volta esser deriso:
Veggio rinnovellar l' aceto e 'l fele,
E tra i vivi ladroni esser anciso.

Veggio 'l nuovo Pilato sì crudele,
Che ciò nol sazia, ma senza decreto,
Porta nel tempio le cupide vele.

O Signor mio, quando sarò io lieto,
A veder la vendetta, che nascosa
Fa dolce l' ira tua nel tuo segreto?

Ciò ch' i' dicea di quell' unica Sposa
Dello Spirito Santo, e che ti fece
Verso me volger per alcuna chiosa;

Tant' è disposto a tutte nostre prece,
Quanto 'l dì dura: ma quando s' annotta,
Contrario suon prendemo in quella vece.

Il ne gagnera point de terre, mais la honte
Qui pèse d'autant plus que pour moins on la compte ;
Il ne remportera rien que son déshonneur.

L'autre de son vaisseau sort prisonnier de guerre [5].
Je le vois marchander sa fille : indigne père !
Comme font les forbans des esclaves sur mer.

Avarice ! peux-tu triompher davantage ?
Tu pousses mes enfants, dans leur aveugle rage,
A jeter dans tes dents jusqu'à leur propre chair !

Mais, afin d'effacer tous ces crimes peut-être,
Je vois dans Alagni les fleurs-de-lis paraître
Et le Christ prisonnier dans son représentant.

Je vois que derechef on raille, on le bafoue ;
Le vinaigre, le fiel ruissellent sur sa joue.
Puis entre deux larrons je le vois expirant [6].

Et le nouveau Pilate [7], à cet affreux spectacle
Encor mal assouvi, va jusqu'au tabernacle
Et porte dans le temple une cupide main.

O mon Seigneur, quand donc, après tant de souffrance,
Verrai-je, bienheureux, éclater la vengeance
Dont jouit en secret ton courroux souverain ?

Maintenant, pour répondre à ton autre demande,
Ces mots que j'adressais, comme une douce offrande
A la Vierge divine unie au Saint Amour,

Tant que dure le jour, ce sont là nos prières ;
La nuit, nous évoquons des exemples contraires,
A la place des noms que nous chantons le jour.

Noi ripetiam Pigmalion allotta,
Cui traditore e ladro e patricida
Fece la voglia sua dell'oro ghiotta:

E la miseria dell'avaro Mida,
Che seguì alla sua dimanda ingorda,
Per la qual sempre convien che si rida.

Del folle Acam ciascun poi si ricorda,
Come furò le spoglie, sì che l'ira
Di Giosuè qui par ch'ancor lo morda.

Indi accusiam col marito Safira:
Lodiamo in calci, ch'ebbe Eliodoro,
Ed in infamia tutto 'l monte gira

Polinestor, ch'ancise Polidoro:
Ultimamente ci si grida: O Crasso,
Dicci, che 'l sai, di che sapore è l'oro.

Talor parliam l'un alto, e l'altro basso,
Secondo l'affezion, ch'a dir ci sprona
Or a maggiore, ed ora a minor passo:

Però al ben, che 'l dì ci si ragiona,
Dianzi non er'io sol: ma qui da presso
Non alzava la voce altra persona.

Noi eravam partiti già da esso,
E brigavam di soverchiar la strada
Tanto, quanto al poder n'era permesso;

Quand'io senti', come cosa che cada,
Tremar lo monte: onde mi prese un gielo,
Qual prender suol colui, ch'a morte vada.

Lors nous nous rappelons Pygmalion l'avide
Qui devint un larron, un traître, un patricide,
Par le désir de l'or bassement emporté [8].

De l'avare Midas nous disons la misère
Qui suivit sur-le-champ sa sordide prière
Et prête à rire encore à la postérité [9].

Puis chacun se souvient d'Acham et de son crime,
Vil larron qui, chargé de sa dépouille opime,
Semble de Josué craindre encor la fureur [10].

Nous accusons Saphir et son mari [11]. L'exemple
Nous plaît d'Héliodore écrasé dans le temple [12],
Et dans tout le mont roule une immense clameur

Contre Polymnestor qui tua Polydore [13].
O triumvir Crassus, toi, crions-nous encor,
Qui sais le goût de l'or, dis-nous donc sa saveur [14] !

Et chacun tantôt pleure, à voix basse, à voix forte,
Selon qu'un sentiment ou faible ou fort nous porte,
Et suivant que l'on a plus ou moins de ferveur.

Ainsi point n'étais seul à parler tout à l'heure
Des vertus dont le jour l'on converse et l'on pleure,
Mais alors près de moi nul n'élevait la voix. »

Nous nous étions déjà de l'ombre pécheresse
En marchant éloignés, et de toute vitesse
Tâchions d'escalader les échelons étroits ;

Tout à coup, comme prête à crouler dans l'espace,
La montagne trembla. Mon cœur fut pris de glace,
Ainsi qu'un criminel à son dernier moment.

Certo non si scotea sì forte Delo,
Pria che Latona in lei facesse 'l nido,
A partorir li du' occhi del Cielo.

Poi cominciò da tutte parti un grido
Tal, che 'l Maestro inver di me si feo,
Dicendo: Non dubbiar mentr' io ti guido.

Gloria in excelsis tutti *Deo*
Dicean, per quel ch' io da vicin compresi,
Onde 'ntender lo grido si poteo.

Noi ci restammo immobili e sospesi.
Come i pastor, che prima udir quel canto,
Fin che 'l tremar cessò, ed ei compièsi,

Poi ripigliammo nostro cammin santo,
Guardando l' ombre, che giacean per terra,
Tornate già in su l' usato pianto.

Nulla ignoranza mai cotanta guerra
Mi fe' desideroso di sapere,
Se la memoria mia in ciò non erra,

Quanta pareami allor pensando avere:
Nè per la fretta dimandare er' oso,
Nè per me lì potea cosa vedere:

Così m' andava timido e pensoso.

Moins fort tremblait Délos avant que dans cette île
Latone eût fait son nid, cachant dans cet asile
Des yeux brillants du Ciel le double enfantement [15].

Alors de toutes parts un cri monte unanime.
Mon bon maître vers moi se tourne et me ranime.
« Ne crains rien, me dit-il, ton maître te conduit. »

« Gloire à Dieu dans les Cieux » [16] ! ce cri s'est fait entendre
Autant que je parvins du moins à le comprendre
En approchant du lieu d'où m'arrivait le bruit.

Muets nous attendions comme les pasteurs firent,
Qui jadis les premiers ce cantique entendirent,
Jusqu'à ce que secousse et chant, tout eût cessé.

Nous reprîmes alors notre voyage austère,
Regardant les esprits qui gisaient sur la terre
Et dont les pleurs avaient déjà recommencé.

Jamais, si j'ai du moins fidèle souvenance,
Le désir de savoir qu'inspire l'ignorance,
N'avait jeté de trouble aussi grand dans mon cœur

Que celui qu'en l'instant en moi je sentis naître.
Je n'osais, dans sa hâte, interroger mon maître,
Et du mystère en vain sondais la profondeur.

Ainsi je m'en allais inquiet et rêveur.

NOTES DU CHANT XX

¹ Saint Nicolas, évêque de Myre, dota secrètement trois jeunes filles pauvres pour préserver leur honneur en péril.

² Charles d'Anjou, frère de saint Louis. C'est lui qui avait reçu en dot la Provence en épousant la fille de Raymond Béranger.

³ Suivant Villani, Charles d'Anjou aurait fait empoisonner saint Thomas d'Aquin.

⁴ Charles de Valois, frère de Philippe-le-Bel, envoyé par Boniface VIII à Florence, où il exerça toutes sortes de cruautés. Sa venue amena le triomphe des Noirs et l'exil de Dante.

⁵ Charles II, roi de Sicile, fils de Charles d'Anjou, qui fut fait prisonnier par Roger Doria, amiral du roi d'Aragon, et qui livra sa fille à Azzo III, marquis de Ferrare, contre une somme d'argent.

⁶ Entre larrons *vivants*, dit le texte ; les larrons vivants sont Nogaret et Colonna, chefs de l'armée de Philippe-le-Bel, qui avaient fait Boniface VIII prisonnier.

⁷ Philippe-le-Bel, destructeur de l'ordre du Temple. Dans tout ce morceau, où l'on voit les princes français maudits par le chef de leur race, ce n'est pas, on le sent bien, Hugues qui parle, c'est le patriote gibelin.

⁸ Pygmalion, assassin de Sichée, frère de son père.

⁹ Midas fut puni par l'accomplissement de son vœu sordide, les mets qu'il portait à sa bouche se changeant en or, comme tout ce qu'il touchait.

¹⁰ Acham fut lapidé pour s'être approprié le butin de Jéricho.

¹¹ Saphir et Ananias manquèrent à leur vœu de pauvreté et tombèrent morts aux reproches que leur fit saint Pierre.

¹² Héliodore, envoyé par Séleucus pour piller le temple de Jérusalem, fut foulé aux pieds d'un cheval monté par un homme armé qui apparut tout à coup devant lui.

¹³ Polymnestor, roi de Thrace, tua Polydore, fils de Priam, pour s'emparer de ses richesses.

¹⁴ Crassus, battu par les Parthes, eut la tête coupée et plongée dans un vase d'or fondu.

¹⁵ Commencement de l'hymne des anges pour la naissance de Jésus-Christ.

¹⁶ Les yeux du Ciel, c'est-à-dire les deux enfants de Latone, Apollon et Diane, le Soleil et la Lune.

ARGUMENT DU CHANT XXI

Dante voit apparaître l'ombre de Stace qui, après avoir accompli sa purification, monte vers le Paradis. Il apprend de lui la cause du tremblement de la montagne et du cri de joie poussé par les âmes des pécheurs. Ce tremblement et ce cri triomphal ont lieu chaque fois qu'une âme est purifiée et quitte le Purgatoire pour le Ciel. Le poëte de la *Thébaïde* tombe aux pieds de Virgile.

CANTO VENTESIMO PRIMO

La sete natural, che mai non sazia,
Se non coll' acqua, onde la femminetta
Sammaritana dimandò la grazia,

Mi travaglia, e pungeami la fretta,
Per la 'mpacciata via retro al mio Duca,
E condoleami alla giusta vendetta.

Ed ecco, sì come ne scrive Luca,
Che Cristo apparve a' duo, ch' erano 'n via,
Già surto fuor della sepolcral buca,

Ci apparve un' ombra: e dietro a noi venia,
Dappiè guardando la turba, che giace;
Nè ci addemmo di lei, sì parlò pria,

Dicendo: Frati miei, Dio vi dea pace:
Noi ci volgemmo subito; e Virgilio
Rendè lui 'l cenno, ch' a ciò si conface:

Poi cominciò: Nel beato concilio
Ti ponga in pace la verace corte,
Che me rilega nell' eterno esilio.

Come, diss' egli, e perchè andate forte,
Se voi siete ombre, che Dio su non degni?
Chi v' ha per la sua scala tanto scorte?

CHANT VINGT ET UNIÈME

Cette native soif que rien n'éteint dans l'âme [1],
Hormis l'eau du Seigneur dont une pauvre femme
Jadis à Samarie implora la faveur,

Cette soif m'agitait et me poussait rapide
Par la voie encombrée où je suivais mon guide,
Et des justes tourments se condoulait mon cœur.

Et voici, comme Luc écrit dans son histoire
Que Christ, étant sorti hors de la tombe noire,
A deux saints voyageurs parut après sa mort,

Derrière nous soudain une ombre est apparue,
Marchant, l'œil sur la foule à ses pieds étendue.
Nous n'y prenions pas garde ; elle parla d'abord,

Disant : « Dieu fasse paix, mes frères, à vos âmes ! »
En l'entendant parler, soudain nous nous tournâmes,
Virgile lui rendit du geste ses saluts,

Puis sur-le-champ lui dit : « Au bienheureux concile
Puisse la sainte cour, qui pour jamais m'exile,
Bientôt t'admettre en paix au milieu des élus ! »

— « Comment donc et pourquoi, dit l'ombre, aller si vite,
Si Dieu ne vous veut pas dans le Ciel qu'il habite,
Et qui vous a conduits par tous ses échelons ? »

E 'l Dottor mio: Se tu riguardi i segni,
Che questi porta, e che l' angel proffila,
Ben vedrai, che co' buon convien ch' ei regni.

Ma perchè lei, che dì e notte fila,
Non gli avea tratta ancora la conocchia,
Che Cloto impone a ciascuno e compila:

L' anima sua, ch' è tua e mia sirocchia:
Venendo su non potea venir sola,
Perocch' al nostro modo non adocchia:

Ond' io fui tratto fuor dell' ampia gola
D' Inferno per mostrarli, e mostrerolli
Oltre, quanto 'l potrà menar mia scuola.

Ma dinne, se tu sai, perchè tai crolli
Diè dianzi 'l monte, e perchè tutti ad una
Parver gridare, infino a' suoi piè molli?

Sì mi diè, dimandando per la cruna
Del mio disio, che pur con la speranza
Si fece la mia sete men digiuna.

Quei cominciò: Cosa non è, che sanza
Ordine senta la religione
Della montagna, o che sia fuor d' usanza,

Libero è qui da ogni alterazione:
Di quel che 'l Cielo in sè da sè riceve,
Esserci puote, e non d' altro cagione,

Perchè non pioggia, non grando, non neve,
Non rugiada, non brina più su cade,
Che la scaletta de' tre gradi breve.

— «Vois cet homme, répond mon maître à l'ombre étrange,
Vois les signes qu'il porte au front gravés par l'ange [2],
Tu verras bien qu'il doit régner avec les bons.

Mais celle qui la nuit et le jour veille et file,
Mouillant encor pour lui la quenouille fragile
Que dispose Clotho pour chacun des mortels,

Son âme, une âme sœur de la mienne et la tienne,
Ne pouvait venir seule où Dieu veut qu'elle vienne,
N'ayant pas comme nous des yeux incorporels.

Des bouches de l'Enfer pour lui montrer la voie
J'ai donc été tiré : je le guide avec joie
Et le ferai tant que mon savoir le pourra.

Mais dis-nous, si tu peux, pourquoi dans l'instant même
Le mont tremblait si fort, et de sa cime extrême
Jusqu'à son pied humide on a crié hourra ! »

Virgile était entré si bien par sa demande
Au chas de mon désir, que ma soif encor grande
S'adoucit sur-le-champ par l'espoir d'un peu d'eau.

L'autre lui répondit : « Ces bruits n'ont rien d'étrange,
Dans ses rites sacrés jamais le mont ne change,
Et ce tremblement-là n'a rien qui soit nouveau.

Rien ne peut ébranler son assise éternelle.
Quand une âme remonte au Ciel qui la rappelle,
C'est alors qu'on entend et ce bruit et ces voix.

Car, ce mont-ci, jamais la grêle ne l'assiége,
Il n'y tombe jamais bruine, rosée ou neige,
Plus haut que le portail aux trois degrés étroits.

Nuvole spesse non paion, nè rade,
Nè corruscar, nè figlia di Taumante,
Che di là cangia sovente contrade.

Secco vapor non surge più avante,
Ch' al sommo de' tre gradi, ch' io parlai,
Ov' ha 'l Vicario di Pietro le piante.

Trema forse più giù poco, od assai:
Ma per vento, che 'n terra si nasconda,
Non so come, quassù non tremò mai.

Tremaci quando alcuna anima monda
Si sente, sì che surga, o che si muova
Per salir su, e tal grido seconda.

Della mondizia il sol voler fa pruova,
Che tutta libera a mutar convento
L' alma sorprende, e di voler le giova.

Prima vuol ben: ma non lascia 'l talento,
Chè divina giustizia contra voglia,
Come fu al peccar, pone al tormento.

Ed io che son giaciuto a questa doglia
Cinquecento anni e più, pur mo sentii
Libera volontà di miglior soglia.

Però sentisti 'l tremoto, e li pii
Spiriti per lo monte render lode
A quel Signor, che tosto su gl' invii.

Così gli disse: e però che si gode
Tanto del ber, quant' è grande la sete,
Non saprei dir quant' e' mi fece prode.

On n'y voit point d'épais ou de légers nuages,
On n'y voit point l'éclair précurseur des orages,
Ni de la belle Iris l'arc-en-ciel inconstant.

Et jamais au-dessus des trois degrés de pierre
Dont je parle, où se tient le successeur de Pierre,
Nulle sèche vapeur ne s'élève un instant.

La montagne plus bas peut-être tremble-t-elle ;
Mais le vent ténébreux que la terre recèle,
Je ne sais pas comment, ne peut rien sur le mont.

C'est lorsque, se sentant purifiée, une âme
Se lève pour monter au Ciel qui la réclame,
Que la montagne tremble et qu'un cri lui répond :

L'âme veut : il suffit ; son vouloir marque l'heure,
Et libre tout à coup de changer sa demeure,
Elle cède joyeuse au désir qu'elle sent.

D'abord elle veut bien, mais un désir contraire
En ces lieux où de Dieu la justice l'éclaire,
Comme au péché jadis la porte au châtiment.

Et moi qui cinq cents ans et plus là souffre et pleure,
Contre terre gisant, ce n'est que tout à l'heure
Que d'un meilleur séjour j'eus le libre vouloir.

De là ce tremblement qui vous parut étrange,
Et ces esprits chantant du Seigneur la louange
Pour qu'il daigne là-haut bientôt les recevoir. »

Ainsi l'ombre parla. Comme alors il arrive
Qu'à boire on jouit plus quand la soif est plus vive,
Je ne puis exprimer combien je fus heureux.

E 'l savio duca: Omai veggio la rete,
Che qui vi piglia, e come si scalappia,
Perchè ci trema, e di che congaudete.

Ora chi fosti, piacciati ch' io sappia;
E perchè tanti secoli giaciuto.
Qui se', nelle parole tue mi cappia.

Nel tempo, che 'l buon Tito, con l'aiuto
Del sommo Rege, vendicò le fora,
Ond' uscì 'l sangue per Giuda venduto:

Col nome, che più dura e più onora,
Er' io di là, rispose quello spirto,
Famoso assai, ma non con fede ancora.

Tanto fu dolce mio vocale spirto,
Che Tolosano a sè mi trasse Roma,
Dove mertai le tempie ornar di mirto.

Stazio la gente ancor di là mi noma:
Cantai di Tebe, e poi del grande Achille:
Ma caddi 'n via con la seconda soma.

Al mio ardor fur seme le faville,
Che mi scaldâr della divina fiamma,
Onde sono allumati più di mille:

Dell' Eneide dico, la qual mamma
Fummi, e fummi nutrice poetando:
Senz' essa non fermai peso di dramma.

E per esser vivuto di là quando
Visse Virgilio, assentirei un sole
Più, ch' i' non deggio, al mio uscir di bando.

— « J'aperçois à présent quel réseau vous attache,
Dit mon guide, et comment de ces lacs on s'arrache ;
Pourquoi ce tremblement, pourquoi ce chœur joyeux.

Qu'il te plaise à présent encore de m'apprendre
Qui tu fus, et fais-moi dans ton récit comprendre
Pourquoi plusieurs cents ans tu restas couché là ? »

— « Lorsque le bon Titus par de justes ruines,
Dieu l'aidant, eut vengé les blessures divines
D'où s'échappa le sang qu'avait trahi Judas ;

Dans ce temps, dit l'esprit, je portai sur la terre
Le titre le plus noble et le moins éphémère [3],
Mais la foi ne m'avait encore illuminé.

Le souffle était si doux de ma voix poétique,
Qu'appelé de Toulouse au sein de Rome antique,
J'y vainquis et de myrte eus le front couronné [4].

Stace est mon nom ; il dure en l'humaine vallée.
Je chantai Thèbe et puis le grand fils de Pélée,
Mais en chemin tombai sous ce dernier fardeau [5].

L'ardeur qui devait naître et brûler dans mon âme
S'échauffa tout d'abord à la divine flamme
Où de milliers d'esprits s'alluma le flambeau.

L'*Énéide* me fut la nourrice choisie,
Le sein pur où j'ai bu toute ma poésie :
Je lui dois le dernier, le moindre de mes vers ;

Et pour avoir vécu lorsque vivait Virgile,
Volontiers dans ce band'où je sors, triste asile,
Tout un soleil de plus je garderais mes fers. »

Volser Virgilio a me queste parole
Con viso, che tacendo dicea: Taci.
Ma non può tutto la virtù, che vuole:

Chè riso e pianto son tanto seguaci
Alla passion, da che ciascun si spicca,
Che men seguon voler ne' più veraci:

Io pur sorrisi, come l'uom, ch' ammicca:
Per che l' ombra si tacque, riguardommi
Negli occhi, ove 'l sembiante più si ficca.

E se tanto lavoro in bene assommi;
Disse: Perchè la faccia tua testeso
Un lampeggiar d' un riso dimostrommi?

Or son io d' una parte e d' altra preso:
L' una mi fa tacer, l' altra scongiura
Ch' io dica: ond' io sospiro, e sono inteso.

Di', il mio Maestro, e non aver paura,
Mi disse, di parlar, ma parla, e digli
Quel ch' e' dimanda con cotanta cura.

Ond' io: Forse che tu ti maravigli,
Antico spirto, del rider, ch' i' fei:
Ma più d' ammirazion vo', che ti pigli.

Questi, che guida in alto gli occhi miei,
È quel Virgilio, dal qual tu togliesti
Forte a cantar degli uomini e de' Dei.

Se cagione altra al mio rider credesti,
Lasciala per non vera, ed esser credi
Quelle parole, che di lui dicesti.

A ces mots de l'esprit, Virgile vers moi lance,
Sans parler, un regard qui me disait : Silence !
Mais notre volonté quelquefois ne peut rien,

Et le rire et les pleurs suivent tellement vite
Le mouvement du cœur qui soudain les excite
Que les plus ingénus les domptent le moins bien.

Je souris en clignant d'un air d'intelligence ;
Ce que l'esprit voyant me regarde en silence
Dans les yeux où le cœur paraît plus éclatant :

« Puisses-tu recueillir le fruit de ton voyage !
Dit-il, mais apprends-moi pourquoi sur ton visage
Cet éclair de sourire a passé dans l'instant ? »

Me voilà pris, chacun tirant en sens contraire,
L'un m'excite à parler, l'autre a dit de me taire.
Je ne fis qu'un soupir dont le sens fut saisi.

« Allons, tu peux parler sans craindre de tout dire,
S'écrie alors mon maître, et puisqu'il le désire,
Dis-lui ce qu'il demande avec tant de souci. »

Moi donc : « Antique esprit ! à mon sourire tendre
D'un peu d'étonnement tu n'as pu te défendre,
Mais je vais sur-le-champ te surprendre encor mieux.

Ce guide qui dirige au Ciel mon œil docile,
Cet homme que tu vois, c'est lui, c'est ce Virgile
Qui t'apprit à chanter les hommes et les dieux.

Si tu crois que mon rire avait une autre cause,
Détrompe-toi ; crois-le, ce n'est rien autre chose
Que tes propos sur lui qui causaient mon émoi. »

Già si chinava ad abbracciar li piedi
Al mio Dottor: ma e' gli disse: Frate,
Non far: 'chè tu se' ombra, e ombra vedi.

Ed ei surgendo: Or puoi la quantitate
Comprender dell'amor, ch' a te mi scalda,
Quando dismento nostra vanitate,

Trattando l'ombre come cosa salda.

Déjà, pour embrasser les pieds du maître, à terre
Il s'était incliné ; mais Virgile dit : « Frère,
Que fais-tu ? Vois, je suis une ombre comme toi. »

Et lui, se relevant : « Or donc dedans mon âme
Tu vois jusqu'où pour toi va l'amour qui m'enflamme.
Oubliant que tous deux nous sommes vanité,

Je traitais l'ombre ainsi qu'une réalité. »

NOTES DU CHANT XXI

[1] La soif de savoir.
[2] Les sept lettres P.
[3] Le titre de poëte.
[4] Stace n'était pas de Toulouse, mais de Naples. Il le dit lui-même dans les *Sylves*, mais ce poëme était ignoré au treizième siècle.
[5] Il mourut avant d'avoir achevé son poëme de l'*Achilléide*.

ARGUMENT DU CHANT XXII

Dante et Virgile, et Stace avec eux, montent ensemble au sixième cercle où s'expie le péché de la gourmandise. Stace raconte comment il devint chrétien sous l'influence des vers prophétiques de Virgile et par la fréquentation des martyrs. Un arbre mystérieux se présente au milieu du chemin et interrompt l'entretien des poëtes. L'arbre est chargé de fruits doux et odorants. Une eau fraîche jaillit sur ses branches, à travers lesquelles une voix se fait entendre qui défend de toucher aux fruits de l'arbre et oppose à la gourmandise des exemples de frugalité.

CANTO VENTESIMO SECONDO

Già era l' Angel dietro a noi rimaso,
L' Angel, che n' avea volti al sesto giro,
Avendomi dal viso un colpo raso:

E quei, ch' hanno a giustizia lor disiro,
Detto n' avean, *Beati*, in lo sue voci,
Con *sitio*, e senz' altro ciò forniro:

Ed io più lieve, che per l' altre foci,
M' andava sì, che senza alcun labore,
Seguiva in su gli spiriti veloci:

Quando Virgilio cominciò: Amore
Acceso di virtù sempre altro accese,
Pur che la fiamma sua paresse fuore.

Onde dall' ora, che tra noi discese
Nel limbo dello 'nferno Giovenale,
Che la tua affezion mi fe' palese,

Mia ben voglienza inverso te fu, quale
Più strinse mai di non vista persona,
Sì ch' or mi parean corte queste scale.

Ma dimmi: e, come amico, mi perdona,
Se troppa sicurtà m' allarga il freno,
E come amico omai meco ragiona:

CHANT VINGT-DEUXIÈME

Effaçant à mon front encore une autre empreinte
Et dirigeant nos pas vers la sixième enceinte,
Déjà derrière nous un autre ange est resté :

« Heureux quiconque a soif et faim de la justice ! »
Ont chanté les pécheurs du cercle d'avarice,
Et, restant sur ce mot, n'ont plus rien ajouté.

Et moi, bien plus léger qu'aux précédents passages,
J'allais allégrement sur les pas des deux sages,
Qui rapides montaient suivant le sentier tors.

Virgile alors : « L'amour que la vertu provoque
Allume un autre amour et devient réciproque,
Pour peu que son feu tendre apparaisse au dehors.

Aussi depuis le temps où, venant à descendre
Dans les limbes d'Enfer, Juvénal put m'apprendre
Toute l'affection que ton cœur a pour moi,

Pour toi mes sentiments furent tels que peut-être
On n'aima jamais tant quelqu'un sans le connaître,
Et qu'ore le chemin sera court avec toi,

Mais dis, et si je parle avec trop de hardiesse,
Pardonne, c'est l'accent hardi de la tendresse,
Et converse avec moi comme fait un ami :

Come poteo trovar dentro al tuo seno
Luogo avarizia, tra cotanto senno,
Di quanto per tua cura fosti pieno?

Queste parole Stazio muover fenno
Un poco a riso pria; poscia rispose:
Ogni tuo dir d' amor m' è caro cenno.

Veramente più volte appaion cose,
Che danno a dubitar falsa matera,
Per le vere cagion, che son nascose.

La tua dimanda tuo creder m' avvera
Esser, ch' io fossi avaro in l' altra vita,
Forse per quella cerchia, dov' io era.

Or sappi, ch' avarizia fu partita
Troppo da me: e questa dismisura
Migliaia di lunari hanno punita.

E se non fosse, ch' io drizzai mia cura,
Quand' io intesi, là ove tu chiame,
Crucciato quasi all' umana natura:

Perchè non reggi tu, o sacra fame
Dell' oro, l' appetito de' mortali?
Voltando sentirei le giostre grame.

Allor m' accorsi, che troppo aprir l' ali
Potean le mani a spendere, e pentemi
Così di quel, come degli altri mali.

Quanti risurgeran co' crini scemi
Per l' ignoranza, che di questa pecca
Toglie 'l pentir vivendo, e negli stremi!

LE PURGATOIRE — CHANT XXII.

Comment put l'avarice avoir placé en ta vie,
Dans ce cœur occupé d'une plus noble envie,
De l'ardeur de savoir et de savoir rempli ? »

Stace, à ces mots, ne put retenir un sourire,
Ensuite il répondit : « De ta part tout ce dire
M'est un gage bien cher de ton amour pour moi.

Des choses, en effet, l'apparence première
Au doute maintes fois à tort donne matière,
Faute de pénétrer leur véritable loi.

Tu crois, ta question m'en est la garantie,
Que je fus autrefois avare en l'autre vie,
A cause de ce cercle où tu m'as vu venir.

Sache que je me suis tenu trop à distance
De l'avarice, et que pour cette extravagance
J'ai durant des milliers de lunes dû souffrir.

Et pour me corriger si je n'avais pris peine,
Éveillé par ce cri qu'à la nature humaine,
Éclatant, indigné, tu jetais dans ces vers :

« Où ne pousses-tu pas l'humaine convoitise,
Faim horrible de l'or [1] ! » mon âme au Ciel promise
Roulerait son fardeau dans la joute, aux Enfers.

Alors je m'aperçus, à ma très-grande honte,
Que la main à s'ouvrir pouvait être trop prompte,
Et, comme tout péché, je regrettai ce tort.

Combien, le chef rasé, pleureront l'ignorance
Qui les a retenus d'en faire pénitence
Pendant leur vie ou bien à l'heure de la mort !

E sappi, che la colpa, che rimbecca,
Per dritta opposizione alcun peccato,
Con esso insieme qui suo verde secca.

Però s' io son tra quella gente stato,
Che piange l' avarizia, per purgarmi,
Per lo contrario suo m' è incontrato.

Or quando tu cantasti le crude armi
Della doppia tristizia di Giocasta,
Disse 'l cantor de' bucolici carmi,

Per quel, che Clio lì con teco tasta,
Non par che ti facesse ancor fedele
La fè, senza la qual ben far non basta.

Se così è, qual Sole, o quai candele
Ti stenebraron sì, che tu drizzasti
Poscia diretro al pescator le vele?

Ed egli a lui: Tu prima m' inviasti
Verso Parnaso a ber nelle sue grotte,
E prima appresso Dio m' alluminasti.

Facesti, come quei, che va di notte,
Che porta il lume dietro, e se non giova:
Ma dopo sè fa le persone dotte,

Quando dicesti: Secol si rinnuova,
Torna giustizia, e primo tempo umano,
E progenie discende dal Ciel nuova.

Per te poeta fui, per te cristiano.
Ma perchè veggi me' ciò, ch' io disegno,
A colorar distenderò la mano.

Apprends que chaque vice et la contraire faute
Subissent ici-bas leur peine côte à côte
Et sèchent leur venin dedans les mêmes lieux.

Si donc j'ai dû rester pour expier mon vice
Avec ces pénitents qui pleurent l'avarice,
C'est que j'ai contrasté par ma faute avec eux. »

— « Or, lorsque tu chantas cette guerre néfaste,
Source du double deuil qu'eut à pleurer Jocaste, »
Dit le chantre inspiré des bucoliques vers,

« A juger des accents de ta muse guerrière,
Tes yeux ne s'ouvraient pas encore à la lumière
De cette foi sans qui le bien même est pervers ;

Et dès lors quel soleil ou quelle sainte étoile
A dissipé ta nuit et redressé ta voile,
Pour la faire marcher après le bon pêcheur ? »

Stace lui répondit : « C'est toi qui sur ta trace
M'abreuvas le premier aux grottes du Parnasse
Et qui fis, après Dieu, la lumière en mon cœur.

Tu fus un éclaireur qui porte par derrière
Un flambeau, sans pouvoir s'aider de sa lumière,
Mais illumine ceux qui marchent après lui.

N'as-tu pas dit : « Des temps l'ordre se renouvelle,
La justice revient, l'âge d'or avec elle,
Un sang nouveau du Ciel va descendre aujourd'hui ? ? »

Par toi je fus chrétien comme je fus poëte ;
Et pour t'en faire avoir une clarté plus nette,
Écoute : la couleur va se joindre au dessin.

Già era 'l mondo tutto quanto pregno
Della vera credenza, seminata
Per li Messaggi dell' eterno regno :

E la parola tua sopra toccata
Si consonava a' nuovi predicanti :
Ond' io a visitarli presi usata.

Vennermi poi parendo tanto santi,
Che quando Domizian li perseguette,
Senza mio lagrimar non fur lor pianti :

E mentre che di là per me si stette,
Io gli sovvenni, e lor dritti costumi
Fer dispregiare a me tutte altre sette.

E pria ch' io conducessi i Greci a' fiumi
Di Tebe poetando, ebb' io battesmo,
Ma per paura chiuso Christian fùmi :

Lungamente mostrando paganesmo :
E questa tiepidezza il quarto cerchio
Cerchiar mi fe', più che 'l quarto centesmo :

Tu dunque, che levato hai 'l coperchio,
Che m' ascondeva quanto bene io dico,
Mentre che del salire avem soverchio,

Dimmi, dov' è Terenzio nostro amico,
Cecilio, Plauto, e Varro, se lo sai :
Dimmi, se son dannati, ed in qual vico.

Costoro, e Persio, ed io, ed altri assai,
Rispose 'l Duca mio, siam con quel Greco,
Che le Muse lattar, più ch' altro mai,

La terre était déjà tout entière imprégnée
De la croyance vraie, en tous lieux enseignée
Par les saints messagers du royaume divin,

Et ta prédiction, que plus haut j'ai citée,
Aux nouveaux prédicants à merveille adaptée,
M'avait fait rechercher souvent leurs entretiens.

Dès lors leur sainteté m'apparut là si grande,
Qu'au jour où Domitien persécuta leur bande,
Leurs pleurs ne coulaient pas sans y mêler les miens.

Et tant que je le pus, dans mon séjour sur terre,
Je leur donnai secours : leur existence austère
Me fit prendre en mépris les sectes de l'erreur.

Et devant qu'aux remparts de Thèbe en mon poëme
J'eusse conduit les Grecs, je reçus le baptême ;
Mais la crainte me fit cacher la foi du cœur,

Et je restai longtemps païen en apparence :
Malheureuse tiédeur dont j'ai fait pénitence
Au quatrième cercle, errant quatre cents ans !

Toi donc, puisque par toi s'est soulevé le voile
Qui me cachait du bien la véritable étoile,
Dis, tandis qu'à monter il nous reste du temps,

Où sont, si tu le sais, notre antique Térence,
Plaute, Varron, Cécile, et s'ils sont en souffrance,
S'ils sont damnés, dis-moi dans quel pays d'Enfer ? »

Mon guide répondit : « Ceux que tu dis, ces hommes,
Ainsi que Perse et moi, d'autres encor, nous sommes
Avec ce Grec, l'enfant des Muses le plus cher [3],

Nel primo cinghio del carcere cieco.
Spesse fiate ragioniam del monte,
C' ha le nutrici nostre sempre seco.

Euripide v' è nosco, e Anacreonte,
Simonide, Agatone, e altri piùe
Greci, che già di lauro ornar la fronte.

Quivi si veggon delle genti tue
Antigone, Deifile, ed Argia,
Ed Ismene sì trista, come fue.

Vedesi quella, che mostrò Langia:
Evvi la figlia di Tiresia, e Teti,
È con le suore sue Deidamia.

Tacevansi amendue già li poeti,
Di nuovo attenti a riguardare intorno,
Liberi dal salire e da' pareti:

E già le quattro ancelle eran del giorno
Rimase addietro, e la quinta era al tèmo,
Drizzando pure in su l' ardente corno,

Quando 'l mio Duca: Io credo, ch' allo stremo
Le destre spalle volger ci convegna,
Girando il monte, come far solemo.

Così l' usanza fu lì nostra insegna:
E prendemmo la via con men sospetto,
Per l' assentir di quell' anima degna.

Elli givan dinanzi, ed io soletto
Diretro, e ascoltava i lor sermoni,
Ch' a poetar mi davano intelletto.

Dans le premier pourtour des obscures carrières.
Souvent nous conversons des Muses nourricières
Et du mont consacré, leur séjour familier.

Avec nous sont de même Agathon, Simonide,
Le doux Anacréon, le tragique Euripide,
Bien d'autres Grecs encor, le front ceint de laurier.

On voit là plusieurs noms qu'illustra ton génie :
On y voit Antigone et Déiphile, Argie ;
Ismène triste encor, tout autant que jadis,

Et celle qui montra la fontaine Langie [4],
Avec Déidamie à ses sœurs réunie,
Et de Tirésias la fille avec Thétis. »

Cependant s'étaient tus l'un et l'autre poëte,
Et, du chemin pierreux ayant atteint le faîte,
Regardaient autour d'eux avec attention.

Des suivantes du jour déjà la quatrième
En arrière est restée ; au timon la cinquième
Déjà poussait le char au haut de l'horizon,

Quand mon guide : « Je crois, sur cette escarpe étroite
Qu'il nous faut derechef appuyer à main droite,
En contournant le mont tout comme auparavant. »

Notre maître fut donc ici l'expérience ;
Nous prîmes ce chemin avec plus d'assurance,
Le digne compagnon Stace nous approuvant.

Tous deux allaient devant, et moi seul en arrière
J'écoutais leurs discours tout remplis de lumière
Et de la poésie apprenais les secrets.

Ma tosto ruppe le dolci ragioni
Un alber che trovammo, in mezza strada,
Con pomi ad odorar soavi e buoni.

E come abete in alto si digrada
Di ramo in ramo, così quello in giuso,
Cred' io perchè persona su non vada.

Dal lato, onde 'l cammin nostro era chiuso,
Cadea dall' alta roccia un liquor chiaro,
Ed si spandeva per le foglie suso.

Li duo poeti all' alber s' appressaro :
Ed una voce per entro le fronde
Gridò : Di questo cibo avrete caro :

Poi disse : Più pensava Maria, onde
Fosser le nozze orrevoli, ed intere,
Ch' alla sua bocca, ch' or per voi risponde :

E le Romane antiche per lor bere
Contente furon d' acqua : a Daniello
Dispregiò cibo, ed acquistò savere.

Lo secol primo, quant' oro fu bello :
Fe' savorose con fame le ghiande,
E nettare, per sete, ogni ruscello.

Mele e locuste furon le vivande,
Che nudriro 'l Batista nel deserto ;
Perch' egli è glorioso, e tanto grande,

Quanto per l' Evangelio v' è aperto.

Soudain interrompit ce doux devis des âmes
Un arbre qu'au milieu du sentier nous trouvâmes,
Les rameaux ceints de fruits appétissants et frais.

Tels les rameaux du pin en montant s'amoindrissent,
Ceux-là tout au contraire en bas se rétrécissent,
Sans doute pour que nul ne tente d'y gravir.

Du côté du chemin que la montagne mure
Tombait du haut du roc une eau limpide et pure :
D'en haut sur le feuillage on la voyait jaillir.

De l'arbre s'approchait Stace ainsi que mon sage,
Quand une voix soudain à travers le feuillage
S'écria : « De ce fruit point tu ne mangeras ! »

Et puis elle ajouta : « La Vierge secourable
Voulait que le festin fût complet, honorable ;
A flatter son palais elle ne songeait pas [5].

L'eau contentait la soif des antiques Romaines ;
Daniel eut la science et la sagesse humaines
Pour avoir refusé les mets de Balthazar.

Aussi beau que l'or pur était le premier âge :
La faim rendait alors exquis le gland sauvage
Et la soif transformait les ruisseaux en nectar.

Sauterelles et miel, voilà la nourriture
Dont saint Jean au désert a vécu sans murmure ;
C'est pour cela qu'il est glorieux et si grand,

Comme, en lisant le saint Évangile, on l'apprend [6]. »

NOTES DU CHANT XXII

1   *... Quid non mortalia pectora cogis,*
    Auri sacra fames?
                              (*Énéide*, liv. III.)

2   *Magnus ab integro sæclorum nascitur ordo,*
    Jam redit et Virgo, redeunt Saturnia regna,
    Jam nova progenies cœlo demittitur alto.
                              (*Eglogue*, IV.)

Dante suit l'opinion de saint Augustin en rapportant à la naissance de Jésus les vers de Virgile.

3 Homère.

4 Hypsipyle, dont il a déjà été question au chant XVIII de l'Enfer. Ayant été vendue par des corsaires à Lycurgue, roi de Némée, il l'avait chargée du soin de son fils. Un jour qu'elle le portait dans ses bras, elle rencontra Adraste, l'un des sept chefs, qui, pressé par la soif, la pria de lui indiquer une fontaine. Pendant le temps qu'elle lui montrait la fontaine Langie, l'enfant, qu'elle avait déposé par terre, fut mordu par un serpent.

5 Aux noces de Cana.

6 *Inter natos mulierum nullus major Joanne Baptistâ.*

ARGUMENT DU CHANT XXIII

Les voyageurs sont joints en route par une grande procession d'ombres hâves de gourmands qui psalmodient des psaumes en pleurant, et se sanctifient dans la faim et dans la soif. Dante reconnaît son ami et compatriote Forèse. Celui-ci dit qu'il doit à la vertu et aux prières de Nella, sa femme, d'avoir été admis au Purgatoire sans passer par les lieux d'attente, où les âmes, dont le repentir fut tardif, demeurent, avant d'entrer dans les cercles purificateurs, un temps égal à celui et leur vie. Il s'élève avec véhémence contre les vices de l'impudicité des dames de Florence. Dante se découvre à son ami et lui désigne son guide Virgile et son nouveau compagnon Stace.

CANTO VENTESIMO TERZO

Mentre che gli occhi per la fronda verde
Ficcava io così, come far suole
Chi dietro all' uccellin sua vita perde:

Lo più che padre mi dicea: Figliole,
Vienne oramai, che 'l tempo, che c' è 'mposto,
Più utilmente compartir si vuole.

Io volsi 'l viso, e 'l passo non men tosto
Appresso a' savi, che parlavan sie,
Che l' andar mi facean di nullo costo:

Ed ecco piangere, cantar s' udìe,
Labia mea, Domine, per modo
Tal, che diletto e doglia parturìe.

O dolce Padre, che è quel, ch' i' odo?
Comincia' io: ed egli: Ombre, che vanno
Forse di lor dover solvendo 'l nodo.

Sì come i peregrin pensosi fanno,
Giugnendo per cammin gente non nota,
Che si volgono ad essa, e non ristanno:

Così diretro a noi più tosto mota
Venendo, e trapassando, ci ammirava
D' anime turba tacita e devota.

CHANT VINGT-TROISIÈME

Comme je plongeais l'œil entre le vert branchage,
Avec l'attention du chasseur qui, peu sage,
A l'affût d'un oiseau demeure fourvoyé;

Celui qui m'était plus qu'un père disait : « Preste !
Viens maintenant, mon fils, car le temps qui nous reste
Doit plus utilement pour nous être employé. »

Je tournai le visage et le pied au plus vite
Vers les deux sages qui me faisaient la conduite
Et dont les doux devis m'abrégeaient le chemin.

Soudain des voix en pleurs chantent dans la carrière :
Labia Domine mea [1], d'une manière
Qui me fit à la fois et plaisir et chagrin.

« Qu'est-ce donc que j'entends, m'écriai-je, ô doux maître ? »
— « Ce sont, répondit-il, des ombres qui peut-être
Vont dénouant le nœud de leur dette envers Dieu. »

Comme des pèlerins qui pensifs en voyage
Et rencontrant des gens inconnus de visage,
Sans vouloir s'arrêter, se retournent un peu.

Ainsi derrière nous, mais avec diligence,
Une troupe d'esprits dans un pieux silence
Venait, nous regardait, et plus avant passait.

Negli occhi era ciascuna oscura e cava,
Pallida nella faccia, e tanto scema,
Che dall'ossa la pelle s'informava.

Non credo, che così a buccia strema
Erisiton si fusse fatto secco,
Per digiunar, quando più n'ebbe tema.

Io dicea, fra me stesso pensando: Ecco
La gente, che perdè Gerusalemme,
Quando Maria nel figlio diè di becco.

Parean l'occhiaie anella senza gemme.
Chi nel viso degli uomini legge *o m o*,
Bene avria quivi conosciuto l'emme.

Chi crederebbe, che l'odor d'un pomo
Sì governasse, generando brama,
E quel d'un'acqua, non sapendo como?

Già era in ammirar, che sì gli affama,
Per la cagione ancor non manifesta
Di lor magrezza, e di lor trista squama:

Ed ecco del profondo della testa
Volse a me gli occhi un'ombra, e guardò fiso,
Poi gridò forte: Qual grazia m'è questa?

Mai non l'avrei riconosciuto al viso;
Ma nella voce sua mi fu palese
Ciò, che l'aspetto in sè avea conquiso.

Questa favilla tutta mi raccese
Mia conoscenza alla cambiata labbia,
E ravvisai la faccia di Forese.

Ils avaient tous les yeux comme assombris et caves,
Des corps tout décharnés et des visages hâves
Où sur les os la peau livide se collait.

Je n'imagine pas qu'Érésichthon lui-même ²,
Quand l'affre de la faim fut à son comble extrême,
A cet exténûment se vit réduit jadis.

Et, songeant à part moi : C'est ici, me disais-je,
La gent qui de Sion souffrit l'horrible siége,
Quand Maria mordit dans les chairs de son fils ³.

Le chaton vif manquait à leur orbite vaine.
Ceux qui lisent *o m o* sur la figure humaine
Auraient parfaitement distingué l'*m* ici ⁴.

Qui le croirait, à moins d'en pénétrer la cause,
Que le parfum d'un fruit qu'un peu d'eau fraîche arrose
Allume un tel désir et les consume ainsi !

En voyant leur maigreur, leur peau rêche et séchée,
Et la raison encor m'en demeurant cachée,
De cette horrible faim je cherchais le pourquoi.

Et voilà que, du fond de son crâne, hagarde,
Une ombre sort les yeux et, fixe, me regarde
En s'écriant tout haut : « Quelle grâce pour moi ! »

Je ne l'aurais pas pu reconnaître au visage ;
Mais, réparant des traits l'épouvantable outrage,
Ce que les traits cachaient, la voix le révéla.

Ce fut comme un éclair dont la vive lumière
Illumina pour moi la face tout entière,
Et je connus alors que Forèse était là ⁵.

Deh non contendere all' asciutta scabbia,
Che mi scolora, pregava, la pelle,
Nè a diffetto di carne, ch' io abbia.

Ma dimmi 'l ver di te : e chi son quelle
Du' anime, che là ti fanno scorta :
Non rimaner, che tu non mi fàvelle.

La faccia tua, ch' io lagrimai già morta,
Mi da di pianger mo non minor doglia,
Risposi lui, veggendola sì torta.

Però mi dì, per Dio, che sì vi sfolia :
Non mi far dir, mentr' io mi maraviglio :
Chè mal può dir, chi è pien d' altra voglia.

Ed egli a me : Dell' eterno consiglio
Cade virtù nell' acqua, e nella pianta
Rimasa addietro, ond' io sì mi sottiglio.

Tutta esta gente, che piangendo canta,
Per seguitar la gola oltre misura,
In fame e 'n sete qui si rifà santa.

Di bere e di mangiar n' accende cura
L' odor, ch' esce del pomo e dello sprazzo
Che si distende su per la verdura.

E non pure una volta questo spazzo.
Girando, si rinfresca nostra pena :
Io dico pena, e dovria dir sollazzo :

Chè quella voglia all' arbore ci mena,
Che menò Cristo lieto a dire Elì,
Quando ne liberò con la sua vena.

« Las ! ne regarde pas, priait-il, aux écailles
Qui de ma peau séchée ont corrodé les mailles,
A ces membres flétris où la chair fait défaut.

Dis-moi la vérité sur toi, je t'en supplie.
Quels sont ces deux esprits qui te font compagnie ?
Ne me refuse pas, et me parle aussitôt ! »

— « Ton visage que j'ai pleuré mort, répondis-je,
Me donne encor sujet de pleurs, et je m'afflige
Te voyant maintenant ainsi défiguré.

Pour Dieu donc apprends-moi ce qui tant vous épuise ?
Ne me fais point parler au fort de la surprise :
Plein d'un autre souci, mal je te répondrai.

L'ombre alors : « Dans cette onde et cet arbre, dit-elle,
Que vous vîtes là-bas, la Sagesse éternelle
Épanche une vertu qui m'exténue ainsi.

Tout ce peuple qui chante et pleure en la carrière,
Pour avoir trop subi des sens la loi grossière,
Dans la faim et la soif se sanctifie ici.

Le besoin de manger et de boire s'allume
Par le parfum qui sort de ce fruit, par l'écume
De cette onde qu'on voit sur l'arbre vert jaillir.

Ce n'est pas une fois seulement qu'en l'arène
On tourne, et chaque fois se ravive la peine :
Je dis peine, et devrais plutôt dire : plaisir.

Car cet ardent désir qui vers l'arbre nous mène
Fit dire au Christ joyeux : *Éli !* quand de sa veine,
Pour délivrer le monde, un sang pur a coulé. »

Ed io a lui: Forese, da quel dì,
Nel qual mutasti mondo a miglior vita,
Cinqu' anni non son volti insino a qui.

Se prima fu la possa in te finita
Di peccar più, che sorvenisse l' ora
Del buon dolor, ch' a Dio ne rimarita,

Come se' tu quassù venuto? ancora
Io ti credea trovar laggiù di sotto,
Dove tempo per tempo si ristora.

Ed egli a me: Sì tosto m' ha condotto
A ber lo dolce assenzio de' martiri
La Nella mia col suo pianger dirotto.

Con suo' prieghi devoti, e con sospiri
Tratto m' ha della costa, ove s' aspetta,
E liberato m' ha degli altri giri.

Tant' è a Dio più cara e più diletta
La vedovella mia, che molto amai,
Quanto in bene operare è più soletta:

Che la Barbagia di Sardigna assai
Nelle femmine sue è più pudica
Che la Barbagia, dov' io la lasciai.

O dolce frate, che vuoi tu, ch' io dica?
Tempo futuro m' è già nel cospetto,
Cui non sarà quest' ora molto antica,

Nel qual sarà in pergamo interdetto
Alle sfacciate donne Fiorentine
L' andar mostrando con le poppe il petto.

A mon tour je parlai : « Forèse ! depuis l'heure
Où tu nous as quittés pour la sphère meilleure,
L'espace de cinq ans s'est à peine écoulé.

Puisqu'en toi du péché la force était éteinte
Avant que ne survînt l'heure bénie et sainte
De la bonne douleur qui remarie à Dieu,

Comment es-tu déjà monté jusqu'à ce faîte ?
Là, plus bas, où le temps par le temps se rachète ⁶,
J'aurais cru te trouver plutôt qu'en ce haut lieu. »

Et l'ombre à moi : « Ce fut Nella, s'il faut le dire,
Qui m'a valu la douce absinthe du martyre,
Grâce à ses pleurs brûlants dont le Ciel fut touché.

Les vœux et les soupirs sortis de son cœur tendre
M'ont tiré de la côte où l'on nous fait attendre,
Et des autres girons m'ont de même arraché.

Elle est à Dieu d'autant plus agréable et chère,
La pauvre veuve, hélas ! que tant j'aimais sur terre,
Qu'elle seule aujourd'hui pratique la vertu.

Car la Barbagia de Sardaigne ⁷ a des femmes
Plus pudiques beaucoup et beaucoup moins infâmes
Que cette Barbagie où la laisser j'ai dû.

O doux frère, veux-tu savoir ce que je pense ?
Un temps arrivera, je le prévois d'avance
(De cette heure où je parle il est assez prochain),

Où du haut de la chaire il sera fait défense
A l'impudicité des femmes de Florence
D'aller en étalant et la gorge et le sein,

Quai Barbare fur mai, quai Saracine,
Cui bisognasse, per farle ir coverte,
O spiritali, o altre discipline ?

Ma se le svergognate fosser certe
Di quel che 'l Ciel veloce loro ammanna,
Già per urlar avrian le bocche aperte.

Chè se l' antiveder qui non m' inganna,
Prima fien triste, che le guance impeli
Colui, che mo si consola con nanna.

Deh, frate, or fa, che più non mi ti celi :
Vedi che non pur io, ma questa gente
Tutta rimira là dove 'l Sol veli.

Perch' io a lui : Se ti riduci a mente,
Qual fosti meco, e quale io teco fui;
Ancor fia grave il memorar presente.

Di quella vita mi volse costui,
Che mi va innanzi, l' altr' ier, quando tonda
Vi si mostrò la suora di colui :

E 'l Sol mostrai. Costui per la profonda
Notte menato m' ha da' veri morti
Con questa vera carne, che 'l seconda.

Indi m' han tratto su li suoi conforti,
Salendo, e rigirando la montagna,
Che drizza voi, che 'l mondo fece torti.

Tanto dice di farmi sua compagna,
Ch' io sarò là, dove fia Beatrice :
Quivi convien, che senza lui rimagna.

Aux femmes du Barbare ou bien de l'Infidèle
Fut-il jamais besoin de loi spirituelle
Qui les forçât d'aller couvertes décemment ?

Ah ! si pouvaient déjà savoir les réprouvées
Quelles foudres le Ciel sur elles tient levées,
Leurs bouches pour hurler s'ouvriraient grandement.

Car, si ma clairvoyance ici point ne m'abuse,
Avant qu'ait pu l'enfant que sa nourrice amuse
Prendre barbe au menton, dur sera leur réveil.

Mais ne te cèle pas plus longtemps à moi, frère !
Tu vois bien qu'avec moi cette gent tout entière
A les yeux où ton corps fait une ombre au soleil. »

A quoi je répondis : « Si ton cœur se rappelle
Quels nous fûmes tous deux sur la terre mortelle,
Le souvenir encor t'en paraîtra pesant.

Cet homme devant moi m'a tiré de ce monde
Le jour d'avant-hier, quand apparaissait ronde
La sœur de ce flambeau qui rayonne à présent.

— Je montrai le soleil. — Cet homme-là, cette ombre
M'a fait chez les vrais morts traverser la nuit sombre,
Et je le suis avec mon véritable corps.

Et de là jusqu'ici, soutenu par son aide,
J'ai monté, j'ai tourné cette montagne raide
Qui vous redresse, vous que le monde a faits tors.

J'aurai sa compagnie aimable et protectrice
Jusqu'à ce que je voie arriver Béatrice.
Alors il me faudra de lui me départir.

Virgilio è questi, che così mi dice :
E additailo : e quest'altr' è quell' ombra,
Per cui scosse dianzi ogni pendice

Lo vostro regno, che da sè la sgombra.

Le voici, c'est Virgile. — Et mon doigt le désigne. —
Et cet autre-ci, fis-je encor, c'est l'ombre digne
Pour qui vient de trembler si fort et retentir

Ce mont, votre royaume, en la laissant partir. »

NOTES DU CHANT XXIII

¹ Premiers mots du psaume de David : *Domine, labia mea aperies, et os meum annuntiabit laudem tuam.*

² Érésichthon avait abattu une forêt consacrée à Cérès. Il éprouva, par la vengeance de la déesse, une faim si furieuse qu'il finit par se dévorer lui-même.

³ Femme juive qui, pendant le siége de Jérusalem, mangea son fils (Josèphe, *De bello judaico*).

⁴ Le mot OMO (homme en italien), en plaçant les deux o entre les jambages de l'M, comme il suit, ᴀᴀ représente avec un peu de bonne volonté, le visage humain; les deux o figurant les yeux, les deux jambages latéraux de l'M figurant les joues et celui du milieu le nez. On aurait, dit-il, distingué l'M sur la figure hâve des ombres, c'est-à-dire le nez et les os saillants des joues, mais les yeux (les deux o) disparaissaient enfoncés dans l'orbite.

⁵ Florentin de la famille des Donati, ami et parent du Dante, frère de la belle Piccarda qu'on retrouve au chant III du Paradis.

⁶ Dans les lieux d'attente qui précèdent le Purgatoire, où ceux dont le repentir a été tardif restent un temps égal à celui de leur vie avant d'entrer dans les cercles expiatoires.

⁷ Montagne de la Sardaigne, alors mal famée.

ARGUMENT DU CHANT XXIV

Forèse indique à Dante divers pénitents, comme lui dans le cercle de la gourmandise, entre autres Buonagiunta, rimeur lucquois, avec qui Dante s'entretient quelques instants de style et de poésie. Un nouvel arbre s'offre aux voyageurs. Une foule l'entoure et tend, vers les branches chargées de fruits, des mains impuissantes. Une voix sort de l'arbre et éloigne les âmes en leur rappelant, par des exemples, les funestes effets du péché de la bouche. Un ange éblouissant efface encore un stigmate de péché sur le front de Dante.

CANTO VENTESIMO QUARTO

Nè 'l dir l' andar nè l' andar lui più lento
Facea : ma ragionando andavam forte,
Sì come nave pinta da buon vento.

E l' ombre, che parean cose rimorte,
Per le fosse degli occhi, ammirazione
Traean di me, del mio vivere accorte.

Ed io continuando 'l mio sermone
Dissi : Ella sen va su forse più tarda,
Che non farebbe, per l' altrui cagione.

Ma dimmi, se tu sai, dov' è Piccarda :
Dimmi, s' io veggio da notar persona
Tra questa gente, che sì mi riguarda.

La mia sorella, che tra bella e buona
Non so qual fosse più, trionfa lieta
Nell' alto Olimpo già di sua corona :

Sì disse prima, e poi : Qui non si vieta
Di nominar ciascun, da ch' è sì munta
Nostra sembianza via per la dieta.

Questi (e mostrò col dito) è Buonagiunta,
Buonagiunta da Lucca : e quella faccia
Di là da lui, più che l' altre trapunta,

CHANT VINGT-QUATRIÈME

Les propos et les pas se suivaient sans se nuire,
Et parlant, nous allions toujours, comme un navire
Qui fuit légèrement porté par un bon vent.

Et les morts qui semblaient deux fois morts, ombres hâves,
Exprimaient tous du fond de leurs orbites caves
Leur émerveillement de me savoir vivant.

Reprenant mon discours, je dis : « L'âme affranchie [1]
Sans doute veut jouir de notre compagnie,
Et, pour ce, vers le Ciel est plus lente à monter.

Mais, dis-moi, je te prie, où doncques est Piccarde?
Et parmi cette gent qui si fort me regarde,
Est-il quelqu'un, dis-moi, de célèbre à noter ? »

« Dans l'Olympe, ma sœur, — je ne puis dire d'elle
Ce qu'elle fut le plus, ou de bonne ou de belle —
Déjà de ses vertus reçoit le joyeux prix. »

Ainsi répond d'abord Forèse, puis ajoute :
« On peut nommer ici chaque mort, sans nul doute :
Par l'abstinence, hélas, nos traits sont si flétris !

Ci, — le montrant du doigt — Buonagiunta lui-même,
Buonagiunta de Lucque, et cette face blême,
Ce pécheur près de lui, le plus maigre de tous,

Ebbe la santa Chiesa in le sue braccia :
Dal Torso fu, e purga per digiuno
L' anguille di Bolsena, e la vernaccia.

Molti altri mi mostrò ad uno ad uno :
E nel nomar parean tutti contenti,
Sì ch' io però non vidi un atto bruno.

Vidi per fame a vuoto usar li denti
Ubaldin dalla Pila, e Bonifazio,
Che pasturò col rocco molte genti.

Vidi Messer Marchese, ch' ebbe spazio
Già di bere a Forlì con men secchezza,
E sì fu tal, che non si sentì sazio.

Ma come fa chi guarda, e poi fa prezza
Più d' un che d' altro, fe' io a quel da Lucca,
Che più parea di me aver contezza.

Ei mormorava : e non so che Gentucca
Sentiva io, là ov' ei sentia la piaga
Della giustizia, che sì gli pilucca.

O anima, diss' io, che par sì vaga
Di parlar meco, fa sì, ch' io t' intenda ;
E te e me col tuo parlare appaga.

Femmina è nata, e non porta ancor benda,
Cominciò ei, che ti farà piacere
La mia città, come ch' uom la riprenda.

Tu te n' andrai con questo antivedere;
Se nel mio mormorar prendesti errore,
Dichiareranti ancor le cose vere.

Eut l'Église en ses bras : il était de Touraine.
Il jeûne pour ces bons pimperneaux de Bolsène
Qu'il faisait saintement cuire dans du vin doux². »

Forèse m'en montra de la sorte un grand nombre,
Et pas un à sa voix ne prit un air plus sombre :
De s'entendre nommer tous paraissaient contens.

Je vis mâchant à vide, et la faim sur la face,
Ubaldin de la Pile avec ce Boniface
Dont le rochet donnait pâture à tant de gens³.

Je vis sir Marchese⁴ lequel eut temps de boire
Autrefois à Forli ; sa gorge, on le peut croire,
Était moins sèche alors, et rien ne suffisait.

Mais comme fait celui qui d'abord examine,
Puis choisit, du Lucquois m'agréa mieux la mine,
Parce qu'il me sembla qu'il me reconnaissait.

J'entendais s'échapper comme un faible murmure
De sa bouche, instrument de sa juste torture :
« Gentucca ! » disait-il, ou bien je ne sais quoi.

— « Chère âme qui parais brûler d'un désir tendre
De causer avec moi, cherche à te faire entendre,
Lui dis-je, et parle haut pour toi comme pour moi ! »

Le Lucquois dit alors : « Il est né sur la terre
Une femme encor vierge et qui te rendra chère
Ma cité, que pourtant on s'efforce à noircir⁵.

Cette prévision que je te donne est sûre,
Et si tu n'entends bien ce que je te murmure,
L'avenir tôt ou tard saura bien l'éclaircir⁶.

Ma di', s' io veggio qui colui, che fuore
Trasse le nuove rime, cominciando,
Donne, ch' avete intelletto d' amore.

Ed io a lui: Io mi son un che, quando
Amore spira, noto, e a quel modo,
Ch' ei detta dentro, vo significando.

O frate, issa vegg' io, diss' egli, il nodo,
Che 'l Notaio, e Guittone, e me ritenne
Di qua dal dolce stil nuovo, ch' i' odo.

Io veggio ben, come le vostre penne
Dirctro al dittator sen vanno strette,
Che delle nostre certo non avvenne.

E qual più a gradire oltre si mette,
Non vede più dall' uno all' altro stilo:
E quasi contentato si tacette.

Come gli augei, che vernan verso 'l Nilo,
Alcuna volta di lor fanno schiera,
Poi volan più in fretta, e vanno in filo,

Così tutta la gente, che lì era,
Volgendo 'l viso, raffrettò suo passo,
E per magrezza, e per voler leggiera.

E come l' uom, che di trottare è lasso,
Lascia andar li compagni, e sì passeggia,
Fin che si sfoghi l' affollar del casso;

Sì lasciò trapassare la santa greggia
Forese, e dietro meco sen veniva
Dicendo: Quando fia ch' io ti riveggia?

Mais, dis-moi, n'es-tu pas, comme je me figure,
L'auteur des vers nouveaux dont voici l'ouverture :
Dames qui de l'amour avez en vous l'esprit [7] *!*

Je répondis : « Je suis quelqu'un qu'Amour inspire,
Je note ce qu'au fond de mon cœur il soupire,
Et sur son propre ton traduis ce qu'il me dit. »

« Frère, à présent, je vois, fit-il, l'obstacle extrême
Qui maintint le notaire, et Guittone, et moi-même
Loin de la nouveauté de ce style enchanteur [8].

J'aperçois bien, comment vos plumes, à vous autres,
Suivent étroitement à l'inverse des nôtres
Le maître souverain, le grand inspirateur.

Qui veut le dépasser pour plaire davantage,
Ne sait plus distinguer le vrai du faux langage. »
Ceci dit, il se tut, paraissant satisfait.

Comme on voit des oiseaux, quand la saison de glace
Les chasse vers le Nil, par bandes dans l'espace
S'assembler, puis soudain défiler tout d'un trait :

Ainsi toute la gent, dans ces lieux réunie,
A détourné soudain la tête et s'est enfuie,
Légère de maigreur et d'ardeur tout autant.

Comme un coureur lassé qui vient de perdre haleine
Laisse ses compagnons aller tous, et ramène,
A petits pas, le souffle en son sein haletant :

Ainsi laissa passer le saint troupeau Forèse,
Et de loin avec moi le suivait tout à l'aise,
Disant : « De te revoir ore à quand le plaisir ? »

Non so, risposi lui, quant' io mi viva :
Ma già non fia 'l tornar mio tanto tosto,
Ch' io non sia col voler prima alla riva.

Perocchè 'l luogo, u' fui a viver posto,
Di giorno in giorno più di ben si spolpa,
E a trista ruina par disposto.

Or va, diss' ei, chè quei, che più n' ha colpa,
Vegg' io a coda d' una bestia tratto
Verso la valle, ove mai non si scolpa.

La bestia ad ogni passo va più ratto,
Crescendo sempre, infin ch' ella 'l percuote,
E lascia 'l corpo vilmente disfatto.

Non hanno molto a volger quelle ruote,
(E drizzò gli occhi al Ciel) ch' a te fia chiaro
Ciò, che 'l mio dir più dichiarar non puote.

Tu ti rimani omai, chè 'l tempo è caro
In questo regno sì, ch' io perdo troppo,
Venendo teco sì a paro a paro.

Qual esce alcuna volta di galoppo
Lo cavalier di schiera che cavalchi,
E va per farsi onor del primo intoppo,

Tal si partì da noi con maggior valchi :
Ed io rimasi in via con esso i due,
Che fur del mondo sì gran maliscalchi.

E quando innanzi a noi sì entrato fue,
Che gli occhi miei si fero a lui seguaci,
Come la mènte alle parole sue,

Je répondis : « Combien je vivrai, je l'ignore ;
Mais si prochainement que je revienne encore
Serai-je devancé beaucoup par mon désir.

Car le lieu dans lequel j'eus la vie en partage
De vertus tous les jours se vide davantage,
Et d'une triste fin il paraît menacé. »

— « Va, dit l'ombre, je vois de tous le plus coupable
Traîné par un cheval au val épouvantable
Où le péché jamais ne peut être effacé [9].

La bête va toujours, va toujours plus rapide,
Jusqu'à ce qu'elle laisse en sa course homicide
Le corps gisant brisé, méconnaissable, affreux.

Et puis, levant les yeux au Ciel : « Ces sphères pures
Tourneront peu, dit-il, devant que les augures,
Qu'il me faut te voiler, pour toi s'éclairent mieux.

Mais adieu maintenant, car dedans ce royaume
Le temps est précieux, ajouta le fantôme :
J'en perds trop à marcher côte à côte avec toi. »

Tel, des rangs d'une troupe à cheval qui s'avance,
Au galop quelquefois un cavalier s'élance
Pour se donner l'honneur d'engager le tournoi :

Tel Forèse de nous s'éloigne à pas rapides
Et me laisse en chemin près des deux nobles guides
Dont le monde a reçu de si grandes leçons.

Et lorsque loin de nous l'ombre se fut perdue,
De mon mieux la suivant de loin dans l'étendue,
Comme j'avais suivi ses révélations,

Parvermi i rami gravidi e vivaci
D' un altro pomo, e non molto lontani,
Per esser pure allora volto in làci.

Vidi gente sott' esso alzar le mani,
E gridar non so che verso le fronde,
Quasi bramosi fantolini e vani,

Che pregano, e 'l pregato non risponde:
Ma per fare esser ben lor voglia acuta,
Tien' alto lor disio, e nol nasconde.

Poi si partì, sì come ricreduta:
E noi venimmo al grande arbore, ad esso,
Che tanti prieghi e lagrime rifiuta.

Trapassate oltre, senza farvi presso:
Legno è più su, che fu morso da Eva,
E questa pianta si levò da esso.

Sì tra le frasche non so chi diceva:
Perchè Virgilio e Stazio ed io ristretti
Oltre andavam dal lato, che si leva.

Ricordivi, dicea, de' maladetti
Ne' nuvoli formati, che satolli
Teseo combattêr co' doppi petti:

E degli Ebrei, che al ber si mostrar molli,
Per che non ebbe Gedeon compagni,
Quando inver Madiàn discese i colli.

Sì accostati all' un de' duo vivagni,
Passammo, udendo colpe della gola,
Seguite già da miseri guadagni.

J'aperçus tout à coup, dans notre voisinage,
Un autre arbre visible alors, dont le branchage,
Plein de séve, pliait sous les fruits à plaisir.

Et des ombres, levant les mains et suppliantes,
Criaient je ne sais quoi vers les branches pliantes :
Tels de petits enfants ardés d'un vain désir,

On les laisse prier, et celui qui les tente,
Pour aiguiser encor leur convoitise ardente,
Agite en l'air l'amorce et l'étale à leurs yeux.

Semblant perdre l'espoir, s'éloignèrent les âmes ;
Et nous, vers le grand arbre alors nous avançâmes
Où viennent échouer tant de pleurs et de vœux.

« Au large ! éloignez-vous ! plus loin là-haut s'élève
Le tronc du fruit auquel autrefois mordit Ève,
Ce plant que vous voyez n'en est qu'un rejeton. »

Ainsi dans la ramée une voix nous arrête :
Sur-le-champ, nous serrant de côté, le poëte
Virgile, Stace et moi, passons outre et montons.

« Songez à ces maudits, fils d'un nuage trouble,
Disait encor la voix, ces monstres à sein double,
Ivres les combattit Thésée, et les occit [10].

Songez à ces Hébreux, agenouillés pour boire,
Et qui ne purent pas prendre leur part de gloire,
Lorsque vers Madian Gédéon descendit [11]. »

Ainsi, suivant le pic où notre épaule touche,
Nous passions, écoutant les péchés de la bouche
Qui jadis n'ont porté que des fruits de malheur.

Poi rallargati per la strada sola,
Ben mille passi e più ci portammo oltre,
Contemplando ciascun senza parola.

Che andate pensando sì voi sol tre,
Subita voce disse: ond' io mi scossi,
Come fan bestie spaventate e poltre.

Drizzai la testa per veder chi fossi,
E giammai non si videro in fornace
Vetri o metalli sì lucenti e rossi,

Com' io vidi un, che dicea: S' a voi piace
Montare in su, qui si convien dar volta:
Quinci si va, chi vuole andar per pace.

L' aspetto suo m' avea la vista tolta:
Perch' io mi volsi indietro a' miei dottori,
Com' uom, che va, secondo ch' egli ascolta.

E quale annunziatrice degli albori
L' aura di Maggio muovesi, ed olezza,
Tutta impregnata dall' erba e da' fiori;

Tal mi senti' un vento dar per mezza
La fronte: e ben senti' muover la piuma,
Che fe' sentir d' ambrosia orezza:

E senti' dir: Beati, cui alluma
Tanto di grazia, che l' amor del gusto
Nel petto lor troppo disir non fuma,

Esuriendo sempre, quanto è giusto.

Puis, reprenant le large, et tout seuls, loin des âmes,
Plus d'un millier de pas encor nous avançâmes,
Et chacun sans parler regardait tout rêveur.

« A quoi pensez-vous, seuls tous trois dans la carrière ? »
Dit soudain une voix : je bondis en arrière,
Comme fait, quand il prend de l'ombrage, un cheval.

Et pour voir qui c'était, je lève un œil timide.
Jamais en fusion dans le brasier torride
On ne vit flamboyer le verre ou le métal

Comme l'ange qui lors parut, face éclatante !
Et disant : « Tournez là, si de monter vous tente,
Car c'est par là que vont ceux qui cherchent la paix ! »

La vue, à son aspect, m'avait été ravie.
Comme un homme guidé seulement par l'ouïe,
Derrière mes docteurs à pas lents j'avançai.

Et telle, de l'aurore heureuse messagère,
Une brise de mai, parfumée et légère,
Soufflant tout imprégnée et d'herbes et de fleurs,

Tel sentis-je un doux vent passer sur mon visage ;
Je sentis s'agiter le céleste plumage
Et s'épancher sur moi les divines odeurs.

Et la voix s'écriait : « Bienheureux ceux qu'enflamme
La grâce, qui la font dominer dans leur âme,
Aux trop fumeux désirs du goût n'accordent rien,

Et n'ont faim que selon la justice et le bien ! »

NOTES DU CHANT XXIV

¹ L'ombre affranchie, c'est-à-dire Stace qu'il vient de désigner.

² Le pape Martin IV de Tours, gastronome raffiné, noyait dans un certain petit vin blanc du pays de Sienne les anguilles du lac de Bolsène, petite ville située dans l'État romain.

³ Boniface, évêque d'Imola.

⁴ Le marquis de Rigogliosi, noble de Forli, grand buveur.

⁵ Dante lui-même, au chant XXI de l'Enfer, a traité les Lucquois de fripons.

⁶ Il est question ici d'une certaine Gentucca à qui Dante rendit des soins pendant son séjour à Lucques.

⁷ *Canzone* du Dante dans la *Vita nuova*.

⁸ Le notaire : un certain Jacobo de Lentino, notaire en même temps que poëte. Guittone d'Arezzo, autre rimeur de cette école boursouflée, fausse et froide, qui faisait des vers amoureux où l'on ne sentait pas l'amour et que Dante attaque ici.

⁹ Corso Donati, frère de Forèse et chef des Noirs. Il fut renversé de cheval et massacré dans les rues de Florence.

¹⁰ Les Centaures, fils d'Ixion et de la Nue, s'étant enivrés aux noces de Pirithoüs et ayant voulu enlever son épouse, Thésée les battit et les immola.

¹¹ Gédéon voulant conduire dix mille hommes contre les Madianites, Dieu lui ordonna de choisir ceux qui ne se seraient pas agenouillés pour boire à la fontaine Arad, mais auraient bu dans leurs mains en se courbant seulement.

ARGUMENT DU CHANT XXV

Tout en montant dans le septième et dernier cercle, celui où s'expient dans le feu les faiblesses de la chair, Dante, préoccupé de ce qu'il vient de voir, demande des explications à Virgile, qui charge Stace de les lui donner. Théorie physique et métaphysique de la génération, du développement successif de l'âme humaine et de sa transformation après la mort. Dans le dernier cercle où les poëtes sont parvenus, des flammes ardentes s'élèvent de toutes parts ; à peine entre elles et le bord du précipice peuvent-ils trouver un passage. Les voix des luxurieux chantent, pour se mortifier au sein des flammes, l'éloge de la chasteté et rappellent d'anciens exemples de cette vertu.

CANTO VENTESIMO QUINTO

Ora era, onde 'l salir non volea storpio,
Chè 'l Sole avea lo cerchio di meriggc
Lasciato al Tauro, e la notte allo Scorpio.

Perchè come fa l' uom, che non s' affigge,
Ma vassi alla via sua, checchè gli appaia,
Se di bisogno stimolo il trafigge;

Così entrammo noi per la callaia,
Uno innanzi altro, prendendo la scala,
Che per artezza i salitor dispaia.

E quale il cicognin, che leva l' ala
Per voglia di volare, e non s' attenta
D' abbandonar lo nido, e giù la cala;

Tal' era io con voglia accesa e spenta
Di dimandar, venendo infino all' atto,
Che fa colui, ch' a dicer s' argomenta.

Non lasciò per andar, che fosse ratto,
Lo dolce padre mio, ma disse: Scocca
L' arco del dir, che 'nfino al ferro hai tratto

Allor sicuramente aprii la bocca,
E cominciai: Come si può far magro,
Là dove l' uopo di nutrir non tocca?

CHANT VINGT-CINQUIÈME

L'heure était de gravir le mont d'un pied vivace,
Car sur le méridien avaient déjà fait place
Le soleil au Taureau, la nuit au Scorpion [1].

Comme un homme qui va poursuivant un voyage
Sans repos, sans que rien le retienne au passage,
De la nécessité s'il ressent l'aiguillon :

Ainsi par la trouée engagés à la file,
Nous gravissions tous trois l'escalier difficile
Où l'on monte un par un en se dépariant.

Et tel un cigogneau qui soulève son aile,
Tenté de s'envoler dans l'air pur qui l'appelle,
Puis, craignant de quitter son nid, la repliant :

Tel je sentais en moi s'allumer et s'éteindre
Un désir de parler que je voulais contraindre :
La voix prête à sortir sur ma lèvre expirait.

Sans ralentir son pas sur la montée ardue :
« Ta langue comme un arc jusqu'au fer est tendue,
Fit le doux père, ainsi laisse partir le trait ! »

Alors j'ouvris la bouche avec plus d'assurance :
« Quand l'aliment n'est plus utile à la substance,
Comment peut-on maigrir et paraître épuisé [2] ? »

Se t' ammentassi, come Meleagro
Si consumò al consumar d' un tizzo,
Non fora, disse, questo a te sì agro.

E, se pensassi come al vostro guizzo
Guizza dentro allo specchio vostra image,
Ciò che par duro, ti parrebbe vizzo.

Ma perchè dentro, a tuo voler t' adage,
Ecco qui Stazio : ed io lui chiamo e prego,
Che sia or sanator delle tue piage :

Se la vendetta eterna gli dislego,
Rispose Stazio, là dove tu sie,
Discolpi me non potert' io far niego.

Poi cominciò : Se le parole mie,
Figlio, la mente tua guarda e riceve,
Lume ti fieno al come, che tu die.

Sangue perfetto, che mai non si beve
Dall' assetate vene, e si rimane,
Quasi alimento, che di mensa leve,

Prende nel cuore a tutte membra umane
Virtute informativa, come quello,
Ch' a farsi quelle per le vene vane.

Ancor digesto scende, ov' è più bello
Tacer, che dire : e quindi poscia geme
Sovr' altrui sangue, in natural vasello.

Ivi s' accoglie l' uno e l' altro insieme,
L' un disposto a patire, e l' altro a fare,
Per lo perfetto luogo, onde si preme :

— « Songes à Méléagre, à sa vie éphémère
Consumée au tison rallumé par sa mère [3] :
Le fait à concevoir sera moins malaisé.

Songe au miroir fidèle et qui rend sur l'image
La moindre inflexion du corps et du visage,
Et du mystère abstrus tu perceras le sein.

Mais, pour te contenter sans aucune équivoque,
Voici Stace : c'est lui que je quiers et j'invoque
Pour qu'il soit de ton doute ici le médecin. »

— « Si j'ose, toi présent, à son intelligence,
Répond Strace, expliquer l'éternelle vengeance,
Que mon excuse soit d'aimer à t'obéir !

Puis il me dit : « Mon fils, pour peu que tu m'écoutes
Et retiennes ce que je dirai, sur tes doutes
Tu verras à flots clairs la lumière jaillir.

Le sang pur qui n'est pas absorbé par les veines
Demeure à part ; ainsi sur des tables trop pleines
Se conservent intacts les reliefs d'un festin.

Ce sang prend dans le cœur la force informative
Pour aux membres humains donner leur forme vive,
Puis des veines il suit le conduit intestin :

Encore élaboré, descend dans une gorge
Qu'il sied ne pas nommer, et de là se dégorge
Sur le sang d'un autre être, en un vase vivant.

Là l'un et l'autre sang confondent leur substance,
L'un passif, l'autre actif et tirant sa puissance
De ce siége parfait du cœur qui le répand.

E, giunto lui comincia ad operare,
Coagulando prima, e poi ravviva
Ciò che per sua materia fe' gestare.

Anima fatta la virtute attiva,
Qual d'una pianta, in tanto differente,
Che quest'è 'n via, e quella è già a riva;

Tanto ovra poi, che già si muove e sente,
Come fungo marino: ed indi imprende
Ad organar le posse, ond' è semente.

Or si spiega, figliuolo, or si distende
La virtù, ch' è dal cuor del generante,
Dove natura a tutte membra intende.

Ma come d'animal divegna fante,
Non vedi tu ancor: quest' è tal punto,
Che più savio di te già fece errante,

Sì che per sua dottrina fe' disgiunto
Dall' anima il possibile intelletto,
Perchè da lui non vide organo assunto.

Apri alla verità, che viene, il petto,
E sappi, che sì tosto, come al feto
L'articolar del cerebro è perfetto,

Lo Motor primo a lui si volge lieto,
Sovra tanta arte di natura, e spira
Spirito nuovo di virtù repleto,

Che ciò, che truova attivo quivi, tira
In sua sustanzia, e fassi un' alma sola,
Che vive, e sente, e sè in sè rigira.

Le sang générateur son œuvre alors commence,
D'abord coagulant, et puis, par sa semence,
Vivifiant le fruit condensé seulement.

La force active alors devient âme et végète,
Plante inerte, excepté que la plante s'arrête
Et que l'âme poursuit son développement.

La voilà qui se meut, existence indécise,
Comme un fungus marin, et puis elle organise
Tous les sens virtuels qui dorment dans son sein.

Et tour à tour, mon fils, s'étend ou se replie
Cette force qui vient du cœur, foyer de vie,
D'où la nature veille à tout le corps humain.

Mais comme elle devient animal raisonnable,
Tu ne le vois encor : c'est un point redoutable
Où plus sage que toi s'est déjà fourvoyé.

Car il a séparé de notre âme sensible
Un autre entendement, un intellect possible,
N'y trouvant pas pour lui d'organe approprié [1].

Ouvre à la vérité ton cœur : qu'elle t'éclaire !
Sache que du cerveau lorsque l'articulaire
Se parachève à peine au crâne du fœtus,

L'universel moteur, se tournant plein de joie
Vers cet œuvre étonnant de la nature, envoie,
De son souffle, un esprit nouveau, plein de vertus

Cet esprit sur-le-champ absorbe en sa substance
Ce qu'il trouve d'actif et crée à l'existence
L'être qui vit, qui sent, qui pense, une âme enfin !

E perchè meno ammiri la parola,
Guarda 'l calor del Sol, che si fa vino,
Giunto all' umor, che dalla vite cola.

E quando Lachesis non ha più lino,
Solvesi dalla carne, ed in virtute
Seco ne porta e l' umano, e 'l divino:

L' altre potenzie tutte quante mute,
Memoria, intelligenzia, e voluntade,
In atto molto più che prima acute.

Senza restarsi, per sè stessa cade
Mirabilmente all' una delle rive:
Quivi conosce prima le sue strade.

Tosto che luogo lì la circonscrive,
La virtù formativa raggia intorno,
Così e quanto nelle membra vive.

E come l' aere, quand' è ben piorno
Per l' altrui raggio, che 'n sè si riflette,
Di diversi color si mostra adorno;

Così l' aer vicin quivi si mette
In quella forma, che in lui suggella
Virtualmente l' alma, che riflette.

E simigliante poi alla fiammella,
Che segue 'l fuoco là 'vunque si muta,
Segue allo spirto sua forma novella.

Perocchè quindi ha poscia sua paruta,
È chiamata ombra: e quindi organa poi
Ciascun sentire insino alla veduta.

Pour que de me comprendre il te soit plus facile,
Vois comme, jointe au jus que la vigne distille,
La chaleur du soleil se transforme en du vin.

Quand Lachésis n'a plus de lin sur sa quenouille,
L'âme prête à partir de la chair se dépouille,
Mais virtuellement emporte tous ses sens.

Parmi ses facultés beaucoup lors sont muettes,
D'autres contrairement s'exercent plus parfaites :
Mémoire, entendement, vouloir sont plus puissants.

L'âme sans s'arrêter, et d'elle-même, arrive,
Comme par un miracle, à l'une ou l'autre rive [5].
Là sa voie à ses yeux clairement apparaît.

Aussitôt que le lieu mérité l'emprisonne,
La force informative autour d'elle rayonne,
Comme en son corps vivant alors qu'elle habitait.

Et comme, lorsque l'air est bien chargé de pluie,
Aux rayons du soleil qui s'y joue et s'essuie,
De diverses couleurs il paraît enflammé :

Ainsi l'air ambiant à l'instant se modèle
Sur l'âme qui s'arrête, et, sur-le-champ, prend d'elle
Un relief par l'essence animique imprimé.

Et comme où va le feu suit aussitôt la flamme,
Ainsi pareillement où que se porte l'âme,
Va sa forme nouvelle et la suit en tous lieux.

Parce que de sa forme elle tire apparence,
Elle est appelée ombre ; et puis elle commence
A reformer ses sens, jusqu'à celui des yeux.

Quindi parliamo, e quindi ridiam noi :
Quindi facciam le lagrime e i sospiri,
Che per lo monte aver sentiti puoi.

Secondo che ci affiggon li disiri,
E gli altri affetti, l'ombra si figura :
E questa è la cagion, di che tu ammiri.

E già venuto all'ultima tortura
S'era per noi, e volto alla man destra,
Ed eravamo attenti ad altra cura.

Quivi la ripa fiamma in fuor balestra :
E la cornice spira fiato in suso,
Che la riflette, e via da lei sequestra :

Onde ir ne convenia dal lato schiuso
Ad uno ad uno : ed io temeva 'l fuoco
Quinci, e quindi temeva il cader giuso.

Lo Duca mio dicea : Per questo loco
Si vuol tenere agli occhi stretto 'l freno,
Perocch'errar potrebbesi per poco.

Summæ Deus clementiæ, nel seno
Del grand'ardore allora udi' cantando,
Che di volger mi fe' caler non meno.

E vidi spirti per la fiamma andando :
Perch'io guardava ai loro e a' miei passi,
Compartendo la vista a quando a quando.

Appresso 'l fine, ch'a quell'inno fassi,
Gridavano alto : *Virum non cognosco* :
Indi ricominciavan l'inno bassi.

L'âme alors peut sentir, alors elle peut rire,
Elle exhale des pleurs et gémit et soupire,
Ainsi que sur le mont tu vis faire aux esprits.

Selon que nous émeut telle ou telle souffrance,
L'ombre prend tour à tour telle ou telle apparence ;
De là cette maigreur dont tu sembles surpris [6]. »

Déjà nous arrivions en tournant à main droite
A l'ultième torture, et sur la rampe étroite
Un spectacle nouveau nous absorba soudain.

Ici l'escarpement darde une flamme vive :
Du bord extérieur monte une bise active
Qui la fait rebrousser en deçà du chemin.

Il nous fallait longer ce chemin peu propice.
Un par un, en suivant le bord du précipice,
Ici craignant l'abîme, et là craignant le feu.

« Il faut à ses deux yeux, me disait mon bon guide,
Plus attentivement tenir ici la bride,
Car on y court danger de se perdre pour peu. »

Summæ clementiæ Deus [7] ! J'ouïs des âmes
Qui chantaient ce cantique au sein des grandes flammes,
Ce qui de me tourner me donna grande ardeur.

Et je vis des esprits marcher dans la fournaise ;
Mes yeux, se partageant sur l'abrupte falaise,
Se portaient tour à tour de ma route à la leur.

Le cantique fini tout en suivant les flammes :
Virum non cognosco [8], s'exclamèrent les âmes,
Et de recommencer plus bas leur *oremus*.

Finitolo anche, gridavano : Al bosco
Corse Diana, ed Elice caccionne,
Che di Venere avea sentito 'l tosco.

Indi al cantar tornavano : indi donne
Gridavano, mariti, che fur casti,
Come virtute e matrimonio imponne.

E questo modo credo, che lor basti
Per tutto 'l tempo, che 'l fuoco gli abbrucia;
Con tal cura conviene e con tai pasti,

Che la piaga dassezzo si ricucia.

Puis de crier encor toutes ensemble : « Diane
Chassa de ses forêts Hélice la profane,
Après qu'elle eut goûté du poison de Vénus. »

Et de reprendre l'hymne, et de dire les fastes
Des femmes, des époux qui demeurèrent chastes,
Fidèles observants du lien conjugal.

Et ce mode alterné sans trêve se prolonge
Aussi longtemps, je crois, que le feu qui les ronge ;
C'est par cet exercice et ce baume moral

Que se ferme à la fin la blessure du mal.

NOTES DU CHANT XXV

¹ C'est-à-dire que le soleil marquait deux heures de l'après-midi.

² Comment des âmes, qui n'ont aucun besoin de se nourrir, peuvent-elles éprouver la maigreur et la faim ? demande Dante. Stace, invité par Virgile, va entreprendre de le lui expliquer.

³ La vie de Méléagre, par une loi fatale, se consumait à mesure que brûlait un tison. Ce tison, retiré d'abord du feu et caché par la mère du nouveau-né, fut plus tard rejeté par elle dans les flammes pour venger deux de ses frères tués par Méléagre.

⁴ Le philosophe dont il est question ici est Averroës, le commentateur d'Aristote. Il plaçait en dehors de l'âme et au-dessus d'elle l'*intellect possible*, pour parler comme Dante le langage de la scolastique, c'est-à-dire l'entendement essentiel ou, si l'on veut, l'intelligence contenant les idées en puissance indépendamment de toute forme intelligible.

⁵ La rive où Caron prend les damnés, ou le port d'Ostie où un ange recueille dans sa barque ceux qui vont au Purgatoire.

⁶ Sur ces explications de Stace, Ginguené a dit avec justesse, et sans aller jusqu'à l'exagération des Italiens qui trouvent que Dante se montre ici grand médecin et sublime philosophe : « Sa théorie sur la partie du sang destiné à la reproduction de l'homme, sur cette reproduction, sur la formation de l'âme végétative, puis sensitive dans l'enfant avant sa naissance, sur son développement lorsqu'il est né, sur ce que devient cette âme après la mort, emportant avec elle dans l'air qui l'environne une empreinte et comme une image du corps qu'elle animait sur la terre : tout cela n'est ni d'une bonne physique, ni d'une métaphysique saine; mais dans ce morceau de plus de soixante vers, on peut, comme dans plusieurs morceaux de *Lucrèce*, admirer la force de l'expression, la poésie du style et l'art de rendre avec clarté en beaux vers les détails les plus difficiles d'une mauvaise philosophie et d'une physique pleine d'erreurs. » *Histoire littéraire de l'Italie*.

⁷ Commencement de l'hymne des matines du samedi: on y demande à Dieu le don de pureté.

⁸ Je ne connais pas d'homme : parole de la Vierge à l'archange (Luc, 1).

ARGUMENT DU CHANT XXVI

En poursuivant sa route à travers le septième cercle, Dante aperçoit une autre bande de luxurieux, sodomites et autres, qui s'entre-baisent en se rencontrant dans les flammes. Guido Guinicelli, poëte bolonais, se nomme à Dante et lui montre Arnaut Daniel, poëte provençal, qui, interrogé par Dante, lui répond en vers provençaux.

CANTO VENTESIMO SESTO

Mentre che sì per l' orlo, un innanzi altro,
Ce n' andavamo, spesso 'l buon Maestro
Diceva: Guarda, giovi, ch' io ti scaltro.

Feriami 'l Sole in su l' omero destro,
Che già raggiando tutto l' occidente
Mutava in bianco aspetto di cilestro:

Ed io facea con l' ombra più rovente
Parer la fiamma; e pure a tanto indizio
Vidi molt' ombre andando poner mente.

Questa fu la cagion, che diede inizio
Loro a parlar di me: e cominciarsi
A dir: Colui non par corpo fittizio.

Poi verso me, quanto potevan farsi,
Certi si feron, sempre con riguardo
Di non uscir, dove non fossero arsi.

O tu, che vai, non per esser più tardo,
Ma forse reverente, agli altri dopo,
Rispondi a me, che 'n sete ed in fuoco ardo.

Nè solo a me la tua risposta è uopo:
Chè tutti questi n' hanno maggior sete,
Che d' acqua fredda Indo, o Etiopo.

CHANT VINGT-SIXIÈME

Comme, le long du bord, et côtoyant le vide,
L'un devant l'autre ainsi nous allions, le bon guide :
« Tiens-toi, je t'en préviens, » disait-il par moment.

A droite le soleil me frappait ; sa lumière
Déjà sur l'occident rayonnait tout entière
Et changeait en blancheur l'azur du firmament.

Plus rouge sous mon ombre apparaissaient les flammes,
Et, d'un tel phénomène, un bon nombre des âmes,
En passant devant moi, paraissaient s'émouvoir :

D'où je fus un sujet de parler pour icelles
Qui se prirent à dire en conversant entre elles :
« Ce corps n'est pas factice ainsi qu'on le peut voir. »

Puis la bande vers moi s'avance et me regarde
Autant qu'elle pouvait, toujours en prenant garde
De ne point dépasser le brasier enflammé.

— « O toi qui vas après les autres sur la route,
Non que tu sois plus lent, mais par respect, sans doute,
Réponds : je suis de flamme et de soif consumé.

Ce n'est pas à moi seul que ta réponse importe ;
Tous ceux-ci de t'ouïr ont une soif plus forte
Que celle qu'a pour l'eau l'Indien altéré,

Dinne, com' è, che fai di te parete
Al Sol, come se tu non fossi ancora
Di morte entrato dentro della rete :

Sì mi parleva un d'essi : ed io mi fora
Già manifesto, s'io non fossi atteso
Ad altra novità, ch' apparse allora ;

Che per lo mezzo del cammino acceso,
Venne gente col viso incontro a questa,
La qual mi fece a rimirar sospeso.

Là veggio d'ogni parte farsi presta
Ciascun'ombra, e baciarsi una con una
Senza restar, contente a breve festa :

Così per entro loro schiera bruna
S'ammusa l'una con l'altra formica,
Forse a spiar lor via o lor fortuna.

Tosto che parton l'accoglienza amica,
Prima che 'l primo passo lì trascorra,
Sopragridar ciascuna s'affatica,

La nuova gente : Soddoma e Gomorra ;
E l'altra : Nella vacca entrò Pasife.
Perchè 'l torello a sua lussuria corra.

Poi come gru, ch' alle montagne Rife
Volasser parte, e parte inver l'arene,
Queste del giel, quelle del Sole schife ;

L'una gente sen va, l'altra sen viene,
E tornan lagrimando a' primi canti,
E al gridar, che più lor si conviene :

Dis-nous comme il se fait qu'ainsi ton corps s'en aille,
Opposant aux rayons du jour une muraille :
Dans les rets de la mort n'es-tu donc pas entré? »

Ainsi parle un esprit : j'allais le satisfaire,
Si je ne m'étais pas soudain laissé distraire
Par autre nouveauté qui lors vint m'attirer.

Traversant le brasier au sein de la carrière,
Une autre gent, le front tourné vers la première,
Venait ; je m'arrêtai pour la considérer.

Lors, je vis des deux parts s'avancer empressée
Chaque âme, se tenir un instant embrassée
Et, le baiser donné, poursuivre son chemin.

Ainsi, quand des fourmis l'escadron brun voyage,
Maintes vont se croisant bec à bec au passage,
S'enquérant de la voie à suivre ou du butin :

Le doux accueil à peine est achevé, que toutes,
Avant de s'engager dans leurs diverses routes,
Se mettent à crier ensemble à qui mieux mieux.

Les dernières clamaient : «O Sodome, ô Gomorrhe ! »
Les autres : « Pasiphé prit une peau de taure
Pour sentir du taureau l'assaut luxurieux. »

Puis, comme des oiseaux divisés dans l'espace,
Tels fuyant le soleil et tels fuyant la glace,
Volent qui vers le sud, et qui vers l'aquilon :

Une troupe s'en va, l'autre vient ; les lubriques
Retournent en pleurant à leurs premiers cantiques
Et reprennent le cri qui leur sert de leçon.

E raccostârsi a me, come davanti.
Essi medesmi, che m' avean pregato,
Attenti ad ascoltar ne' lor sembianti:

Io, che due volte avea visto lor grato,
Incominciai: O anime sicure
D' aver, quando che sia, di pace stato,

Non son rimase acerbe, nè mature
Le membra mie di là, ma son qui meco,
Col sangue suo, e con le sue giunture.

Quinci su vo, per non esser più cieco:
Donna è di sopra, che n' acquista grazia,
Per che 'l mortal pel vostro mondo reco.

Ma se la vostra maggior voglia sazia
Tosto divegna, sì che 'l Ciel v' alberghi,
Ch' è pien d' amore, e più ampio si spazia,

Ditemi, acciocchè ancor carte ne verghi,
Chi siete voi, e chi è quella turba,
Che se ne va diretro a' vostri terghi?

Non altrimenti stupido si turba
Lo montanaro, e rimirando ammuta,
Quando rozzo e salvatico s' inurba,

Che ciascun' ombra fece in sua paruta:
Ma poichè furon di stupore scarche,
Lo qual negli alti cuor tosto s' attuta;

Beato te, che delle nostre marche,
Ricominciò colei, che pria ne chiese,
Per viver meglio esperienza imbarche.

Et comme auparavant de moi se rapprochèrent
Les mêmes qui d'abord de parler me prièrent ;
La curiosité se lisait dans leurs traits.

Ainsi sollicité derechef, je commence :
« Ames, leur dis-je, ô vous qui faites pénitence,
Certaines tôt ou tard d'arriver à la paix !

Mon corps n'est pas resté jeune ou vieux sur la terre :
Avec moi je l'apporte, et dedans votre sphère
Je viens avec ma chair, mes membres et mon sang.

Je monte pour voir clair avant que je trépasse.
Une dame là-haut pour moi conquit la grâce
De traverser ainsi ce monde tout vivant.

Mais contentez mes vœux, et Dieu comble les vôtres !
Que le Ciel plein d'amour qui contient tous les autres
Vous reçoive bientôt dans ses divins pourpris !

Dites, que je l'inscrive aussi dans mon poëme,
Quels hommes êtes-vous ? et dites-moi de même
Quelle est derrière vous cette troupe d'esprits. »

Tel, quand le montagnard de son désert tranquille,
Pour la première fois descend dans une ville,
Il demeure ébahi, muet d'étonnement :

Telles en m'écoutant les ombres semblaient faire ;
Mais secouant bientôt cette stupeur vulgaire
Qui dedans les grands cœurs ne dure qu'un moment :

« Bienheureux, toi qui viens dans ces lieux où l'on pleure,
Dit celle qui m'avait questionné tout à l'heure,
Pour t'instruire à nos maux en l'art de vivre mieux !

La gente, che non vien con noi, offese
Di ciò, perchè già Cesar trionfando,
Regina contra sè chiamar s'intese:

Però si parton, Soddoma gridando,
Rimproverando a sè, com' hai udito,
Ed aiutan l' arsura, vergognando.

Nostro peccato fu Ermafrodito;
Ma perchè non servammo umana legge,
Seguendo, come bestie, l' appetito,

In obbrobrio di noi, per noi si legge,
Quando partiamci, il nome di colei,
Che s' imbestiò nelle 'mbestiate schegge.

Or sai nostri atti, e di che fummo rei:
Se forse a nome vuoi saper chi semo,
Tempo non è da dire, e non saprei.

Farotti ben di me volere scemo:
Son Guido Guinicelli, e già mi purgo,
Per ben dolermi, prima ch' allo stremo.

Quali nella tristizia di Licurgo
Si fer duo figli a riveder la madre,
Tal mi fec' io, ma non a tanto insurgo,

Quando i' udì nomar sè stesso, il padre
Mio, e degli altri miei miglior, che mai
Rime d' amor usar dolci e leggiadre:

E senza udire e dir pensoso andai
Lunga fiata, rimirando lui,
Nè per lo fuoco in là più m' appressai.

Cette gent que le feu derrière nous entraîne
A commis le péché qui fit du nom de *reine*
Injurier jadis César victorieux [1].

C'est pourquoi tu l'entends qui s'éloigne confuse ;
Par le cri de Sodome elle-même s'accuse,
Et le feu de la honte ajoute au feu qui luit.

Nous à la fois en homme et femme nous péchâmes ;
Mais pour ce que les lois humaines transgressâmes,
Comme des animaux suivant notre appétit,

Il nous faut rappeler, pour notre ignominie,
Quand nous nous séparons, cette femme abrutie
Qui fit un corps de bête à son brutal désir.

Maintenant tu connais nos torts ; que si, peut-être,
Chacun par notre nom tu voulais nous connaître,
Je ne puis t'exaucer : je n'en ai le loisir.

Guido Guinicelli fut le mien dans la vie,
Et mon âme en ces lieux déjà se purifie
Pour ce qu'avant la mort je fus bien repentant. »

Lorsque Lycurgue allait assouvir sa colère,
Le transport des deux fils en revoyant leur mère [2],
Je l'éprouvai, comme eux sans m'élancer pourtant,

Quand j'ouïs se nommer et mon père et le père
De plus dignes encor que moi, qui, sur la terre,
Célébrèrent amour en vers gentils et doux.

Et je marchais pensif, sans parler, sans entendre,
Le contemplant longtemps d'un œil avide et tendre ;
Et le feu seulement s'élevait entre nous.

Poichè di riguardar pasciuto fui,
Tutto m' offersi pronto al suo servigio,
Con l' affermar, che fa credere altrui.

Ed egli a me : Tu lasci tal vestigio,
Per quel ch' i' odo, in me, e tanto chiaro,
Che Letè nol può torre, nè far bigio.

Ma se le tue parole or ver giuraro,
Dimmi, che è cagion, perchè dimostri
Nel dire, e nel guardar d' avermi caro?

Ed io a lui : Li dolci detti vostri,
Che, quanto durerà l' uso moderno,
Faranno cari ancora i loro inchiostri.

O frate, disse, questi, ch' io ti scerno
Col dito (e additò uno spirto innanzi),
Fu miglior fabbro del parlar materno :

Versi d' amore, e prose di romanzi
Soverchiò tutti : e lascia dir gli stolti,
Che quel di Limosì credon ch' avanzi :

A voce più, ch' al ver, drizza li volti,
E così ferman sua opinione,
Prima' ch' arte o ragion per lor s' ascolti.

Così fer molti antichi di Guittone,
Di grido in grido, per lui dando pregio,
Fin che 'l ha vinto 'l ver con più persone.

Or se tu hai sì ampio privilegio,
Che licito ti sia l' andare al chiostro,
Nel quale è Cristo abate del collegio,

Quand de le regarder j'eus bien fait mon délice,
Tout entier je me mis de cœur à son service,
Appuyant de serments la protestation.

« Les discours que tu tiens, me dit l'ombre plaintive,
Laisseront dans mon cœur une trace bien vive ;
Le Léthé n'en pourrait ternir l'impression ;

Mais, si ce que tu dis est vrai, daigne m'apprendre
Ce qui peut me valoir ce sentiment si tendre
Que révèlent ensemble et ta voix et tes yeux. »

Et moi : « Vos doux écrits, répondis-je au fantôme,
Qui, tant que durera le moderne idiome,
Rendront vos manuscrits à jamais précieux. »

— « Frère, dit-il, celui qui marche dans la flamme
Là devant, et du doigt il m'indiquait une âme,
Sut forger mieux que moi le parler maternel.

En prose de roman, en vers d'amour, sa lyre
Se montra sans rivale, et laisse les sots dire.
Que Borneuil de Limoge a dépassé Daniel !

Plus qu'à la vérité, c'est au bruit qu'ils se fient ;
Devant que la raison et l'art le modifient,
Ils règlent leur banal jugement d'après lui.

De Guittone [3] autrefois la victoire acceptée,
De bouche en bouche ainsi volait incontestée :
Le vrai gagne des voix et triomphe aujourd'hui.

Or, si le Ciel t'a fait ce rare privilége,
Que du beau monastère où l'abbé du collége
Est le Christ, tout vivant tu puisses t'approcher,

Fagli per me un dir di pater nostro,
Quanto bisogna a noi di questo mondo,
Ove poter peccar non è più nostro.

Poi forse per dar luogo altrui, secondo
Che presso avea, disparve per lo fuoco,
Come per l'acqua il pesce andando al fondo.

Io mi feci al mostrato innanzi un poco,
E dissi ch' al suo nome il mio desire
Apparecchiava grazioso loco:

Ei cominciò liberamente a dire:
Tan m'abellis vostre cortes deman,
Ch' ieu non me puesc, ni m voil a vos cobrire;

Jeu sui Arnautz, che plor e vai cantan;
Consiros vei la passada follor
Et vei jauzen lo joi qu' esper denan;

Aras vos prec, per aquella valor,
Che us guida al som sens freich e sens calina,
Sovegna vos atenprar ma dolor.

Poi s'ascose nel fuoco, che gli affina.

Récite-lui pour moi le Pater, la partie
Dont nous avons besoin du moins dans cette vie
Où nous avons perdu le pouvoir de pécher [4]. »

Puis, comme pour laisser à son voisin la place,
L'esprit dedans le feu disparaît et s'efface
Comme un poisson dans l'onde au fond se laisse aller.

De l'ombre qu'en avant Guide m'avait montrée,
Lors j'approche, et je dis à cette âme illustrée
Quel vif désir j'avais de l'entendre parler.

Et gracieusement l'ombre se prit à dire :
Tan m' abellis vostre cortes deman [5],
Ch' ieu non me puesc, ni m voil a vos cobrire ;

Jeu suis Arnautz, che plor e vai cantan ;
Consiros vei la passada follor
Et vei jauzen lo joi qu' esper denan ;

Aras vos prec, per aquella valor
Che us guida al som sens freich e sens calina,
Sovegna vos atenprar ma dolor.

Puis il plonge en la flamme où le plomb devient or.

NOTES DU CHANT XXVI

[1] Les soldats qui suivaient le char de triomphe de César vainqueur des Gaules, rappelaient, au dire de Suétone, ses débauches à la cour de Nicomède, roi de Bithynie : *Ecce Cæsar nunc triumphat qui subegit Gallias, Nicomedes non triumphat, qui subegit Cæsarem :* Voici César qui triomphe pour ce qu'il a soumis les Gaules, et Nicomède ne triomphe pas, lui qui a soumis César. (Voir Suétone, *Vie de Jules César*, chap. XLVII).

[2] Dante éprouve, en se trouvant en face du poëte bolonais, le transport de joie de Thoas et Eumène en retrouvant leur mère au moment où Lycurgue allait venger sur elle la perte d'Archémore. (Voir chant XXII à la note.)

[3] Guittone d'Arezzo, auteur des *Rimes*, qui furent populaires à l'origine de la poésie italienne en langue vulgaire.

[4] C'est-à-dire qu'il peut (s'il a peur de se fatiguer) se dispenser de la fin qui se rapporte aux tentatives du démon.

[5] Voici le sens de ces vers qui ne sont plus italiens, mais provençaux. Je ne devais pas les traduire dans mon texte pour conserver l'intention du Dante, qui semble vouloir rendre hommage par ce petit morceau à ses maîtres, les troubadours de Provence :

« Tant me plaît votre courtoise demande que je ne puis ni ne veux me déguiser à vous. Je suis Arnaut qui pleure et vais chantant; avec chagrin je vois ma folie passée, je vois joyeux le bonheur que j'attends demain. Maintenant, je vous en prie, par cette vertu qui vous guide au sommet sans chaleur et sans froid, souvenez-vous d'adoucir ma douleur.

ARGUMENT DU CHANT XXVII

Pour aller plus loin, Dante est obligé de traverser les flammes. Virgile l'encourage en lui assurant que ce feu purificateur est le seul obstacle qui le sépare de Béatrice. Guidés par une voix, Dante, Virgile et Stace sortent de la fournaise et gravissent au coucher du soleil un escalier raide sur les degrés duquel ils finissent par se coucher et s'endormir. Vision de Dante. A son réveil, Virgile, sans encore le quitter, lui annonce qu'il n'a plus besoin d'être guidé.

CANTO VENTESIMO SETTIMO

Sì come, quando i primi raggi vibra,
Là dove 'l suo Fattore il sangue sparse,
Cadendo Ibero sotto l' alta Libra,

E 'n l' onde in Gange di nuovo riarse,
Si stava il Sole, onde 'l giorno sen giva.
Quando l' Angel di Dio lieto ci apparse.

Fuor della fiamma stava in su la riva,
E cantava : *Beati mundo corde*,
In voce assai più che la nostra viva :

Poscia : Più non si va, se pria non morde,
Anime sante, il fuoco : entrate in esso,
Ed al cantar di là non siate sorde.

Sì disse, come noi gli fummo presso :
Per ch' io divenni tal, quando lo 'ntesi,
Quale è colui, che nella fossa è messo.

In su le man commesse mi protesi,
Guardando 'l fuoco, e immaginando forte
Umani corpi già veduti accesi.

Volsersi verso me le buone scorte :
E Virgilio mi disse : Figliuol mio,
Qui puote esser tormento, ma non morte.

CHANT VINGT-SEPTIÈME

Le soleil commençait à luire en l'hémisphère
Où de son Créateur le sang rougit la terre ;
Sous la Balance alors l'Ebre s'obscurcissant,

Aux ardeurs de midi s'embrasait l'eau du Gange.
Ainsi pour nous le jour baissait, quand un autre ange
S'offrit à nous joyeux et tout resplendissant.

Il se tenait au bord, en dehors de la flamme,
Et chantait : « Bienheureux les cœurs purs ! »[1] et sa gamme
De notre humaine voix surpassait les éclats,

Ensuite : « Pour aller plus loin, âmes pieuses !
Il faut au feu passer : entrez-y courageuses,
Et prêtez bien l'oreille à ces chants de là-bas ! »

Ainsi, quand près de lui nous fûmes, clama l'ange.
En entendant ces mots, mon front pâlit et change ;
Je deviens comme un mort qu'en sa fosse on descend.

Je me raidis, les mains jointes, l'œil sur la flamme,
Et me représentant, dans l'effroi de mon âme,
Des gens que j'avais vus sur un bûcher récent.

Mes bons guides vers moi se retournent ensemble,
Et Virgile me dit : « Mon cher fils, point ne tremble !
On connaît la souffrance ici, non le trépas.

Ricordati, ricordati... e, se io
Sovr'esso Gerion ti guidai salvo,
Che farò or, che son più presso a Dio?

Credi per certo, che se dentro all'alvo
Di questa fiamma stessi ben mill'anni,
Non ti potrebbe far d'un capel calvo.

E se tu credi forse, ch'io t'inganni,
Fatti ver lei, e fatti far credenza
Con le tue mani al lembo de' tuo' panni.

Pon giù omai, pon giù ogni temenza:
Vòlgiti 'n qua, e vieni oltre sicuro:
Ed io pur fermo, e contra coscïenza.

Quando mi vide star pur fermo e duro,
Turbato un poco disse: Or vedi, figlio,
Tra Beatrìce e te è questo muro.

Come al nome di Tisbe aperse 'l ciglio
Piramo in su la morte, e riguardolla,
Allor che 'l gelso diventò vermiglio;

Così, la mia durezza fatta sollà,
Mi volsi al savio Duca udendo il nome,
Che nella mente sempre mi rampolla.

Ond' ei crollò la testa, e disse: Come
Volemci star di qua? indi sorrise,
Come al fanciul si fa, ch'è vinto al pome:

Poi dentro al fuoco innanzi mi si mise,
Pregando Stazio, che venisse retro,
Che pria per lunga strada ci divise.

Souviens-toi, souviens-toi ! si je t'ai, sans encombre,
Guidé sur Géryon, dans le royaume sombre,
Ici plus près de Dieu que ne ferai-je pas ?

Crois bien que, fusses-tu plongé dans cette braise
Pendant un millier d'ans, au cœur de la fournaise,
Tu n'en sortirais pas plus chauve d'un cheveu.

Mais peut-être crois-tu que je t'abuse : avance,
Et de tes propres mains fais-en l'expérience :
Offre un pan de ta robe à l'action du feu.

Dépose désormais, dépose toute crainte !
Viens, brave de ce feu l'inoffensive étreinte ! »
Mais je demeurais sourd à sa voix, malgré moi.

Quand il me vit ainsi demeurer immobile,
Avec un peu de trouble : « Apprends, me dit Virgile,
Qu'il n'est rien que ce mur de Béatrice à toi. »

Comme au nom de Thisbé, déjà mourant, Pyrame
Rouvrit ses yeux éteints pour regarder sa dame,
Alors que de leur sang le mûrier prit couleur ;

Je sens tout aussitôt fondre ma résistance,
Et vers mon sage guide avec ardeur m'élance,
Au nom cher qui fleurit à jamais dans mon cœur.

Alors, hochant la tête, il se prend à sourire,
Comme on fait à l'enfant qu'un fruit vient de séduire,
Et me dit : « Eh bien donc, allons-nous rester coi ? »

Et puis dans le brasier le premier il pénètre.
Stace, qui jusqu'alors marchait après mon maître,
Fut prié cette fois d'aller derrière moi.

Come fui dentro, in un bogliente vetro
Gittato mi sarei per rinfrescarmi,
Tant' era ivi lo 'ncendio senza metro.

Lo dolce Padre mio per confortarmi,
Pur di Beatrice ragionando andava
Dicendo: Gli occhi suoi già veder parmi.

Guidavaci una voce, che cantava
Di là: e noi attenti pure a lei
Venimmo fuor, là ove si montava.

Venite, benedicti Patris mei,
Sonò dentro un lume, che li era,
Tal, che mi vinse, e guardar nol potei.

Lo Sol sen' va, soggiunse, e vien la sera:
Non v' arrestate, ma studiate 'l passo,
Mentre che l'occidente non s' annera.

Dritta salia la via perentro 'l sasso
Verso tal parte, ch' io toglieva i raggi
Dinanzi a me del Sol, ch' era già lasso.

E di pochi scaglion levammo i saggi,
Che 'l Sol corcar, per l' ombra che si spense,
Sentimmo dietro ed io e gli miei saggi.

E pria che 'n tutte le sue parti immense
Fusse orizzonte fatto d' un aspetto,
E notte avesse tutte sue dispense,

Ciascun di noi d' un grado fece letto;
Chè la natura del monte ci affranse
La possa del salir, più che 'l diletto.

A peine j'entre au feu comme il me le commande,
Que pour me rafraîchir, tant la flamme était grande,
Je me serais jeté dans du verre bouillant.

Pour m'aider à souffrir la flamme expiatrice,
Le doux maître en marchant parlait de Béatrice,
Disant : « Je crois déjà voir son bel œil brillant. »

Une voix qui chantait nous guidait dans les flammes,
Et, la suivant toujours, dehors nous arrivâmes
En face des degrés qui restaient à monter.

— « Venez, venez, ô vous, les bénis de mon Père ! »
Ces mots retentissaient du sein d'une lumière
Que mes yeux éblouis ne pouvaient supporter.

Elle ajoutait : « Le jour s'enfuit, la nuit avance,
Ne vous arrêtez pas et faites diligence
Avant que l'occident s'obscurcisse à son tour. »

Le sentier montait droit par le roc déjà sombre
Du côté d'orient, de sorte que mon ombre
Brisait par devant moi les feux mourants du jour.

Nous commencions à peine à monter quand s'efface
L'ombre, et nous avertit, moi, mon docteur et Stace,
Que le soleil s'était couché derrière nous.

Devant qu'à tous les points de l'horizon énorme,
N'offrant plus au regard qu'une teinte uniforme,
La nuit eût tout couvert de son voile jaloux,

Chacun de nous se fit, brisé de lassitude,
Un lit d'un des degrés : cet escarpement rude
Nous ayant enlevé la force, non l'ardeur.

Quali si fanno ruminando manse
Le capre, state rapide e proterve,
Sopra le cime, innanzi che sien pranse,

Tacite all' ombra, mentre che 'l Sol ferve,
Guardate dal pastor, che 'n su la verga
Poggiato s' è, e lor poggiato serve:

E quale il mandrian, che fuori alberga,
Lungo 'l peculio suo queto pernotta,
Guardando, perchè fiera non lo sperga;

Tali eravam tutt' e tre allotta,
Io come capra, ed ei come pastori,
Fasciati quinci e quindi dalla grotta.

Poco potea parer lì del di fuori:
Ma per quel poco vedev' io le stelle
Di lor solere, e più chiare e maggiori.

Sì ruminando, e sì mirando in quelle,
Mi prese 'l sonno; il sonno, che sovente,
Anzi che 'l fatto sia, sa le novelle.

Nell' ora, credo, che dell' oriente
Prima raggiò nel monte Citerea,
Che di fuoco d' amor par sempre ardente;

Giovine e bella in sogno mi parea
Donna vedere andar per una landa,
Cogliendo fiori, e cantando dicea,

Sappia qualunque 'l mio nome dimanda,
Ch' io mi son Lia, e vo movendo 'ntorno
Le belle mani a farmi una ghirlanda.

LE PURGATOIRE — CHANT XXVII.

Ainsi qu'on voit en paix sur les cimes ardues
Les chèvres ruminant quand elles sont repues :
Tout à l'heure folâtre et léger maraudeur,

A l'ombre maintenant le troupeau dort tranquille,
Tandis que le soleil flamboie, et, qu'immobile,
Courbé sur son bâton, les garde le berger.

Et comme le pastour, paisible sentinelle,
Parque la nuit auprès de son troupeau fidèle
Et des loups ravisseurs écarte le danger :

Tels nous étions alors tous trois dans cette passe,
Eux les deux bons pasteurs, et moi la chèvre lasse,
Serrés des deux côtés contre l'escarpement.

A peine un pan de ciel se découpait dans l'ombre ;
Mais j'y voyais briller des étoiles sans nombre
Qui faisaient resplendir ce coin du firmament.

Rêveur, je contemplais leur éclat fantastique.
Le sommeil me surprit, ce sommeil prophétique,
Le messager souvent des choses qui seront.

C'était l'heure où Vénus, au ciel étincelante,
Et qui des feux d'amour semble toujours brûlante,
Dardait de l'orient ses rayons sur le mont.

Une dame je vis en rêve, jeune et belle,
Qui s'en allait cueillant, légère pastourelle,
Des fleurs dans la campagne, et chantait en chemin :

« Lia, voilà mon nom, si quelqu'un le demande.
Pour me tresser de fleurs une fraîche guirlande
Je vais, de ci de là, tendant ma belle main.

Per piacermi allo specchio, qui m' adorno:
Ma mia suora Rachel mai non si smaga
Dal suo ammiraglio, e siede tutto giorno.

Ell' è de' suo' begli occhi veder vaga,
Com' io dell' adornarmi con le mani:
Lei lo vedere, e me l' ovrare appaga

E già per gli splendori antelucani,
Che tanto a i peregrin surgon più grati,
Quanto tornando albergan men lontani,

Le tenebre fuggian da tutti i lati,
E 'l sonno mio con esse; ond' io levami,
Veggendo i gran maestri già levati.

Quel dolce pomo, che per tanti rami
Cercando va la cura de' mortali,
Oggi porrà in pace le tue fami:

Virgilio inverso me queste cotali
Parole usò: e mai non furo strenne,
Che fosser di piacere a queste iguali.

Tanto voler sovra voler mi venne
Dell' esser su, ch' ad ogni passo poi
A volo mio sentia crescer le penne.

Come la scala tutta sotto noi
Fu corsa, e fummo in su 'l grado superno,
In me ficcò Virgilio gli occhi suoi,

E disse: Il temporal fuoco, e l' eterno
Veduto hai, figlio, e se' venuto in parte,
Ov' io per me più oltre non discerno.

Pour me trouver plus belle au miroir, je me pare.
Du sien ma sœur Rachel jamais ne se sépare
Et reste tout le jour assise sans labeur.

Regarder ses beaux yeux, voilà tout ce qu'elle aime.
Moi j'aime de mes mains à me parer moi-même,
Contempler est sa joie : agir est mon bonheur [2]. »

Cependant aux splendeurs du jour avant-courières,
Qui sont au pèlerin bien plus douces lumières,
Lorsque de la patrie il approche au retour,

De toutes parts fuyaient les dernières ténèbres :
Comme elles mon sommeil. Les deux maîtres célèbres
Étaient déjà debout. Je me lève à mon tour.

— « Ce fruit si doux et que l'inquiétude humaine
Poursuit de branche en branche en la forêt mondaine [3],
De ce fruit aujourd'hui ta faim se nourrira. »

De Virgile vers moi la grande ombre tournée
Ainsi parle, et jamais don de nouvelle année
Ne put faire un plaisir égal à celui-là.

Tant fut surexcité mon désir d'être au faîte,
Qu'à chacun de mes pas, pour voler à la crête,
Il me semblait sentir des ailes me pousser.

Alors qu'ayant gravi la rampe tout entière,
Nous posâmes le pied sur la marche dernière,
Virgile — et ses regards sur moi de se fixer :

« Le feu qui n'a qu'un temps et la flamme éternelle,
Tu les as vus, dit-il, mais après cette échelle
Il ne m'est plus donné de rien voir au delà.

Tratto t' ho qui con ingegno e con arte :
Lo tuo piacere omai prendi per duce :
Fuor se' dell' erte vie, fuor se' dell' arte.

Vedi là il Sol, che 'n fronte ti riluce :
Vedi l' erbetta, i fiori, e gli arboscelli,
Che quella terra sol da sè produce.

Mentre che vegnon lieti gli occhi belli,
Che lagrimando a te venir mi fenno,
Seder ti puoi, e puoi andar tra elli.

Non aspettar mio dir più, nè mio cenno:
Libero, dritto, sano è tuo arbitrio,
E fallo fora non fare a suo senno :

Per ch' io te sopra te corono, e mitrio.

Jusqu'ici t'ont conduit mon art et mon génie ;
Marche seul maintenant, suivant ta fantaisie ;
Hors des chemins étroits et raides te voilà !

Regarde : le soleil brille sur ta figure.
Vois ces arbres, ces fleurs, cette belle verdure
Que la terre produit de son sein, sans douleurs.

En attendant de voir venir tout pleins de joie
Les beaux yeux dont les pleurs m'ont jeté sur ta voie,
Tu peux t'asseoir ou bien errer parmi ces fleurs.

De moi n'espère plus une parole, un signe.
Ton propre arbitre est sain, il est droit, libre et digne,
Et ne pas en user serait mal : c'est pourquoi

Je te couronne et mitre ici maître de toi [4]. »

NOTES DU CHANT XXVII

¹ Cette béatitude fait allusion au péché de luxure que les flammes purifient.

² Dante voit en songe une jeune femme cueillant des fleurs, comme il en verra une en réalité le lendemain au Paradis terrestre. Ces deux sœurs, Lia et Rachel, sont le double emblème de la vie active et de la vie contemplative.

³ Le souverain bien, le bonheur.

⁴ *Corono e mitrio*, dit le texte. Ainsi, par la vertu des épreuves que le poëte a traversées, son libre arbitre épuré, sanctifié, lui donne en quelque sorte sur lui-même les deux pouvoirs spirituel et temporel, que Dante ne confond jamais, la couronne et la mitre. Ces deux pouvoirs qu'il divise dans les mains des maitres du monde, il les réunit dans la conscience de l'homme libre.

ARGUMENT DU CHANT XXVIII

Dante s'aventure sous les ombrages enchanteurs du Paradis terrestre. Un fleuve limpide l'arrête. Du bord, il aperçoit, sur la rive opposée, une belle jeune femme (Mathilde) qui chante en cueillant des fleurs. A la prière du poëte, elle s'approche, lui explique les merveilles de l'Eden et éclaircit quelques-uns de ses doutes.

CANTO VENTESIMO OTTAVO

Vago già di cercar dentro e dintorno
La divina foresta spessa e viva,
Ch' agli occhi temperava il nuovo giorno,

Senza più aspettar lasciai la riva,
Prendendo la campagna lento lento
Su per lo suol, che d' ogni parte oliva.

Un aura dolce, senza mutamento
Avere in sè, mi feria per la fronte ;
Non di più colpo, che soave vento :

Per cui le fronde tremolando pronte
Tutte quante piegavano alla parte,
U' la prim' ombra gitta il santo monte ;

Non però dal lor' esser dritto sparte
Tanto, che gli augeletti per le cime
Lasciasser d' operare ogni lor arte :

Ma con piena letizia l' ore prime
Cantando riceveano intra le foglie,
Che tenevan bordone alle sue rime,

Tal, qual di ramo in ramo sì raccoglie,
Per la pineta in sul lito di Chiassi,
Quand' Eolo Scirocco fuor discioglie.

CHANT VINGT-HUITIÈME

Impatient déjà d'errer à l'aventure
Dans la forêt divine à l'épaisse verdure,
Qui tempérait aux yeux l'éclat du jour nouveau,

J'abandonne aussitôt la côte et je m'élance,
Prenant à travers champs : puis à pas lents j'avance
Sur le sol embaumé partout et fleurissant.

Un souffle d'air égal et doux, que rien n'altère,
Venait battre mon front d'un coup d'aile légère,
Comme un vent suave et frais m'effleurant mollement,

Et du côté par où la première ombre gagne,
Le soir, les hauts sommets de la sainte montagne,
Les rameaux agités se courbaient doucement.

Le mol balancement que ce vent leur imprime
Laissait les oiselets chanter sur chaque cime,
Et ne les troublait pas dans leurs joyeux concerts.

Avec pleine allégresse, avec un gai ramage,
Ils saluaient le jour, cachés sous le feuillage
Qui mêlait un bourdon plus grave à leurs doux vers :

Tel ce bruissement qui court de branche en branche
Lorsque le sirocco plus prompt que l'avalanche
Dans les pins de Chiassi souffle tout effaré [1].

Già m' avean trasportato i lenti passi
Dentro all' antica selva, tanta ch' io
Non potea rivedere ond' io m' entrassi:

Ed ecco più andar mi tolse un rio,
Che 'nver sinistra con sue picciole onde,
Piegava l' erba, che 'n sua ripa uscio.

Tutte l' acque, che son di qua più monde,
Parrienno avere in sè mistura alcuna,
Verso di quella, che nulla nasconde;

Avvegna che si muove bruna bruna
Sòtto l' ombra perpetua, che mai
Raggiar non lascia Sole ivi, nè Luna.

Co' piè ristretti, e con gli occhi passai
Di là dal fiumicello, per mirare
La gran variazion de' freschi mai:

E là m' apparve, sì com' egli appare
Subitamente cosa, che disvia
Per maraviglia tutt' altro pensare,

Una donna soletta, che si gia
Cantando ed isciegliendo fior da fiore,
Ond' era pinta tutta la sua via.

Deh bella donna, ch' a raggi d' amore
Ti scaldi, s' io vo' credere a' sembianti,
Che soglion' esser testimon del cuore.

Vegnati voglia di traretti avanti,
Diss' io a lei, verso questa riviera,
Tanto ch' io possa intender, chè tu canti.

Déjà dans la forêt à l'antique ramure
Je m'étais enfoncé si loin à l'aventure
Que je ne voyais plus par où j'étais entré.

Et voici qu'à ma gauche un ruisselet m'arrête :
Les petits flots coulaient en caressant l'herbette,
Qui croissait à l'entour sur le bord inégal.

Il n'est eau si limpide ici-bas, et si pure
Qui n'eût paru cacher au fond quelque souillure,
Près de cette onde au clair et transparent cristal.

Pourtant elle coulait dans son lit brune, brune,
Sous l'ombrage éternel que les rays de la lune
Et les feux du soleil n'ont pénétré jamais.

Du pied je m'arrêtai, mais mon regard d'avance
Franchissant l'humble fleuve, admirait à distance
La prodigalité des floraisons de mai.

Et là-bas, tout à coup, comme un merveilleux songe,
Où la pensée entière et s'absorbe et se plonge,
S'offrit à mon regard de loin émerveillé.

Une dame seulette en la forêt profonde [2],
Qui s'en allait chantant et cueillant à la ronde
Les fleurs dont son chemin était tout émaillé.

« Las ! belle dame, toi que l'amour saint enflamme
De ses rayons divins, si je juge ton âme
Au visage, miroir accoutumé du cœur,

Ne te refuse pas, lui dis-je, à ma prière,
Et daigne t'approcher du bord de la rivière,
Pour que je sente mieux de tes chants la douceur.

Tu mi fai rimembrar dove e qual' era
Proserpina nel tempo, che perdette
La madre lei, ed ella primavera.

Come si volge con le piante strette
A terra, e intra sè, donna, che ballì,
E piede innanzi piede a pena mette,

Volsesi 'n su' vermigli ed in su' gialli
Fioretti verso me, non altrimenti,
Che vergine, che gli occhi onesti avvalli:

E fece i prieghi miei esser contenti,
Sì appressando sè, che 'l dolce suono
Veniva a me co' suoi intendimenti.

Tosto che fu là dove l'erbe sono
Bagnate già dall' onde del bel fiume,
Di levar gli occhi suoi mi fece dono.

Non credo, che splendesse tanto lume
Sotto le ciglia a Venere trafitta
Dal figlio, fuor di tutto suo costume.

Ella ridea dall' altra riva dritta,
Traendo più color con le sue mani,
Che l' alta terra senza seme gitta.

Tre passi ci facea 'l fiume lontani:
Ma Ellesponto, là 've passò Xerse,
Ancora freno a tutti orgogli umani,

Più odio da Leandro non sofferse,
Per mareggiare intra Sesto e Abido,
Che quel da me, perchè allor non s'aperse.

Si belle, et dans ces lieux, je crois voir Proserpine,
Lorsqu'elle fut ravie à sa mère divine,
Et quand elle perdit le printemps verdoyant ! »

Comme à petits pas joints danse fille légère,
En tournant sur soi-même, et sans quitter la terre,
Avance à peine un pied devant l'autre en glissant :

La dame, sur les fleurs de ce jardin céleste,
Vers moi s'en vint semblable à la vierge modeste
Qui chemine les yeux baissés pudiquement.

Elle approcha suivant mon désir, et sans peine
Arrivait jusqu'à moi sa douce cantilène,
Et j'en pouvais ouïr le sens distinctement.

Aussitôt qu'elle fut arrivée à la rive
Où se baignent les fleurs au miroir de l'eau vive,
Son œil levé sur moi me fit don d'un regard.

Je doute qu'une flamme aussi prodigieuse
Ait jailli du regard de Vénus amoureuse,
Quand son malin enfant la blessa par hasard.

Sur l'autre rive à droite elle allait souriante,
Moissonnant les couleurs de la flore brillante
Qui sur ces beaux sommets germe du sol sans grain.

A peine de trois pas nous séparait le fleuve ;
Mais le vaste Hellespont, dont Xerxès fit l'épreuve,
Exemple redoutable à tout orgueil humain,

L'Hellespont ne fut pas plus maudit par Léandre,
D'Abydos à Sestos quand il nageait si tendre,
Que, pour ne pas s'ouvrir devant moi, ce ruisseau.

Voi siete nuovi : e forse perch' io rido,
Cominciò ella, in questo luogo eletto
All' umana natura per suo nido.

Maravigliando tienvi alcun sospetto :
Ma luce rende in salmo *Delectasti*,
Che puote disnebbiar vostro intelletto.

E tu che se' dinanzi, e mi pregasti,
Di' s' altro vuoi udir : ch' io venni presta
Ad ogni tua question, tanto che basti.

L'acqua, diss' io, e 'l suon della foresta
Impugnan dentro a me novella fede
Di cosa, ch' io udì contraria a questa.

Ond' ella : Io dicerò come procede
Per sua cagion ciò che ammirar ti face,
Et purgherò la nebbia, che ti fiede.

Lo Sommo Bene, che solo a sè piace,
Fece l' uom buono a bene, e questo loco
Diede per arra a lui d' eterna pace.

Per sua diffalta qui dimorò poco :
Per sua diffalta in pianto, ed in affanno,
Cambiò onesto riso e dolce giuoco.

Perchè 'l turbar, che sotto de sè fanno
L' esalazion dell' acqua e della terra,
Che quanto posson dietro al calor vanno,

All' uomo non facesse alcuna guerra,
Questo monte salìo ver lo Ciel tanto,
E libero è da indi, ove si serra.

« Nouveau-venus ici, commença-t-elle à dire,
Peut-être en me voyant joyeusement sourire
Dans cet Éden béni que l'homme eut pour berceau,

En vous quelque soupçon se mêle à la surprise ;
Mais songez, pour chasser toute sombre méprise,
A ce psaume : *Seigneur, vous m'avez réjoui* [3] !

Et toi qui vas devant et qui m'as fait requête,
Que veux-tu que je dise encor ? Me voici prête
A te répondre tant que tu sois assouvi. »

— « La forêt agitée et cette onde, lui dis-je,
Répugnent à ma foi récente en un prodige
Qui ne s'accorde pas avec ce que je voi . [4] »

Elle me répondit : « Je te dirai les causes
Du fait qui te surprend et que tu me proposes,
Et je dissiperai les brouillards de ta foi.

Le Bien qui ne se plaît qu'en soi, le Bien suprême
Créa l'homme apte au bien et lui donna de même,
Comme arrhes du bonheur éternel, ces beaux lieux.

A cause de sa faute il n'y demeura guère,
A cause de sa faute, en larmes, en misère,
Il dut changer sa joie honnête et ses doux jeux,

Pour que les troubles, tous engendrés sous ce monde
Par les exhalaisons de la terre et de l'onde
Qui cherchent à monter avecque la chaleur,

Ne pussent point à l'homme ici faire la guerre,
Ce mont fut ainsi haut dressé loin de la terre,
Sans perturbations dans toute sa hauteur.

Or perchè in circuito tutto quanto
L' aer si volge con la prima volta,
Se non gli è rotto 'l cerchio d' alcun canto

In questa altezza, che tutta è disciolta
Nell' aere vivo, tal moto percuote,
E fa sonar la selva, perch' è folta :

E la percossa pianta tanto puote,
Che della sua virtute l'aura impregna,
E quella poi girando intorno scuote :

E l' altra terra, secondo ch' è degna
Per sè, o per suo Ciel, concepe e figlia
Di diverse virtù diverse legna.

Non parrebbe di là poi maraviglia,
Udito questo, quando alcuna pianta
Senza seme palese vi s' appiglia.

E saper dei, che la campagna santa,
Ove tu se', d' ogni semenza è piena,
E frutto ha in sè, che di là non schianta.

L' acqua, che vedi, non surge di vena,
Che ristori vapor, che giel converta,
Come fiume, ch' acquista, o perde lena :

Ma esce di fontana salda e certa,
Che tanto del voler di Dio riprende,
Quant' ella versa da duo parti aperta.

Da questa parte con virtù discende,
Che toglie altrui memoria del peccato :
Dall' altra, d'ogni ben fatto la rende.

Or, comme tout entier en courbe circulaire
L'air se meut emporté par la force première,
Tant que rien n'interrompt le cercle éthéréen,

Ce sommet qui s'élève au sein de l'éther libre,
Frappé directement par l'air, frémit et vibre,
En faisant bruire au loin les bois touffus d'Éden.

Et chaque arbre ébranlé dans la forêt profonde
A le don d'imprégner de sa vertu féconde
Le vent qui la secoue en germes odorants.

Et la terre au-dessous, suivant qu'elle est plus forte
Par son sol ou son Ciel, soudain conçoit et porte
De diverses vertus des arbres différents.

Ceci compris, pour toi ce n'est plus un prodige
Qu'une plante parfois, fruit ou fleur, sur sa tige,
Sans semis apparent, vienne à pousser là-bas.

L'enclos saint que voici, sache-le, tient en germe
Tout ce qui croît sur terre, et, de plus, il enferme
Un fruit délicieux qui ne s'y cueille pas.

L'onde qu'ici tu vois, elle n'est point nourrie
Par le sol, des vapeurs que le froid tourne en pluie,
Comme un fleuve qui s'enfle ou qui perd de ses eaux

Elle sort d'une source immuable et certaine :
La volonté de Dieu verse en cette fontaine
Les flots qu'elle partage entre ses deux canaux.

Chacun des deux courants possède une puissance :
L'un, des péchés à l'homme ôte la souvenance,
L'autre, du bien qu'il fit le souvenir lui rend.

Quinci Lete, così dall' altro lato
Eunoè si chiama: e non adopra,
Se quinci e quindi pria non è gustato.

A tutt' altri sapori esto è di sopra:
E avvegna ch' assai possa esser sazia
La sete tua, perchè più non ti scuopra,

Darotti un corollario ancor per grazia,
Nè credo, che'l mio dir ti sia men caro,
Se oltre promission teco si spazia.

Quelli, ch' anticamente poetaro
L' età dell' oro, e suo stato felice,
Force in Parnaso esto loco sognaro.

Qui fu innocente l' umana radice:
Qui primavera sempre, ed ogni frutto:
Nettare è questo, di che ciascun dice.

Io mi rivolsi addietro allora tutto
A' miei Poeti, e vidi, che con riso
Udito avevan l' ultimo costrutto:

Poi alla bella donna tornai 'l viso.

L'un s'appelle Léthé, l'autre Eunoë se nomme [5] ;
Mais leur vertu ne peut opérer que si l'homme
Trempe sa lèvre à l'un comme à l'autre courant.

Nulle saveur ne vaut leur saveur merveilleuse.
J'ai sans doute apaisé ton ardeur curieuse
Et de m'en tenir là me serait bien permis.

Mais je veux te donner par grâce un corollaire,
Je n'appréhende pas de cesser de te plaire
En allant au delà de ce que j'ai promis.

Les poëtes, jadis, qui, dans la solitude,
Ont chanté l'âge d'or et sa béatitude,
Sans doute sur le Pinde ont rêvé ces lieux-ci.

C'est l'innocent berceau de la nature humaine ;
Fleurs et fruits éternels parent ce beau domaine ;
Le nectar que chacun célèbre, le voici ! »

A ces mots me tournant vers mes deux chers poëtes,
Je vis que tous les deux, de leurs lèvres discrètes,
De la conclusion ils souriaient entre eux :

Et sur la dame alors je reportai mes yeux.

NOTES DU CHANT XXVIII

¹ Chiassi, aujourd'hui détruit, était situé pres de Ravenne. La forêt de pins dont parle Dante existe encore ; elle a été visitée et chantée par lord Byron, qui y a composé, dit-on, la *Prophétie de Dante.*

² Ce personnage réalise la vision de Dante au chant précédent. Son nom est Mathilde, comme on le verra au chant XXXIII. Les commentateurs supposent que c'est la célèbre comtesse Mathilde qui enrichit l'Église.

³ Elle veut dire : N'accusez pas mon cœur si je puis être joyeuse dans cet Éden que l'homme a perdu. Je souris de la joie que m'inspire la contemplation des œuvres de Dieu, comme le psalmiste dans le cantique qui commence ainsi : *Delectasti me, Domine.*

⁴ Stace lui a dit (chant XXI) que depuis la porte du Purgatoire jusqu'au haut de la montagne aucun vent, aucune vapeur n'altérait l'atmosphère. Comment donc la forêt peut-elle bruire ainsi et comment ce fleuve a-t-il pu se former ?

⁵ Les deux noms sont tirés du grec. C'est comme s'il disait : L'un s'appelle *oubli*, l'autre, *bonne mémoire.*

ARGUMENT DU CHANT XXIX

Mathilde s'avance le long du fleuve. Dante la suit du bord opposé. Une douce harmonie se répand dans l'air. Des voix chantent Hosannah ! Dante, averti par Mathilde, s'apprête à contempler un prodigieux spectacle. Il voit sept candélabres étincelants marchant devant vingt-quatre vieillards vêtus de blanc et couronnés de lis. Après eux quatre animaux la tête ceinte de feuilles vertes et ayant chacun six ailes. Puis un char de triomphe traîné par un griffon. A la droite du char dansent trois dames portant différentes couleurs. A la gauche, quatre autres habillées de pourpre. Sept autres vieillards, vêtus comme les premiers, ferment la marche. Au signal d'un coup de tonnerre, tout le cortége s'arrête.

CANTO VENTESIMO NONO

Cantando come donna innamorata,
Continuò col fin di sue parole:
Beati, quorum tecta sunt peccata.

E come Ninfe, che si givan sole,
Per le salvatiche ombre, disiando,
Qual di fuggìr, qual di veder lo Sole;

Allor si mosse contra 'l fiume, andando
Su per la riva, ed io pari di lei,
Piccìol passo con picciol seguitando.

Non eran cento tra i suo' passi e i miei,
Quando le ripe igualmente dier volta,
Per modo, ch' al levante mi rendei.

Nè anche fu così nostra via molta,
Quando la donna mia a me si torse,
Dicendo: Frate mio, guarda e ascolta.

E ecco un lustro subito trascorse
Da tutte parti per la gran foresta,
Tal che di balenar mi mise in forse.

Ma perchè 'l balenar, come vien, resta,
E quel durando più e più splendeva,
Nel mio pensar dicea: Che cosa è questa?

CHANT VINGT-NEUVIÈME

Alors avec l'accent d'un cœur qu'amour enflamme,
En cessant de parler, chanta la belle dame :
O Beati quorum tecta sunt peccata !

Et telles qu'à l'écart sous les forêts ombreuses
Les Nymphes autrefois s'en allaient, désireuses,
Qui de fuir, qui de voir le soleil : ainsi là,

En remontant le fleuve et longeant le rivage,
La dame disparut lentement sous l'ombrage.
Comme elle, à petits pas, j'allais en la suivant.

Nous avions fait cent pas au plus de cette allure,
Lorsque sur ses deux bords se courba l'onde pure,
Et je me retrouvai du côté du levant.

Et nous n'avions fourni qu'une courte carrière,
Quand la dame vers moi se tourna tout entière,
Disant : « Mon frère, écoute et regarde à la fois ! »

Et voici que soudain une vive étincelle
Perce les profondeurs du bois immense, telle
Que je doute si c'est un éclair que je vois.

Mais tandis que l'éclair, comme il vient, brille et passe,
Cette lueur durait, grandissait dans l'espace.
Qu'est ceci? me disais-je, en moi-même enchanté.

Ed una melodia dolce correva
Per l' aer luminoso : onde buon zelo
Mi fe' riprender l' ardimento d' Eva :

Chè là, dove ubbidia la terra e 'l Cielo,
Femmina sola, e pur testè formata,
Non sofferse di star sotto alcun velo :

Sotto 'l qual se divota fosse stata,
Avrei quelle ineffabili delizie
Sentite prima, e poi lunga fiata.

Mentr' io m' andava tra tante primizie
Dell' eterno piacer tutto sospeso,
E disioso ancora a più letizie,

Dinanzi a noi tal, quale un fuoco acceso,
Ci si fe' l' aer sotto i verdi rami,
E 'l dolce suon per canto era già 'nteso :

O sagrosante Vergini, se fami,
Freddi, o vigilie mai, per voi soffersi,
Cagion mi sprona, ch' io mercè ne chiami.

Or convien, ch' Elicona per me versi,
E Urania m' aiuti col suo coro,
Forti cose a pensar, mettere in versi.

Poco più oltre sette alberi d' oro
Falsava nel parere, il lungo tratto
Del mezzo, ch' era ancor tra noi e loro :

Ma quando io fui sì presso di lor fatto,
Che l' obbietto comun, che 'l senso inganna,
Non perdea per distanza alcun suo atto ;

Et dans l'air lumineux une douce harmonie
Semblait courir. Fervent d'une ardeur infinie,
Je maudis alors Ève et sa témérité.

Las ! quand obéissaient et le Ciel et la terre,
Une femme, créée à peine à la lumière,
Seule osa rejeter le voile du Seigneur.

L'eût-elle conservé résignée et docile,
Plus tôt et plus longtemps, j'aurais dans cet asile
Joui de cette immense, ineffable douceur.

Tandis que je marchais à travers ces délices,
Du bonheur éternel savourant les prémices,
Et toujours plus avide et toujours plus ravi,

Devant nous tout à coup, sous la verte ramée,
L'atmosphère parut au loin tout enflammée,
Et le doux son devint un chant clair et suivi.

O sacrosaintes, vous, ô Vierges sans pareilles !
Si j'ai souffert pour vous la faim, le froid, les veilles,
Le moment est venu de m'en récompenser !

Que l'Hélicon pour moi verse à torrent son onde,
Qu'Uranie à ses sœurs s'unisse et me seconde
Pour cadencer en vers ce qui coûte à penser !

Je crois un peu plus loin voir, tandis que j'avance,
Comme sept arbres d'or, trompé par la distance
Qui séparait encor de nous la vision.

Mais m'étant approché, lorsqu'avec évidence
Les objets dégagés de leur vague apparence
Vinrent se dessiner dans leur précision,

La virtù, ch' a ragion discorso ammanna,
Sì com' egli eran candelabri apprese,
E nelle voci del cantare Osanna.

Di sopra fiammeggiava il bello arnese
Piu chiaro assai, che Luna per sereno
Di mezza notte nel suo mezzo mese.

Io mi rivolsi d' ammirazion pieno,
Al buon Virgilio; ed esso mi rispose,
Con vista carca di stupor non meno:

Indi rendei l' aspetto all' alte cose,
Che si movieno, incontro a noi sì tardi,
Che foran vinte da novelle spose.

La donna mi sgridò: Perchè pur' ardi
Sì nell' affetto delle vive luci,
E ciò che vien diretro a lor non guardi?

Genti vid' io allor, com' a lor duci,
Venire appresso, vestite di bianco:
E tal candor giammai di qua non fuci.

L' acqua splendeva dal sinistro fianco,
E rendea a me la mia sinistra costa,
S' io riguardava in lei, come specchio anco.

Quand' io dalla mia riva ebbi tal posta,
Che solo il fiume mi facea distante,
Per veder meglio a' passi diedi sosta:

E vidi le fiammelle andare avante,
Lasciando dietro a sè l' aer dipinto,
E di tratti pennelli avea sembiante,

L'œil puissant qui perçoit les choses véritables,
Me fit voir que c'étaient sept flambeaux admirables [1],
Et j'ouïs : *Hosannah!* dans le concert des voix.

Et le beau lustre d'or flamboyait plus splendide
Au-dessus de nos fronts, que, par un ciel limpide,
La lune en plein minuit au milieu de son mois.

Je me tournai, saisi d'une stupeur extrême,
Vers mon tendre Virgile : il me répond de même
Par un regard aussi plein de ravissement.

Je relevai les yeux vers les urnes brillantes,
Qui se mouvaient vers nous solennelles et lentes :
Une épouse à l'autel marche moins lentement.

La dame me cria : « Sur ces vives lumières
Pourquoi si tendrement fixes-tu tes paupières ?
Et ce qui vient après ne regardes-tu pas ? »

Alors je vis des gens qui cheminaient derrière,
Et, comme on suit un guide, ils suivaient la lumière,
Vêtus de blanc : un blanc sans égal ici-bas !

L'eau brillait à ma gauche, et longeant le rivage,
En y jetant les yeux, je voyais mon image
S'y profiler de flanc comme dans un miroir.

Je m'approchai du bord extrême de la rive,
Séparé des flambeaux seulement par l'eau vive
Et suspendis mes pas un instant pour mieux voir.

Les clartés avançaient en laissent derrière elles
L'air peint et nuancé des couleurs les plus belles :
On eût dit le sillon d'un pinceau sans pareil.

Sí ch' egli sopra rimanea distinto
Di sette liste, tutte in quei colori,
Onde fa l' arco il Sole, e Delia il cinto.

Questi stendali dietro eran maggiori,
Che la mia vista : e, quanto a mio avviso
Dieci passi distavan quei di fuori.

Sotto così bel Ciel, com' io diviso,
Ventiquattro signori a due a due
Coronati venian di fiordaliso.

Tutti cantavan : Benedetta tue
Nelle figlie d'Adamo : e benedette
Sieno in eterno le bellezze tue.

Poscia che i fiori e l' altre fresche erbette,
A rimpetto di me dall' altra sponda
Libere fur da quelle genti elette,

Sì come luce luce in Ciel seconda,
Vennero appresso lor quattro animali,
Coronato ciascun di verde fronda.

Ognuno era pennuto di sei ali,
Le penne piene d' occhi ; e gli occhi d' Argo,
Se fosser vivi, sarebber cotali.

A descriver lor forma più non spargo
Rime, lettor ; ch' altra spesa mi strigne
Tanto, che 'n questa non posso esser largo.

Ma leggi Ezzechiel, che li dipigne,
Come li vide, dalla fredda parte
Venir con vento, con nube, e con igne :

LE PURGATOIRE — CHANT XXIX.

Sur le ciel s'étendaient sept bandes bien distinctes,
Dont les riches couleurs reproduisaient les teintes
Du collier de Délie ² et de l'arc du soleil.

Ces pennons en longueur dépassaient bien ma vue ;
Mais, quant à leur largeur, si bien je l'évalue,
On mesurait dix pas du premier au dernier.

Sous ce beau ciel paré comme pour une fête,
Vingt-quatre beaux vieillards, de lis ceignant leur tête,
S'avançaient deux à deux en ordre régulier ³.

Ils chantaient tous en chœur : « O toi, fille choisie
Entre les filles d'Ève, à jamais sois bénie !
Sois bénie à jamais dans tes belles vertus ! »

Puis, quand le gazon frais et la flore irrisée,
Qui brillaient devant moi sur la rive opposée,
Ne furent plus foulés par ce troupeau d'élus,

Comme au ciel un éclair après l'autre flamboie,
Vinrent quatre animaux après eux dans la voie,
Tous quatre couronnés de rameaux verdoyants ⁴.

Et chacun d'eux avait six ailes admirables
Que parsemaient des yeux aux yeux d'Argus semblables,
Si les mille yeux d'Argus pouvaient être vivants.

Mais je ne perdrai plus de vers à les décrire,
O lecteur ! il me faut répandre ailleurs ma lyre,
Et force m'est ici de me restreindre un peu.

Mais lis Ézéchiel qui nous dépeint ces bêtes,
Comme il les vit du fond du nord et des tempêtes
Venir avec le vent, la nuée et le feu.

E quai li troverai nelle sue carte,
Tali eran quivi; salvo ch' alle penne
Giovanni è meco, e da lui si diparte.

Lo spazio dentro a lor quattro contenne
Un carro in su duo ruote trionfale,
Ch' al collo d' un Grifon tirato venne:

Ed esso tendea su l' una, e l' altr' ale,
Tra la mezzana e le tre e tre liste,
Sì ch' a nulla, fendendo, facea male:

Tanto salivan, che non eran viste:
Le membra d' oro avea, quanto era uccello,
E bianche l' altre, di vermiglio miste.

Non che Roma di carro così bello
Rallegrasse Affricano, o vero Augusto;
Ma quel del Sol saria pover con ello:

Quel del Sol, che sviando fu combusto,
Per l' orazion della Terra devota
Quando fu Giove arcanamente giusto.

Tre donne in giro dalla destra ruota
Venien danzando; l' una tanta rossa,
Ch' a pena fora dentro al fuoco nota:

L' altr' era, come se le carni e l' ossa
Fossero state di smeraldo fatte:
La terza parea neve testè mossa,

Ed or parevan dalla bianca tratte,
Or dalla rossa, e dal canto di questa
L' altre togliean l' andare e tarde e ratte.

LE PURGATOIRE — CHANT XXIX. 403

Telles il nous les montre en ses pages fidèles,
Telles je les voyais : sauf qu'à l'égard des ailes,
Je m'accorde avec Jean contre son sentiment.

Entre ces quatre alors, sur une double roue
Vient un char triomphal⁵, et, marchant à la proue,
Un griffon le traînait majestueusement :

Ce griffon déployait au milieu des sept bandes
(Trois de ci, trois de là) ses ailes toutes grandes,
Et n'en endommageait aucune en fendant l'air.

Ces ailes s'élevaient jusqu'à perte de vue ;
Les membres empennés qui montaient dans la nue
Étaient d'or : le reste était d'un blanc de chair ⁶.

Jamais Rome ne vit au triomphe d'Auguste
Ou bien de l'Africain char plus beau, plus auguste ;
Celui même du Jour eût semblé pauvre auprès :

Ce char qui, dévoyé, fut brûlé du tonnerre,
Aux supplications ferventes de la Terre,
Quand Jupiter fut juste en ses profonds décrets.

A la droite du char dansaient en rond trois dames :
L'une paraissait rouge et dardait telles flammes,
Qu'elle eût pu dans la flamme aux yeux se dérober.

On eût pensé de l'autre, à son éclat extrême,
Qu'elle était d'émeraude, os et chair ; la troisième
Semblait la neige fraîche et qui vient de tomber.

Et le trio dansant était conduit par elle
Ou par la dame rouge, à la voix de laquelle
Les deux autres réglaient leurs pas pressés ou lents ⁷.

Dalla sinistra quattro facean festa,
In porpora vestite, dietro al modo
D' una di lor, ch' avea tre occhi in testa.

Appresso tutto 'l pertrattato nodo
Vidi duo vecchi in abito dispari,
Ma pari in atto ed onestato, e sodo.

L' un si mostrava alcun de' famigliari
Di quel sommo Ippocrate, che natura
Agli animali fe' ch' ell' ha più cari :

Mostrava l' altro la contraria cura
Con una spada lucida e acuta,
Tal che di qua dal rio mi fe' paura.

Poi vidi quattro in umile paruta,
E diretro da tutti un veglio solo
Venir dormendo con la faccia arguta.

E questi sette col primaio stuolo
Erano abituati : ma di gigli
Dintorno al capo non facevan brolo :

Anzi di rose e d' altri fior vermigli :
Giurato avria poco lontano aspetto,
Che tutti ardesser di sopra da' cigli;

E quando 'l carro a me fu a rimpetto,
Un tuon s' udì : e quelle genti degne
Parvero aver l' andar più interdetto,

Fermandos' ivi con le prime insegne.

A la gauche du char quatre autres faisaient fête
Et dansaient. Leurs habits étaient de pourpre. En tête
Marchait l'une, montrant trois yeux étincelants [8].

Après le char je vis deux vieillards vénérables,
Vêtus différemment, mais d'allures semblables,
Qui, d'un pas assuré, venaient majestueux.

L'un [9] semblait un suivant d'Hippocrate, ce maître
Que la mère nature a tout exprès fait naître
Pour ceux de ses enfants qu'elle chérit le mieux.

Le second révélait un penser tout contraire :
Il portait une épée affilée et si claire [10],
Que par delà le fleuve elle effraya mes yeux.

Puis, j'en vis quatre encor d'une humble contenance [11] ;
Derrière eux un vieillard venait seul, à distance,
Et marchait les yeux clos, mais le front lumineux [12].

Ces sept derniers avaient tous des surplis de neige,
Comme ceux qui tenaient la tête du cortége.
Seulement sur leurs fronts, au lieu de fleurs de lis,

Des roses ils portaient et d'autres fleurs vermeilles.
Et d'un peu loin, à voir ces roses sans pareilles,
On eût dit une flamme au-dessus des sourcils.

Et quand fut vis-à-vis de moi le char insigne,
Un tonnerre éclata : lors cette troupe digne
Parut ne plus pouvoir avancer au delà :

Et cortége et flambeaux, soudain tout s'arrêta.

NOTES DU CHANT XXIX

1 Allégoriquement les sept grâces du Saint-Esprit.

2 Diane ou la Lune, appelée Délie à cause de sa naissance à Délos.

3 Les vingt-quatre vieillards représentent les patriarches de l'Ancien-Testament ou peut-être les vingt-quatre livres de la Bible. Ils portent des fleurs de lis, symbole de la foi.

4 Les quatre évangélistes.

5 Le char de l'Église.

6 Le griffon, animal fabuleux moitié aigle, moitié lion, représente, disent les commentateurs, Jésus-Christ lui-même et ses deux natures divine et humaine.

7 Ces trois femmes qui dansent à la droite du char sont les trois vertus théologales : la charité ardente est couleur de feu, le vert est la couleur de l'espérance et le blanc celle de la foi.

8 Ces quatre autres sont les quatre vertus cardinales : la force, la tempérance, la justice et la prudence qui a trois yeux.

9 Saint Luc qui a écrit les Actes des apôtres. Il était médecin.

10 Saint Paul.

11 Quatre apôtres, ou bien les quatre docteurs de l'Église : saint Grégoire le Grand, saint Jérôme, saint Ambroise et saint Augustin.

12 Saint Jean, auteur de l'Apocalypse. Il est représenté dormant, mais le front lumineux, à cause de la vision qu'il eut à Patmos pendant son sommeil.

ARGUMENT DU CHANT XXX

Apparition de Béatrice. Des anges chantant et répandant des fleurs à pleines mains se lèvent au-dessus du char qui vient de s'arrêter. Au milieu de ce nuage de fleurs, Béatrice se montre enfin. Dante la reconnaît à l'émotion qu'il éprouve. Virgile disparait. Paroles sévères de Béatrice, qui reproche à Dante ses égarements.

CANTO TRENTESIMO

Quando 'l settentrion del primo Cielo,
Che nè occaso mai seppe, nè orto,
Nè d' altra nebbia, che di colpa velo :

E che faceva lì ciascuno accorto
Di suo dover, come 'l più basso face,
Qual timon gira per venire a porto,

Fermo s' affisse; la gente verace
Venuta prima tra 'l Grifone ed esso,
Al carro volse sè, come a sua pace.

E un di loro quasi dal Ciel messo,
Veni, sponsa, de Libano, cantando,
Gridò tre volte, e tutti gli altri appresso :

Quale i beati al novissimo bando
Surgeràn presti, ognun di sua caverna,
La rivestita carne alleviando,

Cotali in su la divina basterna
Si levàr cento *ad vocem tanti senis*,
Ministri e messaggier di vita eterna.

Tutti dicean : *Benedictus, qui venis*,
E fior gittando di sopra e dintorno,
Manibus o date lilia plenis.

CHANT TRENTIÈME

Lorsque du premier Ciel ces urnes étoilées,
Qui, par le péché seul, purent être voilées,
Et qui n'eurent jamais ni lever ni déclin,

Quand ces sept lustres d'or, de tous le point de mire,
Comme l'astre qui guide ici-bas le navire
Et sur les mers conduit jusqu'au port le marin,

Se furent arrêtés, la gent qui la première
Précédait le griffon et suivait la lumière,
Comme vers son bonheur vers le char se tourna.

Et l'un d'eux, qui semblait un envoyé céleste,
A crié par trois fois, après lui tout le reste
A répété : *Veni de Libano, sponsa* [1] !

Telles au dernier ban, des tombes caverneuses
On verra s'envoler les âmes bienheureuses
Et chanter de leurs voix fraîches : *Alleluia !*

Telle, au-dessus du char, une foule nouvelle,
Ministres et hérauts de la vie éternelle,
A la voix du vieillard inspiré, se leva :

Tous s'écriaient : « *Venis benedictus*, mon père [2] ! »
Et, répandant des fleurs dans l'air et sur la terre,
Ils chantaient : *Manibus date lilia plenis* [3] !

Io vidi già nel cominciar del giorno
La parte oriental tutta rosata,
E l' altro Ciel di bel sereno adorno :

E la faccia del Sol nascere ombrata,
Sì che, per temperanza di vapori,
L' occhio lo sostenea lunga fiata :

Così dentro una nuvola di fiori,
Che dalle mani angeliche saliva,
E ricadeva giù dentro e di fuori,

Sovra candido vel, cinta d' oliva,
Donna m' apparve sotto verde manto,
Vestita di color di fiamma viva.

E lo spirito mio, che già cotanto
Tempo era stato con la sua presenza,
Non era di stupor tremando affranto.

Senza degli occhi aver più conoscenza,
Per occulta virtù, che da lei mosse,
D' antico amor sentii la gran potenza.

Tosto che nella vista mi percosse
L' alta virtù, che già m' avea trafitto
Prima ch' io fuor di puerizia fosse ;

Volsimi alla sinistra col rispitto,
Col quale in fantolin corre alla mamma,
Quando ha paura, o quando egli è afflitto,

Per dicere a Virgilio : Men che dramma
Di sangue m' è rimasa; che non tremi ;
Conosco i segni dell' antica fiamma.

J'ai déjà vu, lorsque le jour commence à luire,
L'orient tout rosé dans le ciel bleu sourire
Et l'horizon paré des couleurs de l'Iris,

Et le soleil encor voilé sous un nuage,
Tempérant de vapeurs l'éclat de son visage,
L'œil soutenait alors son disque moins ardent :

Ainsi du sein des fleurs, nuage fantastique
Qui s'épanchait des mains de la troupe angélique,
Tour à tour dans les airs montant et descendant,

Ceinte d'un voile blanc et d'olivier, couverte
D'une robe de feu sous une mante verte,
Une dame à mes yeux s'offrit à ce moment [4].

Et mon cœur aussitôt, qui la croyait perdue,
Et depuis si longtemps n'avait plus à sa vue
Éprouvé de surprise et de tressaillement,

Sans le secours des yeux prompt à la reconnaître,
Sentit au seul parfum émané de cet être
De mon ancien amour les effets tout-puissants.

Sitôt que m'eut frappé la magique influence
Qui, devant que mon âge échappât à l'enfance,
M'avait percé jadis l'âme dans tous les sens,

A gauche sur-le-champ je me tourne et me serre,
Comme l'enfant qui court vers le sein de sa mère,
Quand il a quelque peine ou qu'il est alarmé.

Et je dis : « Je n'ai plus, ô Virgile, une goutte
De sang dedans mon corps qui ne frémisse toute :
De mon ancien amour c'est le feu rallumé. [5] »

Ma Virgilio n' avea lasciati scemi
Di sè, Virgilio dolcissimo padre,
Virgilio, a cui, per mia salute diemi :

Nè quantunque perdeo l' antica madre,
Valse alle guance nette di rugiada,
Che lagrimando non tornassero adre.

Dante, perchè Virgilio se ne vada,
Non pianger anche, non piangere ancora,
Chè pianger ti convien per altra spada.

Quasi ammiraglio, che 'n poppa ed in prora
Viene a veder la gente, che ministra,
Per gli alti legni, ed a ben far l' incuora,

In su la sponda del carro sinistra,
Quando mi volsi al suon del nome mio,
Che di necessità qui si rigistra,

Vidi la donna, che pria m' appario,
Velata sotto l' angelica festa,
Drizzar gli occhi, ver me, di qua dal rio.

Tutto che 'l vel che le scendea di testa,
Cerchiato dalla fronde di Minerva,
Non la lasciasse parer manifesta :

Regalmente nell' atto ancor proterva
Continuò, come colui, che dice,
E 'l più caldo parlar dietro riserva :

Guardami ben : ben son, ben son Beatrice :
Come degnasti d' accedere al monte?
Non sapei tu, che qui è l' uom felice ?

Mais Virgile m'avait privé de lui, Virgile,
Ce père tendre et doux à qui moi, fils docile,
Pour faire mon salut j'avais été donné.

Et tout ce que perdit Ève en ce beau parage
N'empêcha point les pleurs d'obscurcir mon visage,
Qui de rosée encor restait illuminé [6].

— « Dante, ne pleure pas, ce n'est pas encor l'heure !
Pour ce qu'a disparu Virgile, point ne pleure !
Sous un coup plus aigu tes pleurs doivent couler. »

Ainsi qu'un amiral de la proue à la poupe
Va, vient, et surveillant de loin toute sa troupe,
Exhorte ses marins à se bien signaler :

Au bord du char, à gauche, et dans le moment même
Où je tournai la tête à mon nom de baptême
Que j'enregistre ici comme il fut prononcé

La dame se tenait debout, son beau visage
Rayonnant à travers l'angélique nuage,
Et par delà le bac son œil sur moi fixé.

Bien que le voile blanc dont sa tête était ceinte,
Enguirlandé du vert olivier, de la sainte
Ne laissât pas encor paraître tous les traits,

Elle avait conservé son air de souveraine
Et me dit d'une voix encore plus hautaine,
Qui gardait pour la fin ses plus douloureux traits :

« Regarde : c'est bien moi, je suis bien Béatrice.
Comment as-tu daigné gravir ce mont propice ?
Savais-tu pas qu'ici l'on jouit du bonheur ? »

Gli occhi mi cadder giù nel chiaro fonte:
Ma veggendomi in esso, io trassi all' erba,
Tanta vergogna mi gravò la fronte.

Così la madre al figlio par superba,
Com' ella parve a me: perchè d' amaro
Sentì 'l sapor della pietate acerba.

Ella si tacque, e gli angeli cantaro
Di subito: *In te, Domine, speravi*,
Ma oltre *pedes meos* non passaro.

Sì come neve tra le vive travi
Per lo dosso d' Italia si congela,
Soffiata e stretta dalli venti Schiavi,

Poi liquefatta in sè stessa trapela,
Pur che la terra, che perde ombra, spiri,
Sì che par fuoco fonder la candela:

Così fui senza lagrime e sospiri
Anzi 'l cantar di que', che notan sempre
Dietro alle note degli eterni giri.

Ma poichè intesi nelle dolci tempre
Lor compatire a me, più che se detto
Avesser: Donna, perchè sì lo stempre?

Lo giel, che m' era 'ntorno al cuor ristretto,
Spirito ed acqua fessi, e con angoscia
Per la bocca, e per gli occhi uscì del petto.

Ella pur ferma in su la destra coscia
Del carro stando, alle sustanzie pie
Volse le sue parole così poscia:

A ces mots je baissai les yeux sur l'onde claire ;
Mais je les ramenai presque aussitôt à terre,
En y voyant mon front tout couvert de rougeur.

Elle avait cet accent superbe d'une mère
Qui gronde un fils chéri : sa voix semblait amère,
Car l'amour qui s'indigne est acerbe à goûter.

Béatrice se tut. Soudain le chœur céleste
Chante : *In te, Domine, speravi;* mais il reste
Au mot *pedes meos,* sans plus rien ajouter [7].

Ainsi que sur les monts touffus de l'Italie,
S'entassant par l'effet des vents d'Esclavonie,
La neige se congèle et se change en glacier,

Et puis se liquéfie et s'écoule, fondue
Au vent plus chaud du sud où l'ombre est inconnue,
Comme la cire au feu fond dans le chandelier :

Tel j'étais sans soupirs ni pleurs, avant d'entendre
Ces anges, dont le chant harmonieux et tendre
Des orbes éternels accompagne le chœur.

Mais, lorsque j'eus ouï leur douce cantilène,
Et compris qu'ils étaient plus émus de ma peine
Que s'ils eussent dit tous : « Pourquoi navrer son cœur ? »

La glace qui s'était sur ce cœur amassée
Se fondit et jaillit de mon âme oppressée,
Par la bouche et les yeux, en larmes et sanglots.

Cependant, sans changer son attitude austère,
A la gauche du char ma dame, l'œil sévère,
Vers les pieux esprits [8] se tourne et dit ces mots :

Voi vigilate nell' eterno die,
Sì che notte, nè sonno a voi non fura
Passo, che faccia 'l secol per sue vie :

Onde la mia risposta è con più cura,
Che m' intenda colui, che di là piagne,
Perchè sia colpa e duol d' una misura.

Non pur per ovra delle ruote magne,
Che drizzan ciascun seme ad alcun fine,
Secondo che le stelle son compagne :

Ma per larghezza di grazie divine,
Che sì alti vapori hanno a lor piova,
Che nostre viste là non van vicine :

Questi fu tal nella sua vita nuova
Virtualmente, ch' ogni abito destro
Fatto averebbe in lui mirabil pruova.

Ma tanto più maligno e più silvestro
Si fa 'l terren col mal seme e non côlto,
Quant' egli ha più di buon vigor terrestro.

Alcun tempo 'l sostenni col mio volto :
Mostrando gli occhi giovinetti a lui,
Meco 'l menava in dritta parte volto.

Sì tosto, come in su la soglia fui
Di mia seconda etade, e mutai vita,
Questi si tolse a me, e diessi altrui.

Quando di carne a spirto era salita,
E bellezza e virtù cresciuta m' era,
Fu' io a lui men cara e men gradita :

« Vos yeux sont grands ouverts au sein du jour sans terme,
Et jamais le sommeil ni la nuit ne les ferme.
Et ne leur cache un seul des pas que fait le temps !

Donc ce n'est pas pour vous que je parle à cette heure,
Mais pour me faire entendre à celui qui là pleure.
Sa douleur soit égale à ses égarements !

Non point par l'œuvre seul de ces sphères sans nombre
Qui mènent chaque germe à sa fin claire ou sombre,
Suivant le mouvement d'astres bons ou mauvais,

Mais par le large don de ces divines grâces
Dont la pluie a sa source en de si hauts espaces
Que même nos regards n'en approchent jamais,

Cet homme fut si bien doté dans son jeune âge,
Que s'il eût cultivé ses dons avec courage,
C'eût été de vertus un miroir merveilleux.

Mais plus un sol a bonne et féconde nature,
Plus par le mauvais grain ou faute de culture
On y cueille d'ivraie et de fruits vénéneux.

Un temps je le soutins avec mon seul visage,
En lui montrant mes yeux de jeune fille, et sage
Au droit chemin ainsi sur mes pas il marcha.

Mais à peine venue au seuil du second âge,
A l'heure où je sortis du terrestre passage,
Il m'abandonna, puis à d'autres se livra.

Quand de chair je devins esprit, âme affranchie,
Quand je fus en beauté comme en vertu grandie,
Son cœur à mes attraits ne fut plus tant soumis.

E volse i passi suoi per via non vera,
Immagini di ben seguendo false,
Che nulla promission rendono intera.

Nè l' impetrare spirazion mi valse,
Con le quali, ed in sogno ed altrimenti,
Lo rivocai; sì poco a lui ne calse.

Tanto giù cadde, che tutti argomenti
Alla salute sua eran già corti,
Fuor che mostrargli le perdute genti.

Per questo visitai l' uscio de' morti,
E a colui, che l' ha quassù condotto,
Li prieghi miei piangendo furon porti.

L' alto fato di Dio sarebbe rotto,
Se Lete si passasse, e tal vivanda
Fosse gustata senza alcuno scotto

Di pentimento che lagrime spanda.

Il dirigea ses pas en des routes trompeuses
Et poursuivit du bien les images menteuses
Qui ne tiennent jamais ce qu'elles ont promis.

En vain pour lui j'obtins, en songe et dans la veille,
Ces inspirations par qui Dieu nous conseille :
Au bien par nul effort il ne fut ramené.

Et je le vis tomber si bas que toutes peines
Pour faire son salut désormais étaient vaines,
Si je ne lui montrais le royaume damné.

Pour ce j'ai visité des morts le séjour sombre,
Et pleurant j'ai porté ma prière à cette ombre
Qui l'a fait sur ses pas jusqu'ici-haut venir.

Mais la sublime loi de Dieu serait enfreinte
S'il pouvait du Léthé traverser l'onde sainte
Et de ce mets divin s'il pouvait se nourrir,

Sans payer de ses pleurs l'écot du repentir. »

NOTES DU CHANT XXX

¹ *Viens du Liban, ô mon épouse!* (Paroles du *Cantique des cantiques*, chap. IV.)

² *Béni sois-tu toi qui viens!* (Paroles des Juifs lors de l'entrée de Jésus-Christ à Jérusalem.)

³ *A pleines mains répandez les lis* (*Enéide*, livre VI).

⁴ Béatrice est vêtue de blanc, de rouge et de vert, les trois couleurs de la foi, de la charité et de l'espérance. Et, comme symbole de paix, une couronne d'olivier surmonte son voile blanc.

⁵ Souvenir de Virgile : *Agnosco veteris vestigia flammæ* (*Enéide*, livre III).

⁶ De cette rosée dont Virgile avait lavé ses joues au sortir de l'Enfer (*Purgatoire*, chant Ier).

⁷ *In te, Domine, speravi;* en toi, Seigneur, j'ai espéré, etc. (Psaume XXX, verset 1). Le verset 9 se termine par ces mots : *In spatioso loco statuisti pedes meos.*

⁸ *Alle sustanzie pie*, aux anges qui sont dans le char.

ARGUMENT DU CHANT XXXI

Béatrice continue ses reproches. Dante l'écoute accablé et muet. Il lève les yeux vers elle, et la voit resplendissante, tournée vers le Griffon (Jésus-Christ) dont la double nature, divine et humaine, se réfléchit dans ses yeux. Il succombe à l'émotion. Mathilde le plonge alors dans le Léthé. Puis les belles danseuses (les vertus cardinales et théologales) qui entourent le char apocalyptique conduisent le poëte purifié vers Béatrice. Il la contemple sous son voile, dans toute la splendeur de sa beauté transfigurée.

CANTO TRENTESIMO PRIMO

O tu, che se' di là dal fiume sacro,
Volgendo suo parlare a me per punta,
Che pur per taglio m' era parut' acro,

Ricominciò seguendo senza cunta,
Di', di', se quest' è vero : a tanta accusa
Tua confession conviene esser congiunta.

Era la mia virtù tanto confusa,
Che la voce si mosse, e pria si spense,
Che dagli organi suoi fosse dischiusa.

Poco sofferse ; poi disse : Che pense ?
Rispondi a me ; chè le memorie triste
In te non sono ancor dall' acqua offense.

Confusione e paura insieme miste
Mi pinsero un tal *sì* fuor della bocca,
Al quale intender fur mestier le viste.

Come balestro frange, quando scocca,
Da troppa tesa la sua corda e l' arco,
E con men foga l' asta il segno tocca,

Sì scoppia' io sott' esso grave carco,
Fuori sgorgando lagrime e sospiri,
E la voce allentò per lo suo varco.

CHANT TRENTE-UNIÈME

« Au bord du flot sacré, toi là-bas ! » dit la dame
En tournant droit sur moi la pointe de sa lame
Dont le taillant déjà m'avait semblé de feu [1],

Et s'acharnant sur moi sans trêve et de plus belle :
« Est-ce vrai tout cela ? Parle, parle, dit-elle,
A l'accusation il faut joindre un aveu. »

Mon âme tout entière était bouleversée.
J'essayai de parler ; mais ma voix oppressée
S'éteignit sur ma bouche en prenant son essor.

Elle attendit un peu, puis dit : « A quoi tu penses ?
Réponds-moi, car en toi, les tristes souvenances,
L'eau du Léthé n'a pu les effacer encor. »

Lors la confusion et mon angoisse ensemble
Arrachent un *oui* faible à ma lèvre qui tremble :
Il fallait le secours des yeux pour le saisir.

Tel un arc trop tendu : quand avec peine on lâche
La flèche, corde et bois se brisent ; le trait lâche
Au but languissamment vient toucher et mourir :

Tel éclata mon cœur gros de honte et d'alarmes,
En dégorgeant un flot de sanglots et de larmes,
Et ma voix s'allanguit, suffoquée en chemin.

Ond' ell' a me : Perentro i miei desiri,
Che ti menavano ad amar lo bene,
Di là dal qual non è a che s' aspiri,

Quai fosse attraversate, o quai catene
Trovasti : perchè del passare innanzi
Dovessiti così spogliar la spene ?

E quali agevolezze, o quali avanzi
Nella fronte degli altri si mostraro,
Perchè dovessi lor passeggiare anzi ?

Dopo la tratta d' un sospiro amaro,
Appena ebbi la voce, che rispose,
E le labbra a fatica la formaro.

Piangendo dissi : Le presenti cose
Col falso lor piacer volser mie' passi,
Tosto che 'l vostro viso si nascose.

Ed ella : Se tacessi, o se negassi
Ciò, che confessi, non fora men nota
La colpa tua : da tal Giudice sassi.

Ma quando scoppia dalla propria gota
L' accusa del peccato, in nostra corte,
Rivolge se contra 'l taglio la ruota.

Tuttavia perchè me' vergogna porte
Del tuo errore, e perchè altra volta,
Udendo le Sirene, sie più forte,

Pon giù 'l seme del piangere, ed ascolta;
Sì udirai, come 'n contraria parte
Muover doveati mia carne sepolta.

Elle alors : « Aux désirs où j'inclinais ton âme,
Qui te faisaient aimer le seul bien, pur dictame,
Et de tous les souhaits et le terme et la fin,

Quels obstacles as-tu trouvés ? Quelles entraves ?
Quels abîmes ont donc tenu tes pieds esclaves,
Qui dussent t'empêcher de passer plus avant ?

Quels délices, dis-moi, supérieurs aux nôtres,
Quels charmes as-tu vus briller au front des autres,
Que tu dusses ainsi t'élancer au devant ? »

Par un soupir amer je commence : à grand'peine
Je trouvai pour répondre alors assez d'haleine,
Et ma lèvre exprimant le son avec effort,

Et répandant des pleurs : « Les biens présents, lui dis-je,
Ont égaré mes pas avec leur faux prestige,
Dès que votre beau front se voila dans la mort. »

« Quand tu voudrais ou taire ou nier, reprit-elle,
Le péché que tu dis, ta coulpe criminelle
Ne saurait échapper à qui rien n'est caché.

Mais quand tombe l'aveu des lèvres du coupable,
Dans notre sainte cour, au pécheur pitoyable,
Sur la meule à rebours le glaive est ébréché.

Mais pour te faire encor plus honte de tes chaînes,
Pour qu'aux séductions de la voix des sirènes,
Plus fort à l'avenir tu puisses résister,

Que de tes pleurs la source ici s'arrête ! Écoute :
Apprends de moi comment dans la contraire route
Mon corps même en sa tombe aurait dû te porter.

Mai non t' appresentò natura ed arte
Piacer, quanto le belle membra, in ch' io
Rinchiusa fui, e ch' or son terra sparte.

E se 'l sommo piacer sì ti fallio
Per la mia morte : qual cosa mortale
Dovea poi trarre te nel suo disio?

Ben ti dovevi per lo primo strale,
Delle cose fallaci levar suso
Diretr' a me, che non era più tale.

Non ti dovea gravar le penne in giuso
Ad aspettar più colpi, o pargoletta,
O altra vanità con sì breve uso.

Nuovo augelletto due o tre aspetta :
Ma dinanzi dagli occhi de' pennuti
Rete si spiega indarno, o si saetta.

Quale i fanciulli, vergognando, muti
Con gli occhi a terra stannosi ascoltando,
E sè riconoscendo, e ripentuti;

Tal mi stav' io : ed ella disse : Quando
Per udir se' dolente, alza la barba,
E prenderai più doglia, riguardando.

Con men di resistenza si dibarba
Robusto cerro, o vero a nostral vento,
O vero a quel della terra d' Jarba,

Ch' io non levai al suo comando il mento :
E quando per la barba il viso chiese,
Ben conobbi 'l velen dell' argomento.

Jamais, à tes regards, ni l'art, ni la nature,
N'offrit rien d'enchanteur comme la beauté pure
Du corps qui m'enfermait, terre et cendre aujourd'hui.

Et si cruellement ce suprême délice
T'échappant par ma mort, quel terrestre caprice,
Quel désir pouvait lors t'entraîner après lui ?

Bien plutôt devais-tu vers les célestes sphères,
Aux premiers traits de feu des choses mensongères,
Élever tes regards vers mon éternité.

Et tu ne devais pas ployer ainsi ton aile,
Pour attendre là-bas quelque flèche nouvelle,
Une fillette ou bien toute autre vanité.

L'oiselet jeune éclos deux ou trois fois s'expose.
Mais c'est en vain qu'on tire, ou que lacs on dispose
Aux yeux d'oiseaux à qui les plumes ont poussé. »

Comme on voit les enfants, quand leur mère à voix haute
Les gronde, reconnaître en silence leur faute,
Et l'écouter contrits, rouges, et l'œil baissé :

Ainsi je me tenais. « Si de m'ouïr te peine,
Lève la barbe, dit encor ma souveraine,
Bien plus en regardant tu te condouleras ! »

Avec un moindre effort s'arrache au sol un chêne,
Lorsque de nos climats l'âpre vent se déchaîne,
Ou bien celui qui vient du pays d'Iarbas [2],

Qu'à son commandement je ne levai la tête :
Et je pénétrai bien l'intention secrète
Qui lui fit par la barbe ainsi m'interpeller [3].

E come la mia faccia si distese,
Posarsi quelle prime creature,
Da loro apparsïon l' occhio comprese:

E le mie luci ancor poco sicure,
Vider Beatrice volta in su la fiera,
Ch' è sola una persona in duo nature.

Sotto suo velo e oltre la riviera
Verde, pareami più sè stesse antica
Vincer, che l' altre qui, quand' ella c' era.

Di penter sì mi punse ivi l' ortica,
Che di tutt' altre cose, qual mi torse
Più nel suo amor, più mi si fe' nimica.

Tanta riconoscenza il cuor mi morse,
Ch' io caddi vinto: e quale allora femmi,
Salsi colei, che la cagion mi porse.

Poi quando 'l cuor virtù di fuor rendemmi,
La donna, ch' io avea trovata sola,
Sopra me vidi; e dicea: Tiemmi, tiemmi.

Tratto m' avea nel fiume infino a gola,
E tirandosi me dietro, sen' giva
Sovr' esso l' acqua lieve come spola.

Quando fu' presso alla beata riva,
Asperges me sì dolcemente udissi,
Ch' io nol so rimembrar, non ch' io lo scriva.

La bella donna nelle braccia aprissi,
Abbracciommi la testa, e mi sommerse,
Ove convenne, ch' io l' acqua inghiottissi:

Et comme je dressais le front, je vis les anges
Qui se tenaient en paix, radieuses phalanges,
Et les fleurs de leurs mains qui cessaient de couler.

Et je vis, de ma vue encor mal assurée,
Béatrix faisant face à la bête sacrée
Dont la nature est double et qui reste unité.

Sous son voile, au delà de la verte rivière,
Ainsi qu'elle effaçait les autres sur la terre,
Elle-même éclipsait son ancienne beauté.

Alors du repentir si vive fut l'ortie,
Que, de tous les objets où s'égara ma vie,
Ce que j'aimai le plus me fit le plus d'horreur.

Un si poignant remords s'enfonça dans mon âme
Que je tombai vaincu. Quel je devins, la dame
Le sait, de qui venaient mon trouble et ma douleur.

Puis alors qu'à mon cœur la force fut rendue,
La dame que j'avais d'abord seule aperçue [4],
Je la vis près de moi disant : « Tiens-moi, tiens-moi ! »

Elle m'avait traîné jusques à la rivière
Où j'entrai jusqu'au col. Comme barque légère
Elle courait sur l'eau, me traînant après soi.

Quand je fus près du bord où se tenaient les anges,
Asperges me, chantaient les heureuses phalanges :
Ineffables accents, même en mon souvenir !

La belle dame ouvrit ses bras, et, sur ma tête
Les nouant, me plongea dans la vague secrète,
Afin que je m'y pusse abreuver à loisir.

Indi mi tolse, e bagnato m' offerse
Dentro alla danza delle quattro belle,
E ciascuna col braccio mi coperse.

Noi sem qui Ninfe, e nel Ciel semo stelle :
Pria che Beatrice discendesse al Mondo,
Fummo ordinate a lei per sue ancelle.

Menrenti agli occhi suoi : ma nel giocondo
Lume, ch' è dentro, aguzzeràn li tuoi
Le tre di là, che miran più profondo.

Così cantando cominciaro : e poi
Al petto del Grifon seco menârmi,
Ove Beatrice volta stava a noi :

Disser : Fa che le viste non risparmi :
Posto t' avem dinanzi agli smeraldi,
Ond' Amor già ti trasse le sue armi.

Mille disiri più che fiamma caldi
Strinsermi gli occhi agli occhi rilucenti,
Che pur sovra 'l Grifone stavan saldi.

Come in lo specchio il Sol, non altrimenti
La doppia fiera dentro vi raggiava
Or con uni, or con altri reggimenti.

Pensa, Lettor, s' io mi maravigliava,
Quando vedea la cosa in sè star queta,
E nell' idolo suo si transmutava.

Mentre che piena di stupore e lieta
L' anima mia gustava di quel cibo,
Che saziando di sè, di sè asseta :

Ainsi purifié de mes flammes mortelles,
Elle m'introduisit au chœur des quatre belles [5],
Et chacune aussitôt de son bras m'enlaça.

« Étoiles dans le Ciel, Nymphes près de cette onde,
Avant que Béatrix descendît dans le monde,
A la suivre et servir le Ciel nous consacra.

Nous allons te mener devant les douces flammes
Qui brillent dans ses yeux ; mais avant, ces trois femmes,
Aux regards plus profonds [6], les tiens aiguiseront.

C'est ainsi qu'en chantant ces vierges m'agréèrent ;
Puis, devant le Griffon par la main m'entraînèrent,
Sur son sein Béatrice avait tourné le front.

« Rassasie à plaisir tes yeux près de ces rives,
Dirent-elles : voici les émeraudes vives,
D'où l'Amour a tiré les traits qui t'ont blessé. »

Mille désirs soudain plus ardents que la flamme
Rivèrent mon regard à celui de ma dame,
Qui demeurait toujours sur le Griffon fixé.

Ainsi que le soleil au miroir se reflète,
Dans ses yeux rayonnait ainsi la double bête,
Offrant telle nature ou telle autre à son gré [7].

Pense, lecteur, combien fut ma surprise extrême,
Quand je voyais l'objet, en soi toujours le même,
Dans l'œil de Béatrice ainsi transfiguré !

Comme, pleine à la fois de stupeur et de liesse,
Mon âme savourait la manne enchanteresse
Dont plus on mange, plus est affamé le cœur,

Sè dimostrando del più alto tribo
Negli atti, l'altre tre si fero avanti,
Cantando al loro angelico caribo.

Volgi, Beatrice, volgi gli occhi santi,
Era la sua canzone, al tuo fedele,
Che per vederti ha mossi passi tanti.

Per grazia fa noi grazia, che disvele
A lui la bocca tua, sì che discerna
La seconda bellezza, che tu cele.

O isplendor di viva luce eterna,
Chi pallido si fece sotto l'ombra
Sì di Parnaso, o bevve in sua cisterna,

Che non paresse aver la mente ingombra,
Tentando a render te, qual tu paresti,
Là dove armonizzando il Ciel t'adombra,

Quando nell'aere aperto ti solvesti?

Accusant à leur air plus haut rang, sérieuses,
S'avancèrent alors les trois autres danseuses ;
Sur un mode angélique elles chantaient en chœur :

« Tourne tes yeux sacrés, ô Béatrice, ô belle !
(Telle était la chanson) vers ton servant fidèle,
Qui pour te contempler n'a point compté ses pas.

Par grâce, sous ton voile, ô sainte enchanteresse,
Fais briller ton souris : qu'à ses yeux apparaisse
La seconde beauté que tu ne montres pas [8] ! »

O splendeur de lumière éternelle et vivace !
Quel homme ayant pâli sous l'ombre du Parnasse,
Maintes fois dans ses flots s'étant plongé déjà,

Dont la voix ne serait à te peindre impuissante,
Telle que je te vis alors éblouissante,
Quand le Ciel t'ombrageait d'harmonie, et que là

Au grand jour, tout à coup, ton front se dévoila !

NOTES DU CHANT XXXI

¹ Elle s'était adressée d'abord aux anges, elle lui parle maintenant directement.

² Monarque africain...... *Despectus Jarbas
    Ductoresque alii......* (*Énéide*).

³ L'interpeller par la barbe, c'était lui rappeler que ses fautes étaient d'autant moins excusables qu'il les avait commises à l'âge d'homme.

⁴ Mathilde.

⁵ Les quatre Vertus cardinales.

⁶ Les trois Vertus théologales.

⁷ Le Griffon, *la doppia fiera*, c'est Jésus-Christ. Le poëte ne craint pas de représenter l'Homme-Dieu se réfléchissant dans les yeux de la femme qu'il a aimée. La fiction serait osée pour un poëte catholique et orthodoxe, si Béatrice, on l'a vu à son apparition magnifique et à ses reproches où la tendresse de la femme se fond dans une divine austérité, ne se montrait ici tout à fait transfigurée. Jésus-Christ peut se réfléchir en elle, car dans l'apothéose rêvée pour son amante par le poëte, elle apparaît comme la science des vérités divines, comme la théologie elle-même. Étrange, mais sublime transsubstantiation ! Ainsi Dante justifie ces paroles qu'il avait prononcées (*Vie nouvelle*) sur la tombe de la fille de Folco Portinari : « Si Celui par qui toutes choses existent permet que mon séjour se prolonge sur la terre, j'espère dire de cette femme ce qui n'aura jamais été dit d'aucune autre ! »

⁸ La seconde beauté, c'est-à-dire cette beauté céleste et toute spirituelle que Béatrice n'a pas encore dévoilée.

ARGUMENT DU CHANT XXXII

Après s'être abîmé dans la contemplation de Béatrice, Dante voit les vieillards, le Griffon, le char, tout le cortége qui se met en marche. Il suit la procession avec Mathilde et Stace. Le cortége s'arrête auprès de l'arbre de vie. Le Griffon (l'Homme-Dieu) attache le char à l'arbre, et l'arbre dépouillé reverdit. Mais bientôt se déroule toute une vision terrible. Un aigle fond sur l'arbre sacré. Le char (symbole de l'Église) est défiguré, dévasté et souillé par des monstres et emporté enfin par un géant.

CANTO TRENTESIMO SECONDO.

Tanto eran gli occhi miei fissi ed attenti
A disbramarsi la decenne sete,
Che gli altri sensi m'eran tutti spenti:

Ed essi quinci e quindi avean parete
Di non caler, così lo santo riso
A sè traèli con l' antica rete:

Quando per forza mi fu volto 'l viso
Ver la sinistra mia da quelle Dee,
Perch' io udia da loro un: *troppo fiso*.

E la disposizion, ch' a veder' ee
Negli occhi, pur testè dal Sol percossi,
Senza la vista alquanto esser mi fee:

Ma poichè al poco il viso riformossi,
Io dico al poco, per rispetto al molto
Sensibile, onde a forza mi rimossi,

Vidi in sul braccio destro esser rivolto
Lo glorioso esercito, e tornarsi
Col Sole e con le sette fiamme al volto.

Come sotto li scudi, per salvarsi,
Volgesi schiera, e sè gira col segno,
Prima che possa tutta in sè mutarsi;

CHANT TRENTE-DEUXIÈME

J'étanchais, l'œil avide et fixé sur ma dame,
Une soif qui depuis dix ans brûlait mon âme [1],
Et tous mes autres sens étaient anéantis.

Indifférents ailleurs, mes yeux, pour ainsi dire,
Restaient comme murés sur le divin sourire
Qui dans ses anciens lacs déjà m'avait repris,

Quand par force je fus tiré de mon extase
Et détournai la tête à gauche, à cette phrase
Des Saintes qui disaient : *Trop fixe est ton regard.*

Un trouble tout semblable à celui que nous laisse
Dans les yeux le soleil, quand en face il nous blesse,
Sur ma vue un moment jeta comme un brouillard.

Quand, pour un faible jour, je rouvris ma paupière
(Faible en comparaison de l'immense lumière
Dont j'avais, malgré moi, dû m'éloigner un peu),

A ma droite je vis la milice immortelle
Qui s'était retournée alors ; et devant elle
Brillaient les sept flambeaux et le soleil en feu.

Boucliers en avant et bannières en tête,
Ainsi qu'un bataillon qui volte et ne s'arrête
Que quand le changement de front est terminé :

Quella milizia del celeste regno,
Che precedeva, tutta trapassonne,
Pria che piegasse 'l carro il primo legno.

Indi alle ruote si tornâr le donne,
E 'l Grifon mosse 'l benedetto carco,
Sì che però nulla penna crollonne.

La bella donna, che mi trasse al varco,
E Stazio, ed io seguitavam la ruota,
Che fe' l' orbita sua con minore arco.

Sì passeggiando l' alta selva vota,
Colpa di quella, ch' al serpente crese,
Temprava i passi in angelica nota.

Forse in tre voli tanto spazio prese
Disfrenata saetta, quanto eramo
Rimossi, quando Beatrice scese.

Io senti' mormorare a tutti, Adamo:
Poi cerchiaro una pianta dispogliata
Di fiori, e d' altra fronda in ciascun ramo.

La chioma sua, che tanto si dilata
Più, quanto più è su, fora dagl' Indi
Ne' boschi lor per altezza ammirata.

Beato se', Grifon, che non discindi
Col becco d' esto legno dolce al gusto,
Posciachè mal si torse 'l ventre quindi:

Così d' intorno all' arbore robusto
Gridaron gli altri: e l' animal binato:
Sì si conserva il seme d' ogni giusto.

Du céleste séjour cette milice altière,
A droite conversant, défila tout entière
Avant que le timon du char se fût tourné.

A chaque roue alors se remirent les belles ;
Et, sans que le Griffon parût mouvoir les ailes,
S'ébranla lentement le fardeau triomphal.

La dame qui, dans l'onde, avait lavé ma boue,
Stace et moi, tous les trois, suivîmes à la roue
Qui traça le moindre arc en tournant dans le val [2].

Et traversant ainsi cette forêt couverte,
Qui par le péché d'Ève est aujourd'hui déserte,
Nous accordions nos pas au chant des bienheureux.

Nous avions parcouru dans ces belles vallées
La distance qu'un trait franchit en trois volées,
Quand du char Béatrix descendit à mes yeux.

La troupe exhale alors comme un plaintif murmure :
« Adam ! » et court auprès d'un arbre sans parure,
De feuillage et de fleurs privé tout à la fois [3].

Plus sa cime s'élève et monte dans les nues,
Plus s'étendent au large aussi ses branches nues :
Sa hauteur eût surpris l'Indien dans ses bois.

« O Griffon, gloire à toi, qui n'as pas voulu mordre
A l'arbre doux au goût, mais, las ! qui fit se tordre
Si douloureusement le flanc qui l'absorba ! »

Ainsi, rangée autour de l'arbre au tronc énorme,
Clama toute la troupe ; à quoi l'être biforme :
« Le germe de tout bien se conserve par là [4]. »

E vòlto al temo, ch' egli avea tirato,
Trasselo al piè della vedova frasca;
E quel di lei lasciò legato.

Come le nostre piante, quando casca
Giù la gran luce mischiata con quella,
Che raggia dietro alla celeste Lasca,

Torgide fansi, e poi si rinnovella
Di suo color ciascuna, pria che 'l Sole
Giunga li suoi corsier, sott' altra stella;

Men che di rose, e più che di vïole,
Colore aprendo, s' innovò la pianta,
Che prima avea le ramora sì sole.

Io non lo 'ntesi, nè quaggiù si canta
L' inno, che quella gente allor cantaro,
Nè la nota soffersi tutta quanta.

S' io potessi ritrar, come assonnaro
Gli occhi spietati, udendo di Siringa,
Gli occhi, a cui più vegghiar costò sì caro;

Come pintor, che con esempio pinga,
Disegnerei, com' io m' addormentai:
Ma qual vuòl sia, che l' assonnar ben finga:

Però trascorro a quando mi svegliai:
E dico, ch' un splendor mi squarciò 'l velo
Del sonno, e un chiamar: Surgi, che fai?

Quale a veder de' fioretti del melo,
Che del suo pomo gli Angeli fa ghiotti,
E perpetue nozze fa nel Cielo,

Vers le timon du char tournant lors sa figure,
Il le tira jusqu'à l'arbre veuf de verdure,
Auquel il attacha le char et le timon.

Tels nos arbres, lorsque sur la terre ruisselle
La clarté du soleil confondue avec celle
Qui resplendit après le céleste Poisson [5],

Se couvrent de bourgeons et de couleurs nouvelles,
Avant que le soleil, aux sphères éternelles,
Ait sous une autre étoile attelé ses coursiers :

Ainsi fleurit soudain dans sa métamorphose,
Nuançant ses couleurs de violette et de rose,
L'arbre dont les rameaux étaient si dépouillés [6].

La troupe entonne alors un hymne délectable :
On n'en chanta jamais sur terre de semblable ;
Je n'en pus jusqu'au bout supporter les accents.

Si je pouvais narrer comment la douce fable
De Syrinx endormit l'Argus impitoyable
A qui coûta si cher de veiller trop longtemps [7],

Copiant comme un peintre alors d'après nature,
Du sommeil qui me prit je ferais la peinture.
Mystère du sommeil, t'explique qui voudra !

Donc je passe au moment où s'ouvrit ma paupière.
Je m'éveillai devant une belle lumière :
Une voix me cria : « Debout ! que fais-tu là ? »

Ainsi conduits pour voir couvert de fleurs splendides
L'arbre qui de son fruit rend les anges avides,
Et qui sert dans le Ciel aux banquets sans pareils,

25.

Pietro e Giovanni e Jacopo condotti,
E vinti ritornaro alla parola,
Dalla qual furon maggior sonni rotti,

E videro scemata loro scuola,
Così di Moisè, come d' Elia
E al Maestro suo cangiata stola;

Tal torna' io : e vidi quella pia
Sovra me starsi, che conducitrice
Fu de' miei passi lungo 'l fiume pria :

E tutto in dubbio dissi : Ov' è Beatrice ?
Ed ella : Vedi lei sotto la fronda
Nuova sedersi in su la sua radice.

Vedi la compagnia, che la circonda :
Gli altri, dopo 'l Grifon, sen vanno suso,
Con più dolce canzone, e più profonda.

E se fu più lo suo parlar diffuso,
Non so : perocchè gia negli occhi m' era
Quella ch' ad altro intender m' avea chiuso :

Sola sedeasi in su la terra vera,
Come guardia lasciata li del plaustro,
Che legar vidi alla biforme fiera.

In cerchio le facevan di sè claustro
Le sette Ninfe con què' lumi in mano,
Che son sicuri d' Aquilone, e d' Austro.

Qui sarai tu poco tempo silvano,
E sarai meco senza fine cive
Di quella Roma, onde Cristo è Romano :

Pierre, Jacques et Jean, renversés par la crainte,
Recouvrèrent soudain leurs sens à la voix sainte
Qui savait secouer de plus profonds sommeils,

Et virent qu'auprès d'eux venaient de disparaître
Élie avec Moïse, et que du divin Maître
L'étole avait changé de couleur [8] : tout à coup

Tel je me réveillai, tel je vis la pieuse,
La dame qui m'avait, miséricordieuse,
Conduit le long du fleuve, auprès de moi debout.

Tout en peine je dis : « Où Béatrice est-elle ? »
Et la vierge : « Dessous la frondaison nouvelle
Elle est assise au pied de l'arbre : à ses genoux

Regarde son escorte autour d'elle rangée :
La suite du Griffon au Ciel s'est dirigée,
Et l'hymne monte aussi plus profond et plus doux. »

La vierge parla-t-elle encore davantage ?
Je ne sais : car déjà j'avais vu le visage
De celle qui tenait tous mes sens en prison.

Seule dans cet Éden, assise sur la terre,
Elle semblait devoir garder le char austère
Qu'à l'arbre j'avais vu lié par le Griffon.

En cercle l'entouraient de vivantes barrières
Les sept nymphes, tenant en main les sept lumières
Contre qui l'Aquilon ni l'Auster ne peut rien [9].

« Ton séjour sera court dans ces bois, mon fidèle !
Tu seras avec moi pour la vie éternelle,
Dans cette Rome où Christ est premier citoyen [10].

Però in pro del mondo, che mal vive,
Al carro tieni or gli occhi, e quel, che vedi,
Ritornato di là, fa che tu scrive:

Così Beatrice; ed io, che tutto a' piedi
De' suoi comandamenti era devoto,
La mente e gli occhi, ov' ella volle, diedi.

Non scese mai con sì veloce moto
Fuoco di spessa nube, quando piove
Da quel confine, che più è remoto:

Com' io vidi calar l' uccel di Giove
Per l' arbor, giù rompendo della scorza
Non che de' fiori e delle foglie nuove:

E ferio il carro di tutta sua forza:
Ond' ei piegò, come nave in fortuna,
Vinta dall' onde or da poggia or da orza.

Poscia vidi avventarsi nella cuna
Del trïonfal veicolo una volpe
Che d' ogni pasto buon parea digiuna.

Ma riprendendo lei di laide colpe
La donna mia, la volse in tanta futa,
Quanto sofferson l' ossa senza polpe.

Poscia per indi, ond' era pria venuta,
L' aguglia vidi scender giù nell' arca
Del carro, e lasciar lei di sè pennuta.

E qual' esce di cuor, che si rammarca,
Tal voce uscì del Cielo, e cotal disse,
O navicella mia, com' mal se' carca!

C'est pourquoi pour le bien du monde qui s'égare,
Sur le char tiens tes yeux, et ce qui se prépare,
A ton retour là-bas redis-le par écrit. »

En ces mots me parla Béatrix. Moi, dont l'âme
Se prosternait d'avance aux ordres de ma dame,
Je fixai sur le char et les yeux et l'esprit.

Plus prompt qu'on ne peut voir, dans le fort des orages,
Le foudre s'élancer en crevant les nuages,
Lorsque l'eau tombe à flots des confins de l'éther,

Soudain je vis du Ciel foudre, avec une force
A briser le feuillage et les fleurs et l'écorce
Sur l'arbre reverdi l'oiseau de Jupiter.

Puis il frappa le char avecque violence,
Et le char de plier, ainsi que se balance
Un navire en péril et battu par les flots.

Alors sous les arceaux de ce char angélique
Je vis s'aventurer un renard famélique ;
Ses mauvais aliments se voyaient à ses os.

Mais en lui reprochant ses laides coulpes, vite
Ma dame au même instant lui fit prendre la fuite,
Il s'enfuit chancelant sur ses os décharnés.

Puis, du côté par où d'abord elle est venue,
Dedans l'arche du char l'aigle était descendue,
De ses plumes laissant les coussins empennés.

Alors, comme un sanglot d'un cœur qui se déchire,
J'entendis une voix du Ciel descendre et dire :
« Hélas, ô mon vaisseau ! te voilà mal chargé ! »

Poi parve a me, che la terra s' aprisse
Tra 'mbo le ruote, e vidi uscirne un drago,
Che per lo carro su la coda fisse:

E come vespa, che ritragge l' ago,
A sè traendo la coda maligna,
Trasse del fondo, e gissen vago vago.

Quel che rimase, come di gramigna
Vivace terra, della piuma offerta,
Forse con intenzion casta e benigna,

Si ricoperse, e funne ricoperta
E l' una e l' altra ruota, e 'l temo in tanto,
Che più tiene un sospir la bocca aperta.

Trasformato così 'l dificio santo
Mise fuor teste per le parti sue,
Tre sovra 'l temo, e una in ciascun canto.

Le prime eran cornute, come bue:
Ma le quattro un sol corno avean per fronte:
Simile mostro in vista mai non fue.

Sicura, quasi rocca in alto monte,
Seder sovr' esso una puttana sciolta
M' apparve con le ciglia intorno pronte.

E come perchè non li fosse tolta,
Vidi di costa a lei dritto un gigante:
E baciavansi insieme alcuna volta.

Ma perchè l' occhio cupido e vagante
A me rivolse, quel feroce drudo
La flagellò dal capo insin le piante.

Ensuite il me sembla que s'entr'ouvrait la terre
Entre les deux essieux. Un dragon, tête altière,
En sort, et dans le char sa queue il a plongé.

Ensuite ramenant à soi sa queue impure,
Comme un taon retirant son dard de la piqûre,
Avec le fond du char, ivre fuit le dragon.

Et comme de chiendent se charge un sol sauvage,
Ce qui resta du char se garnit de plumage
Offert peut-être à bonne et pure intention.

Et chaque roue en fut si vite recouverte,
Qu'un soupir plus longtemps tient notre bouche ouverte :
Le char jusqu'au timon en fut tout calfaté.

De la sainte machine, à ce point transformée,
Surgit à chaque coin une tête animée :
Trois d'abord au timon, une à chaque côté.

Les premières avaient comme les bœufs deux cornes ;
Un seul croissant armait le front des autres cornes.
Nulle part ne se vit phénomène pareil.

Sur le char, comme un roc sur un mont, toute nue
Une prostituée assise est apparue,
Promenant ses regards éhontés au soleil.

Un géant se tenait debout à côté d'elle,
Comme pour empêcher qu'on lui ravît sa belle,
Et tous deux par moments s'embrassaient sans pudeur.

Mais pour avoir surpris un regard plein de flamme
Qu'elle dardait sur moi, le drille prend sa dame
Et de la tête aux pieds la fouaille avec fureur.

Poi di sospetto pieno e d'ira crudo
Disciolse 'l mostro, e trassel per la selva
Tanto che sol di lei mi fece scudo

Alla puttana, e alla nuova belva.

Puis, dans sa jalousie et dans sa rage sombre,
Il détache le char qu'il entraîne dans l'ombre
Sous le bois, où bientôt disparaissent tous deux,

Et la prostituée et le monstre hideux [11].

NOTES DU CHANT XXXII

¹ Béatrice était morte en 1290 et le Dante a accompli son voyage en l'an 1300.

² C'est-à-dire à la roue droite, qui, dans le mouvement de conversion du char à droite, devait tracer sur le sol un arc de cercle plus petit que la roue gauche.

³ L'arbre de la science du bien et du mal que la désobéissance d'Adam a condamné à la stérilité.

⁴ L'apostrophe des patriarches au Griffon est obscure, sa réponse l'est plus encore. On l'explique ainsi : C'est en obéissant comme j'ai fait que l'on conserve la grâce.

⁵ Confondu avec les rayons de la constellation du Bélier qui suit le signe des Poissons, autrement dit : au printemps.

⁶ Le Griffon (Jésus-Christ) a rattaché le char (l'Église) à l'arbre de vie, aussitôt l'arbre dépouillé par la faute d'Adam reverdit. C'est un symbole de la rédemption.

⁷ Argus avait été chargé par Junon de veiller sur Io. Mercure, chargé d'enlever Io pour Jupiter, endormit Argus en lui contant les aventures de Syrinx et le tua pendant son sommeil.

⁸ Voir dans l'Évangile de saint Matthieu, chap. XVII, le récit de la transfiguration de Jésus sur le Thabor.

⁹ Les quatre vertus cardinales et les trois vertus théologales tenant à la main les sept candélabres.

¹⁰ Dans la Rome céleste, au Paradis.

¹¹ Toute cette vision qui termine le chant, est une allégorie des souffrances de l'Église. Le char ou l'Église est attaqué par l'aigle impériale. Le renard est l'hérésie. Les plumes dont l'aigle remplit le char figurent les biens temporels donnés par Constantin à l'Église pour son malheur. Le dragon, suivant le sentiment le plus général, est Mahomet. Les sept têtes qui sortent du char sont les sept péchés capitaux. La prostituée est la cour romaine corrompue, le géant qui l'embrasse et la fouaille est Philippe-le-Bel.

ARGUMENT DU CHANT XXXIII

Béatrice avec son escorte se met en marche. Dante l'accompagne. Prédictions allégoriques de Béatrice sur le rétablissement du char (l'Église) si monstrueusement défiguré et sur le châtiment réservé aux coupables. Dante est ensuite plongé par Mathilde dans les eaux délicieuses de l'Eunoë qui rend le souvenir du bien qu'on a fait. Il en sort tout renouvelé et disposé à monter au Paradis. Fin de la seconde Cantica.

CANTO TRENTESIMO TERZO

Deus, venerunt gentes, alternando
Or tre or quattro, dolce salmodia
Le donne incominciaro lagrimando;

E Beatrice sospirosa e pia
Quelle ascoltava sì fatta, che poco
Più alla croce si cambiò Maria.

Ma poichè l' altre vergini dier loco
A lei di dir: levata dritta in piè,
Rispose colorata, come fuoco:

Modicum, et non videbitis me:
Et iterum, sorelle mie dilette,
Modicum, et vos videbitis me.

Poi le si mise innanzi tutte e sette:
E dopo sè, solo accennando mosse
Me, e la donna, e 'l savio, che ristette.

Così sen giva: e non credo, che fosse
Lo decimo suo passo in terra posto,
Quando con gli occhi gli occhi mi percosse.

E con tranquillo aspetto: Vien più tosto,
Me disse, tanto, che s' io parlo teco,
Ad ascoltarmi tu siè ben disposto.

CHANT TRENTE-TROISIÈME

Deus, advenerunt gentes, psalmodièrent
Plaintivement alors les nymphes et pleurèrent,
Alternant en deux chœurs, ores quatre, ores trois [1].

Près d'elles Béatrix, soupirant affligée,
Les écoutait chanter, pâle et toute changée,
Comme Marie au pied de la divine croix.

Mais quand ce fut son tour à donner la réplique,
Tout debout se leva la maîtresse angélique,
Et le front empourpré, le regard enflammé :

« *Modicum, et me non videbitis*, dit-elle,
O les sœurs de mon cœur, mon escorte immortelle !
Iterum modicum, et videbitis me [2]. »

Puis, devant soi rangeant son escorte céleste,
A la suivre à son tour nous invita du geste,
Moi, ma compagne et Stace encore à mes côtés [3].

Elle se mit en marche alors, et n'avait guère
Posé son pied sacré plus de dix fois à terre,
Quand furent mes regards par les siens arrêtés.

Et l'air calme et serein, avec un doux visage :
« Approche-toi de moi, dit-elle, davantage,
Si tu veux que ma voix parvienne jusqu'à toi. »

Sì com' io fui, com' io doveva, seco,
Dissemi : Frate, perchè non t' attenti
A dimandar omai, venendo meco?

Come a color, che troppo reverenti
Dinanzi a' suoi maggior parlando sono,
Che non traggon la voce viva a' denti :

Avvenne a me, che senza 'ntero suono
Incominciai : Madonna, mia bisogna
Voi conoscete, e ciò ch' ad essa è buono.

Ed ella a me : Da tema, e da vergogna
Voglio che tu omai ti disviluppe,
Sì che non parli più com' uom, che sogna.

Sappi, che 'l vaso, che 'l serpente ruppe,
Fu, e non è : ma chi n' ha colpa, creda,
Che vendetta di Dio non teme suppe.

Non sarà tutto tempo senza reda
L'aguglia, che lasciò le penne al carro :
Perchè divenne mostro, e poscia preda.

Ch' io veggio certamente, e però 'l narro,
A darne tempo già stelle propinque
Sicure d' ogn' intoppo e d' ogni sbarro ;

Nel quale un cinquecento diece e cinque
Messo di Dio anciderà la fuia,
E quel gigante, che con lei delinque.

E forse che la mia narrazion buia,
Qual Temi e Sfinge, men ti persuade :
Perch'al lor modo lo 'ntelletto attuia :

J'obéis, et lorsque je fus tout auprès d'elle :
« Tu ne songes donc pas, dit-elle, ô mon fidèle,
A me rien demander en marchant avec moi ? »

Il m'advint comme à ceux qui se sentent confondre,
A leurs supérieurs quand ils ont à répondre :
Les mots entre leurs dents expirent achoppés.

« Madone, vous savez ce qui m'est nécessaire,
Et ce qui peut aussi mon besoin satisfaire ! »
Dis-je en balbutiant à mots entrecoupés.

« Près de moi, désormais, répondit la voix sainte,
Dépouille tout à fait et la honte et la crainte,
Et ne bégaye plus comme un homme endormi !

Le char n'est plus : le monstre en a brisé la coupe.
Mais les auteurs du mal sachent qu'aucune soupe
Ne désarme de Dieu le courroux ennemi [4] !

Quelqu'un recueillera tôt ou tard l'héritage
De l'aigle qui laissa dans le char son plumage,
Et de lui fit un monstre à la fin dévoré.

D'un avenir certain je déchire les voiles.
Bientôt le jour viendra (je le vois aux étoiles
Que jamais rien n'arrête en leur cours assuré)

Du *cinq cent dix et cinq* [5] que le Ciel secourable
Enverra pour tuer la fouine exécrable,
Ainsi que le géant, son complice maudit.

Obscur comme Thémis et le vieux Sphinx, peut-être
Moins avant dans ton cœur mon oracle pénètre,
Parce qu'à leur manière il offusque l'esprit.

Ma tosto fien li fatti le Naiade,
Che solveranno questo enigma forte
Senza danno di pecore e di biade.

Tu nota: e sì come da me son porte
Queste parole, sì le 'nsegna a' vivi
Del viver, ch' è un correre alla morte :

Ed aggi a mente, quando tu le scrivi,
Di non celar qual hai vista la pianta,
Ch' è or duo volte dirubata quivi.

Qualunque ruba quella, o quella schianta,
Con bestemmia di fatto offende Dio,
Che solo all' uso suo la creò santa.

Per morder quella, in pena e in disio
Cinque mil' anni e più l' anima prima
Bramò colui, che 'l morso in se punio.

Dorme lo 'ngegno tuo, se non istima,
Per singular cagione esser eccelsa
Lei tanto, e sì travolta nella cima.

E se stati non fossero acqua d' Elsa
Li pensier vani intorno alla tua mente,
E 'l piacer loro un Piramo alla gelsa,

Per tante circostanze solamente
La giustizia di Dio nello interdetto
Conosceresti all' alber moralmente.

Ma perch' io veggio te nello 'ntelletto
Fatto di pietra, ed in peccato tinto,
Sì che t' abbaglia il lume del mio detto ;

Mais les faits deviendront avant peu des Naïades
Qui sauront débrouiller le nœud de ces charades,
Sans que blés ni troupeaux en éprouvent nul tort⁶.

Toi, note exactement ce que tu viens d'entendre ;
Et ces paroles-là, souviens-toi de les rendre
Aux vivants dont la vie est un vol vers la mort !

Et ressouviens-toi bien, en écrivant, de dire
Dans quel état tu vis l'arbre saint, et d'écrire
Comme il fut par deux fois sous tes yeux profané.

Quiconque le dépouille ou bien le déracine
Blasphème par le fait la Puissance divine
Qui, l'ayant créé saint, se l'était destiné.

Pour en avoir goûté, la première âme en peine
Dut cinq mille ans et plus attendre en sa géhenne
Le Sauveur qui sur soi châtia le méfait.

Ton esprit dort encor, si sa faible lumière
Ne te montre à présent la raison singulière
Qui fait que l'arbre est haut et si large au sommet.

Et si de vains pensers ta raison viciée
Comme par l'eau d'Elsa n'était pétrifiée,
Par eux tachée, ainsi que de sang le mûrier ;

Tout ce que je t'ai dit te suffirait, je pense,
Pour connaître et chérir cette juste défense
Que Dieu fit de toucher à son divin pommier.

Mais comme, je le vois, ton esprit est de pierre,
Qu'il est par le péché si noir que ta paupière
De mon verbe éclatant ne soutient pas le jour,

Voglio anche, e se non scritto, almen dipinto
Che 'l te ne porti dentro a te per quello,
Che si reca il bordon di palma cinto.

Ed io: Sì come cera da suggello,
Che la figura impressa non trasmuta,
Segnato è or da voi lo mio cervello.

Ma perchè tanto sovra mia veduta
Vostra parola disiata vola,
Che più la perde, quanto più s'aiuta?

Perchè conoschi, disse, quella scuola,
C' hai seguitata, e veggi sua dottrina
Come può seguitar la mia parola:

E veggi vostra via dalla divina
Distar cotanto, quanto si discorda
Da terra 'l Ciel, che più alto festina.

Ond' io risposi lei: Non mi ricorda
Ch' io stranïassi me giammai da voi,
Nè honne coscïenzia, che rimorda.

E se tu ricordar non te ne puoi,
Sorridendo rispose, or ti rammenta,
Sì come di Leteo beesti ancoi:

E se dal fummo fuoco s' argomenta,
Cotesta oblivïon chiaro conchiude
Colpa nella tua voglia altrove attenta.

Veramente ora mai saranno nude
Le mie parole, quanto converrassi
Quelle scovrire alla tua vista rude.

Emportes-en du moins dans ton cœur quelque image,
Comme le pèlerin au bourdon de voyage
Attache en souvenir une palme au retour. »

Et moi je répondis : « Telle une cire dure
Du cachet à jamais conserve la figure,
Je garde en mon cerveau tous vos discours empreints.

Mais dites-moi pourquoi votre chère parole
Plane au-dessus de moi dans l'air et si haut vole
Que plus je prends de peine, hélas, moins je l'atteins ? »

— « Pour te faire savoir, dit-elle, que l'école
Où tu pris jusqu'ici des leçons est frivole
Et n'est pas au niveau de mon verbe immortel ;

Que, de ma voie où Dieu fait briller sa lumière
Votre voie est distante, autant que de la terre
Le globe le plus haut qui tourne dans le Ciel[7] ! »

Sur quoi je repartis : « Je n'ai pas souvenance
De m'être oncque écarté de vous. Ma conscience
Ne m'en fait ressentir ni regret ni remords. »

— « C'est que tu ne peux pas t'en souvenir, dit-elle,
Souriant ; songe donc, ajouta l'immortelle,
Que tu viens au Léthé de tremper tout ton corps,

Et si de la fumée on conclut à la flamme,
Cet oubli clairement démontre que ton âme
Avait été distraite ailleurs par le péché[8].

Mais désormais je veux, sans voile et sans nuage,
Jusques à ta portée abaisser mon langage,
Pour qu'à tes sens grossiers rien ne soit plus caché. »

È più corrusco, e con più lenti passi
Teneva 'l Sole il cerchio di merigge,
Che quà e là, come gli aspetti, fassi;

Quando s'affisser, sì come s'affigge
Chi va dinanzi a schiera per iscorta,
Se truova novitate in sue vestigge,

Le sette donne al fin d'un'ombra smorta,
Qual sotto foglie verdi e rami nigri,
Sovra suoi freddi rivi l'alpe porta.

Dinanzi ad esse Eufrates e Tigri
Veder mi parve uscir d'una fontana,
E quasi amici dipartirsi pigri.

O luce, o gloria della gente umana,
Che acqua è questa, che qui si dispiega
Da un principio, e sè da sè lontana?

Per cotal prego detto mi fu : Prega
Matelda, che 'l ti dica : e qui rispose,
Come fa chi da colpa si dislega,

La bella donna : Questo, ed altre cose
Dette li son per me : e son sicura
Che l'acqua di Leteo non gliel nascose.

E Beatrice : Forse maggior cura,
Che spesse volte la memoria priva,
Fatto ha la mente sua negli occhi oscura.

Ma vedi Eunoè, che là deriva :
Menalo ad esso, e come tu se' usa,
La tramortita sua virtù ravviva.

Cependant le soleil dans sa marche plus lente
Avait déjà porté sa torche étincelante
Au midi qui varie en changeant de climat,

Lorsque, comme celui qui devant la phalange
S'avance en éclaireur, si quelque objet étrange
Vient à se présenter, soudain retient ses pas :

Les nymphes firent halte au bout d'un pâle ombrage,
Tel qu'aux Alpes, dessous un ténébreux feuillage,
Auprès de frais ruisseaux on en peut rencontrer.

Et devant je crus voir jaillir de même source
Et l'Euphrate et le Tigre, et commencer leur course
Ainsi que des amis lents à se séparer.

« O toi, gloire et flambeau de notre race humaine [9] !
Quelle est cette eau qui sort d'une même fontaine
Et qu'on voit de soi-même après se diviser ? »

A cette question, Béatrice réplique :
« Interroge Mathilde, et qu'elle te l'explique ! »
Lors du ton de quelqu'un qui cherche à s'excuser :

« Par moi, fit aussitôt la belle créature,
Déjà tout lui fut dit ; ces choses, j'en suis sûre,
L'eau du Léthé n'a pu les effacer en lui. »

Et Béatrix : « Souvent dans notre intelligence
Un soin plus important ravit la souvenance
Et peut-être a troublé son esprit aujourd'hui [10].

Mais voilà l'Eunoë qui détourne ses ondes.
Vas et, comme tu sais, dedans ses eaux profondes
Ravive-lui le cœur, car il va défaillir. »

Com' anima gentil, che non fa scusa,
Ma fa sua voglia della voglia altrui,
Tosto com' è per segno fuor dischiusa :

Così poi che da essa preso fui,
La bella donna mossesi, ed a Stazio
Donnescamente disse : Vien con lui.

S' io avessi, Lettor, più lungo spazio
Da scrivere, io pur cantere' 'n parte
Lo dolce ber, che mai non m' avria sazio

Ma perchè piene son tutte le carte,
Ordite a questa Cantica seconda,
Non mi lascia più ir lo fren dell' arte.

Io ritornai dalla santissim' onda
Rifatto sì, come piante novelle
Rinnovellate di novella fronda,

Puro e disposto a salire alle stelle.

FINE DEL PURGATORIO.

Ainsi que, sans chercher d'excuse, une âme digne
Court au premier appel et même au premier signe,
Et du désir d'autrui fait son propre désir,

La belle dame ainsi prend ma main et m'entraîne ;
Et gracieuse, avec un air de souveraine,
Dit à Stace : « De toi qu'il soit accompagné ! »

S'il me restait du temps, lecteur, sur cette page
J'aimerais à chanter un peu le doux breuvage
Dont je n'aurais jamais été rassasié.

Mais j'ai déjà rempli les feuillets du poëme,
De cette Cantica que j'écris, la deuxième ;
Le frein de l'art m'arrête et me cloue en ce lieu.

De l'eau sacrée, ainsi qu'à la saison nouvelle
Un arbre rajeuni sur sa tige plus belle,
Je sortis nouvel homme, épuré comme au feu,

Et dispos à monter aux étoiles de Dieu.

FIN DU PURGATOIRE.

NOTES DU CHANT XXXIII

[1] Les sept nymphes (les vertus théologales et cardinales) qui entourent Béatrice psalmodient un hymne de douleur à la suite de l'affreux spectacle qui vient d'avoir lieu : *Deus, venerunt gentes in hæreditatem tuam, polluerunt templum...* Dieu, les nations sont venues fondre sur ton héritage, elles ont souillé ton temple (Psaume LXVII). Ainsi viennent d'être souillés et saccagés le char de l'Église et l'Arbre de Vérité.

[2] Consolation de Jésus-Christ aux apôtres, en leur annonçant sa mort et sa résurrection : « *Dans peu de temps vous ne me verrez plus, encore un peu de temps, et vous me reverrez.* » Le géant a emporté le char avec la prostituée. Philippe-le-Bel a transporté à Avignon le siège souillé de l'Église et la papauté prostituée dans la personne de Clément V. Mais bientôt le siège pontifical sera rétabli, et l'Église souffrante ressuscitera. Tel est le sens du latin de Béatrice.

[3] Mathilde et Stace, qui n'a pas quitté Dante et qui poursuit sa route vers le Paradis.

[4] Allusion à un préjugé populaire du temps suivant lequel un meurtrier qui mangeait une soupe sur la tombe de sa victime, était à l'abri de la vengeance.

[5] Ce nombre, en chiffres romains, figure le mot DVX, ou *dux*, chef. Mais quel est ce chef? Les uns désignent Henri VII, d'autres Can-le-Grand de Vérone. Béatrice se fait obscure comme l'Apocalypse.

[6] Les Naïades s'étant permis d'interpréter les oracles de Thémis, cette déesse envoya un sanglier qui ravagea les environs de Thèbes.

[7] Béatrice veut marquer la différence qui sépare la philosophie de la théologie.

[8] Car le Léthé ne donne que l'oubli du péché.

[9] Cette apostrophe est bien une preuve que Dante parle à une Béatrice transfigurée et allégorique, et double en quelque sorte. C'est moins à la femme aimée qu'à la théologie qu'il parle ici. La faculté théologique, l'adoration, est en effet un trait distinctif et la gloire de la nature humaine.

[10] La vue de Béatrice, ses reproches, le spectacle auquel il a assisté, il y a bien eu pour Dante de quoi se troubler.

TABLE DES ARGUMENTS

Pages.

Chant I. — Invocation. Joie du poëte en sortant des ténèbres de l'Enfer et en revoyant l'air pur. Rencontre de Caton d'Utique. Il indique aux voyageurs ce qu'ils ont à faire. Dante prend avec Virgile le chemin de la mer. Virgile lui baigne le visage de rosée, et suivant les instructions de Caton il lui fait une ceinture d'un jonc miraculeux qui croît sur le rivage...................... 1

Chant II. — Les deux voyageurs voient venir au rivage une barque chargée d'âmes et conduite par un ange au Purgatoire. Parmi les nouveaux débarqués Dante reconnaît son ami le musicien Casella. Il le prie de chanter. Casella entonne une des plus belles *canzoni* du Dante. Les autres âmes s'arrêtent à l'écouter. Caton vient les gourmander et les presse de courir à la montagne du Purgatoire............................ 15

Chant III. — Dante et Virgile se dirigent vers la montagne du Purgatoire. Parvenus au pied du mont, la raideur de la pente les arrête. Une troupe d'âmes qui se dirige comme eux vers la montagne leur montre la route. Une des âmes de cette troupe, Manfred, roi de Pouille et de Sicile, s'entretient avec Dante...................... 27

Chant IV. — Manfred et les autres âmes des excommuniés, obligés d'attendre, avant de se purifier dans les tourments du Purgatoire, trente fois le temps qu'a duré leur résistance à l'Église, se séparent des deux voyageurs après leur avoir indiqué un sentier étroit. Dante et Virgile parviennent en le suivant à un rocher circulaire formant corniche autour de la montagne. Ils y trouvent les âmes des paresseux qui ont été lents à se repentir. Ceux-ci restent, hors de la porte du Purgatoire, un temps seulement égal à celui de leur vie. Parmi ces nouveaux pénitents, Dante reconnaît Belacqua, un musicien.................................... 43

Chant V. — Ici Dante rencontre ceux qu'on pourrait appeler les pénitents de la dernière heure, qui, frappés de mort violente, ont, par un soupir de repentance, assuré au dernier moment leur salut. Plusieurs viennent tour à tour raconter la tragique aventure de leur trépas : Jacques del Cassero, Buonconte. — Ombre dolente et poétique de la Pia................................... 57

Chant VI. — Les ombres se pressent en foule autour de Dante, lui demandant d'obtenir pour elles sur la terre des prières qui les aident à accomplir leur salut. Questions de Dante à Virgile sur l'efficacité de ces prières. Rencontre du Mantouan Sordello. Imprécations contre l'Italie et contre Florence............................ 71

Chant VII. — Sordello propose aux voyageurs de les conduire dans une vallée voisine où ils attendront le retour du jour avant de poursuivre leur route. Ce vallon fleuri est habité par les âmes des pécheurs auxquels les préoccupations du pouvoir et de l'ambition ont fait perdre de vue la pensée de la pénitence. Sordello signale aux voyageurs plusieurs princes et puissants personnages..... 85

Chant VIII. — Apparition de deux anges armés d'épées flamboyantes qui viennent garder la vallée. Les deux poëtes, toujours accompagnés de Sordello, rencontrent Nino Visconti. Alors se montre le serpent que les anges chassent aussitôt. Entretien de Dante avec Conrad Malaspina, qui lui prédit son exil et l'accueil qu'il trouvera dans la maison des Malaspina.. 99

Chant IX. — Dante s'endort dans la vallée. Il voit en songe un aigle aux ailes d'or qui l'enlève jusqu'à la région du feu. Quand il se réveille, il est à l'entrée du Purgatoire où il a été transporté pendant son sommeil par Lucie ou la Grâce illuminante. La porte en est gardée par un ange. Dante demande à l'ange la permission d'entrer. L'ange l'accorde et du bout de son épée grave sur le front du poëte sept fois la lettre P, comme un symbole des sept péchés capitaux........................ 113

Chant X. — Ayant franchi la porte du Purgatoire, les deux poëtes montent par un sentier tournant et escarpé jusqu'au premier cercle. Ils s'arrêtent sur un plateau étroit bordé de bas-reliefs représentant divers exemples d'humilité empruntés à l'Évangile, à la Bible et à l'histoire romaine. Ces traits d'humilité sont la leçon des orgueilleux qui expient leur péché dans ce premier cercle du Purgatoire et que Dante voit venir à lui courbés sous d'énormes fardeaux...................... 127

Chant XI. — Les orgueilleux marchent en récitant une paraphrase de l'Oraison dominicale. L'un d'eux, Humbert, indique aux voyageurs leur chemin. Puis Dante reconnaît dans les rangs le miniaturiste Oderisi d'Agobbio, qui lui parle avec une éloquente amertume de la vanité de la gloire humaine..................... 141

Chant XII. — Les deux poëtes quittent Oderisi en gravissant la corniche. Sur le sol sont des bas-reliefs représentant différentes images d'orgueilleux. Un bel ange vient montrer aux voyageurs la route qui mène au second cercle. Le sentier s'adoucit. Des chants pieux se font entendre. Dante porte la main à son front. L'empreinte du péché d'orgueil est effacée...................... 155

Chant XIII. — Arrivée au second cercle, nouvelle plate-forme circulaire, où les âmes se purgent du péché d'envie. Tout en marchant, les deux voyageurs entendent des esprits célestes qui volent invisibles, jetant aux envieux des paroles et des leçons d'amour. Appuyés contre le roc, couverts d'un vil cilice, les paupières closes et cousues avec un fil de fer, les envieux récitent les litanies des saints. Dante s'entretient avec Sapia, dame noble de Sienne.................................... 169

Chant XIV. — Dante, toujours au cercle des envieux, s'arrête avec Virgile à écouter Guido del Duca et Rinieri de' Calboli qui s'entretiennent ensemble. Guido del Duca déplore la corruption qui règne dans la Toscane et dans la Romagne. Les deux poëtes, continuant leur route, entendent des voix lamentables d'esprits qui traversent l'air et qui rappellent aux pécheurs les tristes effets de l'envie.................................... 183

Chant XV. — Un ange éblouissant indique aux voyageurs un nouveau sentier par où ils doivent s'élever au troisième cercle où s'expie le péché de la colère. Dante et Virgile s'entretiennent en marchant. Une phrase du Romagnol Guido del Duca est restée obscure pour Dante. Virgile la lui explique et lui démontre que l'envie ne s'attache qu'aux faux biens. Au seuil du troisième cercle, Dante, ravi en extase, voit passer dans une vision des exemples de mansuétude, par opposition au péché de colère dont il va voir l'expiation. Quand il se réveille, il est au cercle même de la colère qu'annonce une épaisse fumée.................................... 197

Chant XVI. — Au milieu des tourbillons de fumée, les pécheurs qui purgent le péché de la colère chantent avec un accord parfait une hymne de douceur et de miséricorde : l'*Agnus Dei*. L'un d'eux, Marco le Lombard, s'entretient avec Dante et lui démontre le libre arbitre donné à l'homme et l'erreur de ceux qui croient à l'influence des astres sur les actions humaines. Il attribue à la confusion des pouvoirs spirituel et temporel une partie des maux qui désolent l'humanité............. 211

Chant XVII. — Les poëtes sortent du brouillard et de la fumée. Dante voit en imagination divers exemples de violence et de colère. Un ange les tire encore du cercle des colériques et leur indique une montée qui les conduit au cercle supérieur. La nuit est arrivée. Dante s'arrête. Virgile lui apprend qu'il est au cercle des paresseux, de ceux qui furent tièdes dans l'amour du bien, et lui démontre que bonnes et mauvaises œuvres, tout procède de l'amour. Nous péchons en effet par l'amour du mal du prochain, expié dans les trois premiers cercles, ou par l'amour du bien trop lent à la tâche expié dans ce quatrième cercle, ou par l'amour du bien mal dirigé qu'on verra expier dans les trois cercles suivants. 225

Chant XVIII. — Virgile continue ses explications sur l'amour et montre à Dante la responsabilité de l'homme dérivant de sa liberté. Rencontre des âmes qui courent dans le cercle, rachetant par une ferveur et un zèle extrême leur tiédeur et leur indolence passées. Deux d'entre elles courent en avant de la bande et l'exhortent en lui rappelant de grands exemples de zèle; deux autres ferment la marche et aiguillonnent les traînards en leur montrant par des exemples les tristes fruits de la paresse dans le bien. Dante s'abandonne à la rêverie et finit par s'endormir.. 239

Chant XIX. — Vision de Dante. Il voit en songe deux femmes : l'une, sirène trompeuse, représente les faux biens de la terre, dont l'amour se pleure dans les trois cercles supérieurs du Purgatoire où Dante va entrer; l'autre personnifie les vrais biens : la vérité et la vertu. Introduction des voyageurs dans le cinquième cercle, où les avares gisent prosternés contre terre, expiant leur péché dans la poussière et les larmes. Rencontre du pape Adrien V... 253

Chant XX. — Après avoir quitté le pape Adrien, les deux poëtes entendent la voix d'une ombre qui rappelle en soupirant des exemples de pauvreté volontaire et de générosité. Cette ombre est Hugues-le-Grand, père de Hugues-Capet. Il raconte aux voyageurs les crimes de son avide postérité, qu'il maudit pour ce qu'elle a envahi l'Italie. Il leur apprend que tous ses compagnons d'expiation dans ce cercle de l'avarice évoquent comme lui pendant le jour des exemples de désintéressement ; la nuit ils s'entretiennent avec indignation des grands crimes commis par avarice. Un tremblement de terre agite la montagne ; à ce bruit, toutes les âmes, au grand étonnement de Dante, répondent par un cri de triomphe... 267

Chant XXI. — Dante voit apparaître l'ombre de Stace qui, après avoir accompli sa purification, monte vers le Paradis. Il apprend de lui la cause du tremblement de la montagne et du cri de joie poussé par les âmes des pécheurs. Ce tremblement et ce cri triomphal ont lieu chaque fois qu'une âme est purifiée et quitte le Purgatoire pour le Ciel. Le poëte de la *Thébaïde* tombe aux pieds de Virgile.................................. 281

Chant XXII. — Dante et Virgile, et Stace avec eux, montent ensemble au sixième cercle où s'expie le péché de la gourmandise. Stace raconte comment il devint chrétien sous l'influence des vers prophétiques de Virgile et par la fréquentation des martyrs. Un arbre mystérieux se présente au milieu du chemin et interrompt l'entretien des poëtes. L'arbre est chargé de fruits doux et odorants. Une eau fraîche jaillit sur ses branches, à travers lesquelles une voix se fait entendre qui défend de toucher aux fruits de l'arbre et oppose à la gourmandise des exemples de frugalité............................. 295

Chant XXIII. — Les voyageurs sont joints en route par une grande procession d'ombres hâves de gourmands qui psalmodient des psaumes en pleurant, et se sanctifient dans la faim et dans la soif. Dante reconnaît son ami et compatriote Forèse. Celui-ci dit qu'il doit à la vertu et

TABLE DES ARGUMENTS. 471

aux prières de Nella, sa femme, d'avoir été admis au Purgatoire sans passer par les lieux d'attente, où les âmes, dont le repentir fut tardif, demeurent, avant d'entrer dans les cercles purificateurs, un temps égal à celui de leur vie. Il s'élève avec véhémence contre les vices de l'impudicité des dames de Florence. Dante se découvre à son ami et lui désigne son guide Virgile et son nouveau compagnon Stace.................... 309

Chant XXIV. — Forèse indique à Dante divers pénitents, comme lui dans le cercle de la gourmandise, entre autres Buonagiunta, rimeur lucquois, avec qui Dante s'entretient quelques instants de style et de poésie. Un nouvel arbre s'offre aux voyageurs. Une foule l'entoure et tend, vers les branches chargées de fruits, des mains impuissantes. Une voix sort de l'arbre et éloigne les âmes en leur rappelant, par des exemples, les funestes effets du péché de la bouche. Un ange éblouissant efface encore un stigmate de péché sur le front de Dante. 323

Chant XXV. — Tout en montant dans le septième et dernier cercle, celui où s'expient dans le feu les faiblesses de la chair, Dante, préoccupé de ce qu'il vient de voir, demande des explications à Virgile, qui charge Stace de les lui donner. Théorie physique et métaphysique de la génération, du développement successif de l'âme humaine et de sa transformation après la mort. Dans le dernier cercle où les poëtes sont parvenus, des flammes ardentes s'élèvent de toutes parts ; à peine entre elles et le bord du précipice peuvent-ils trouver un passage. Les voix des luxurieux chantent, pour se mortifier au sein des flammes, l'éloge de la chasteté et rappellent d'anciens exemples de cette vertu.................... 337

Chant XXVI. — En poursuivant sa route à travers le septième cercle, Dante aperçoit une autre bande de luxurieux, sodomites et autres, qui s'entre-baisent en se rencontrant dans les flammes. Guido Guinicelli, poëte Bolonais, se nomme à Dante et lui montre Arnaut Daniel, poëte provençal, qui, interrogé par Dante, lui répond en vers provençaux... 351

Chant XXVII. — Pour aller plus loin, Dante est obligé de traverser les flammes. Virgile l'encourage en lui assurant que ce feu purificateur est le seul obstacle qui le sépare de Béatrice. Guidés par une voix, Dante, Virgile et Stace sortent de la fournaise et gravissent au coucher du soleil un escalier raide sur les degrés duquel ils finissent par se coucher et s'endormir. Vision de Dante. A son réveil, Virgile, sans encore le quitter, lui annonce qu'il n'a plus besoin d'être guidé..................................... 365

Chant XXVIII. — Dante s'aventure sous les ombrages enchanteurs du Paradis terrestre. Un fleuve limpide l'arrête. Du bord, il aperçoit, sur la rive opposée, une belle jeune femme (Mathilde) qui chante en cueillant des fleurs. A la prière du poëte, elle s'approche, lui explique les merveilles de l'Éden et éclaircit quelques-uns de ses doutes... 379

Chant XXIX. — Mathilde s'avance le long du fleuve. Dante la suit du bord opposé. Une douce harmonie se répand dans l'air. Des voix chantent Hosannah! Dante, averti par Mathilde, s'apprête à contempler un prodigieux spectacle. Il voit sept candélabres étincelants marchant devant vingt-quatre vieillards vêtus de blanc et couronnés de lis. Après eux quatre animaux la tête ceinte de feuilles vertes et ayant chacun six ailes. Puis un char de triomphe traîné par un griffon. A la droite du char dansent trois dames portant différentes couleurs. A la gauche, quatre autres habillées de pourpre. Sept autres vieillards, vêtus comme les premiers, ferment la marche. Au signal d'un coup de tonnerre, tout le cortége s'arrête. 393

Chant XXX. — Apparition de Béatrice. Des anges chantant et répandant des fleurs à pleines mains se lèvent au-dessus du char qui vient de s'arrêter. Au milieu de ce nuage de fleurs, Béatrice se montre enfin. Dante la reconnaît à l'émotion qu'il éprouve. Virgile disparaît, Paroles sévères de Béatrice, qui reproche à Dante ses égarements.. 407

Chant XXXI. — Béatrice continue ses reproches. Dante l'écoute accablé et muet. Il lève les yeux vers elle, et la voit resplendissante, tournée vers le Griffon (Jésus-Christ) dont la double nature, divine et humaine, se réfléchit dans ses yeux. Il succombe à l'émotion. Mathilde le plonge alors dans le Léthé. Puis les belles danseuses (les vertus cardinales et théologales) qui entourent le char apocalyptique conduisent le poëte purifié vers Béatrice. Il la contemple sous son voile, dans toute la splendeur de sa beauté transfigurée.......... 421

Chant XXXII. — Après s'être abimé dans la comtemplation de Béatrice, Dante voit les vieillards, le Griffon, le char, tout le cortége qui se met en marche. Il suit la procession avec Mathilde et Stace. Le cortége s'arréte auprès de l'arbre de vie. Le Griffon (l'Homme-Dieu) attache le char à l'arbre, et l'arbre dépouillé reverdit. Mais bientôt se déroule toute une vision terrible. Un aigle fond sur l'arbre sacré. Le char (symbole de l'Église) est défiguré, dévasté et souillé par des monstres et emporté enfin par un géant............................. 435

Chant XXXIII. — Béatrice avec son escorte se met en marche. Dante l'acompagne. Prédictions allégoriques de Béatrice sur le rétablissement du char (l'Église) si monstrueusement défiguré et sur le châtiment réservé aux coupables. Dante est ensuite plongé par Mathilde dans les eaux délicieuses de l'Eunoë qui rend le souvenir du bien qu'on a fait. Il en sort tout renouvelé et dispos à monter au Paradis. Fin de la seconde Cantica. 451

FIN DE LA TABLE.

www.ingramcontent.com/pod-product-compliance
Lightning Source LLC
Chambersburg PA
CBHW050610230426
43670CB00009B/1348